Ulrich Dehner (Hg.)

Erfolgsfaktor Coaching

Angelika von der Assen

Susanne Breitschuh

Hannsjörg Dehner

Renate Dehner

Ulrich Dehner

Wolfgang Filbert

Regina Jankowitsch

Lara Keromosemito

Frank Labitzke

Bodo Maier

Heinz Ortner

Maren Reuter

Rolf Schmidt-Holtz

Christoph Warnecke

Anja Weidemann

Klaus Wübbelmann

Erfolgsfaktor Coaching

15 Praxisberichte

Herausgegeben von Ulrich Dehner

MURMANN

MURMANN SELBSTMANAGEMENT

Die Deutsche Bibliothek – CIP-Einheitsaufnahme
Ein Titelsatz für diese Publikation ist bei
der Deutschen Bibliothek erhältlich.
ISBN 3-938017-08-2

1. Auflage September 2004.

Lektorat: Evelin Schultheiß, Ahrensburg.
Umschlaggestaltung: Rothfos & Gabler, Hamburg.
Herstellung und Gestaltung: Eberhard Delius, Berlin.
Satz: Reihs Satzstudio, Köln.
Gesetzt aus der Minion und der Scala.
Druck und Bindung: Freiburger Graphische Betriebe, Freiburg.
Printed in Germany.

Besuchen Sie uns im Internet: www.murmann-verlag.de

Inhalt

Vorwort ... 7
Rolf Schmidt-Holtz

Führungskräfte-Coaching: Begleitung im Wandel ... 11
Bodo Maier

Chef oder Mitarbeiter – Wer braucht den Coach? ... 25
Klaus Wübbelmann

Coaching bei Ängsten, inneren Blockaden und Stress ... 39
Ulrich Dehner und Renate Dehner

Coaching nach einer Kündigung oder beim Jobwechsel ... 57
Susanne Breitschuh

Wenn Tränen fließen und Tomaten fliegen
Coaching für den Vorstand bei Massenentlassungen ... 71
Hannsjörg Dehner

Teamleiter werden ist nicht schwer,
Teamleiter sein dagegen sehr ... 85
Angelika von der Assen

Coaching von Nachwuchsführungskräften ... 99
Lara Keromosemito und Anja Weidemann

Der Pechvogel
Innere Grenzen überwinden ... 121
Maren Reuter

Coaching für Politikerinnen und Politiker ... 135
Heinz Ortner

Wenn Welten aufeinander stoßen
Coaching in cross-kulturellen Teams ... 155
Lara Keromosemito

Zwischen Panik und Pleite
Beratung in der Krise ... 173
Hannsjörg Dehner

Meet the press
Medien-Coaching ... 185
Regina Jankowitsch

Kurswechsel mit fünfzig
Von der »sicheren« Abhängigkeit in die selbstbestimmte Zukunft ... 205
Wolfgang Filbert

Echtzeit-Coaching in Entwicklungs- und Veränderungsprozessen ... 221
Christoph Warnecke

Ein-Tages-Coachings als Individualtraining für Führungskräfte ... 235
Frank Labitzke

Anhang
Coaching im Überblick ... 247
Zu den Autorinnen und Autoren ... 251

Vorwort

Managen heißt nichts anderes als Führen. Dieser Begriff hat in Deutschland zwar eine historische Beschädigung erfahren, es gibt aber in unserer Sprache keinen besseren. Führung im Unternehmen wiederum heißt, eine Vielzahl von Mitarbeitern so zu motivieren, dass die, am besten gemeinsam, definierten Ziele möglichst schnell erreicht werden. So einfach ist das.

Dazu bedarf es allerdings einer ziemlich anspruchsvollen Mischung verschiedener Talente. Neben der ohnehin erforderlichen Fachkompetenz sind unverzichtbar

- die Fähigkeit zur nüchternen und wahrhaften Bestandsaufnahme
- die innere Bereitschaft zur Übernahme von Verantwortung
- Mut zur Entscheidung
- das absolute Bekenntnis zur Teamarbeit

Gerade dieser letzte Punkt ist von herausragender Bedeutung. Alleine kann heute kein Manager mehr etwas Überdurchschnittliches zustande bringen. Am sichersten scheitern heute die arroganten, sich selbst unter Genieverdacht stellenden Einzelkämpfer. Ohne die Fähigkeit zur Teambildung kann man nichts Großes mehr gestalten. Um aber die Besten anzuziehen, zu integrieren und zu entwickeln, muss der Mann/die Frau an der Spitze selbst teamfähig sein. Ein offenes Diskussions- und Meinungsklima, die weitgehende Übertragung von Verantwortung, die Gewährung großer Freiräume, das Verständnis für Fehler, Gerechtigkeit in der Beurteilung und die Bereitschaft, sich selbst in Frage zu stellen, sind unabdingbare Bestandteile einer teamorientierten Führungskultur. Das kann zwar extrem anstrengend sein, ist aber auch extrem erfüllend.

Nun ist aber leider – und hier liegt für mich die Schnittstelle zum Coaching– die zentrale Frage noch nicht beantwortet, woher man eigentlich all diese herrlichen und trefflichen Eigenschaften bekommt, die einen zur Führungspersönlichkeit machen.

Ich bin davon überzeugt, dass dies in erster Linie in der Familie geschieht und erst danach in der schulischen Bildung und Erziehung. Diese beiden sozialen Kerninstitutionen sind allerdings immer weniger dazu in der Lage, Kindern und Jugendlichen das Persönlichkeits- und Charakterkorsett zu verpassen, das den wachsenden Anforderungen an Führungspositionen standhält. Ganz auffällig, und manchmal bis zur öffentlichen Peinlichkeit deutlich, wird dies in besonders herausfordernden oder gar krisenhaften Situationen. Und spätestens hier, aber viel besser natürlich früher, kann verantwortungsvolles Coaching ungeheuer hilfreich sein. Immer natürlich auf der Grundlage der Freiwilligkeit und des gegenseitigen Respekts.

Ich bleibe dabei:

Eine gute (Aus-)Bildung und Erziehung bietet eine unerschöpfliche, wertvolle Ressource für Selbsterkennung, Selbstmotivation sowie Abstraktions- und Differenzierungsvermögen. Diese bilden die Grundvoraussetzungen für persönliches Wachstum, Selbstentfaltung und – als Folge – tiefe innere Zufriedenheit. Gezieltes und professionelles Coachen kann jedoch diesen Prozess, der ein Leben lang dauert, sinnvoll begleiten und den Coachee in seiner Fähigkeit fördern, das Beste aus der jeweiligen Situation zu machen. Dazu gehört auch, die eigenen Ängste und Bedenken in wertvolle Ratgeber umzuwandeln.

Oscar Wilde hat einmal gesagt: »Persönlichkeiten, nicht Prinzipien bringen die Zeit in Bewegung.« Coaching ersetzt niemals die Ausbildung bzw. Entwicklung der eigenen Persönlichkeit und Identität, die meines Erachtens jedem Erfolg – ob beruflicher oder privater Natur – vorangeht. Aber es kann etwas Entscheidendes bewirken: Die Stärken zu stärken und die Schwächen zu verkleinern.

Ich möchte jeden ermutigen, sich von einer fähigen Person coachen zu lassen – oder sich Kenntnisse für ein Selbstcoaching zu erwerben. Und zwar nicht nur, wenn es darum geht, schwierige Herausforderungen bei der Arbeit zu meistern, sondern auch und gerade bei der eigenen Lebensgestaltung, in der die Karriere eine wichtige, aber eben nicht die einzige Rolle spielt. Schlussendlich trägt jeder die Verantwortung für sein eigenes Leben – und damit zugleich auch für die Weiterentwicklung der Gesellschaft. Oft ist es nur die Veränderung der persönlichen Einstellung, die das eigene Leben maßgeblich verändern kann. Darin liegt die große Chance: Die eigene Haltung hat jeder selber in der Hand. Ein guter Coach kann hier mit einer minimalen Intervention den Schlüssel zum Zugang zu den eigenen Ressourcen bieten.

Und den Schlüssel zu großem, unternehmerischem Erfolg. Denn Erfolg ist messbar, Führungsverhalten aber auch. Wir wissen heute aus einer Reihe von Untersuchungen (die letzte Befragung haben wir gerade im Hause Bertelsmann vorgenommen), dass es geradezu eine dramatische Korrelation zwischen dem Führungsverhalten von Vorgesetzten und dem Erfolg der jeweiligen Firma gibt. Kurz gesagt: Wer im Urteil seiner eigenen Mitarbeiter Bestnoten bekommt, hat selbst exzellente Mitarbeiter und überdurchschnittlichen geschäftlichen Erfolg. Und das Gleiche gilt umgekehrt. Schlechte Vorgesetzte haben schlechte Leute und machen schlechte Geschäfte.

Hier liegt nach meiner Überzeugung ein wichtiges und in seiner Bedeutung wachsendes Wirkungsfeld für qualitatives Coaching.

Leider gibt es im Coaching-Bereich auch schwarze Schafe und fragwürdige Modelle. Umso mehr freut es mich, in dem vorliegenden Buch eine anspruchsvolle, praxisnahe und ausgezeichnete Übersicht des Coachings und seiner Anwendungsmöglichkeiten für den beruflichen Alltag wieder zu finden.

Ich wünsche allen Menschen, die ihr privates und berufliches Leben aktiv und erfolgreich gestalten wollen, dieses Buch in die Hand zu bekommen.

Viel Inspiration wünscht
Rolf Schmidt-Holtz

Führungskräfte-Coaching: Begleitung im Wandel

Bodo Maier

»Wer wird denn dieses Buch lesen?«, fragte ich mich zu Beginn dieses Beitrages. Dabei entstanden vor meinem inneren Auge Bilder von Menschen, mit denen ich in meiner täglichen Arbeit in internationalen Großunternehmen zu tun habe: Frauen und Männer, Mitarbeiter, Chefs, Spezialisten und Allrounder, die ich an verschiedenen Orten und Zeiten in Deutschland und in der Schweiz kennen lernen durfte. Menschen, mit denen sich existenzielle Begegnungen über zwischenmenschliche Tiefen ergaben. Menschen, die ihre Träume und ihre wirklichen Erfolge mit mir teilten. Und Menschen, mit denen es einfach beim höflichen Austausch von Freundlichkeiten blieb. Ihnen allen ist eines gemeinsam: Sie haben eine vielschichtige Arbeit zu bewältigen und sie sind auf die Kooperation mit anderen Menschen angewiesen.

Zwangsläufig kommt dabei jeder im Laufe seiner Karriere irgendwann an seine persönlichen Grenzen und sucht kreative Lösungen. Eine mögliche Ideenquelle dafür ist Coaching. Doch Coaching, das wissen Sie so gut wie ich, das haben im Normalfall immer die anderen nötig. Nie man selbst. Selbst hat man ja alles »im Griff«, zumindest aber ist es das oberste Gebot im Tagesgeschäft, diesen Eindruck hinreichend überzeugend bei den Kollegen, Mitarbeitern und Chefs zu hinterlassen. Ob Mann oder Frau: Wer will schon Gefahr laufen, als Weichei zu gelten oder als Softie? Mal ehrlich: Wem von Ihren Kolleginnen und Kollegen, Mitarbeiterinnen oder Mitarbeitern erzählen Sie ungeniert, dass Sie ein Buch über Coaching lesen, ohne mindestens einen kurzen Augenblick vorher zu überlegen, ob sie oder er wohl meinen könnte, dass Sie es »nötig« haben?

Wozu Führungskräfte-Coaching?

Der Coach als vorübergehende Begleiterin oder Begleiter des Managers ist auch heute nicht selbstverständlich. Noch immer geistert in unseren Köpfen der ewige Heldenmythos vom stets erfolgreichen Manager, der keine Probleme kennt, sondern nur »Herausforderungen« meistert. Der starke Macher, der es alleine schafft, der keine fremde Hilfe braucht auf dem Weg zu seinem Ziel.

Wenn die komplexe Arbeitsrealität im modernen Unternehmen den Manager-Herkules schließlich einholt, dann wird er zunächst einmal heftige Ohnmachts- oder Resignationsgefühle erleben, denn sie sind die unvermeidliche Kehrseite aller Helden- und Größenfantasien. Als Gewinner vermeintlich unterwegs in den Firmen-Olymp, finden sich nicht wenige irgendwann in ihrer Laufbahn im Unternehmens-Hades wieder: als Sisyphus, der sich endlos darum bemüht, seinen Stein ans Ziel zu rollen, oder als Tantalos, der dazu verdammt ist, hungrig und durstig im Wasser und unter Früchten zu stehen, die stets vor ihm zurückweichen, und über dessen Kopf ein Fels schwebt, der ständig auf ihn zu stürzen droht.

Viele Führungskräfte muss leider erst die Erfahrung schmerzlich lehren, dass sie keine autonomen Inseln sind, sondern dass sie langfristig nur als Teil eines größeren Ganzen vernetzt und abhängig von anderen Menschen erfolgreich sind. Zu stark ist die weit verbreitete Wunschvorstellung es alleine zu schaffen, als dass sie rechtzeitig vorher wirkungsvolle Unterstützung suchen. Dieses zunächst kränkende Eingeständnis, ohne Hilfe nicht mehr weiterzukommen, ist allerdings oft auch erst die heilsame Voraussetzung dafür, nicht mehr um jeden Preis mit dem Kopf durch die Wand zu wollen, sondern es sich leichter zu machen.

In manchen Fällen kann ein Coach diese Hilfe bieten. Dessen Außensicht kann die Abhängigkeiten und Bedingtheiten beleuchten, die wir zwar mitgestalten und mit beeinflussen, die aber ihrerseits ebenso uns bestimmen und steuern. Gerade um eine nachhaltige und wirksame Veränderung zu erreichen, sind meistens Schritte von mehreren Beteiligten erforderlich. Erst recht, wenn es darum geht, eine belastende Führungssituation zu bewältigen. Hier muss der Hebel immer von einem, der führt, und einem, der geführt wird, bewegt werden. Ganz besonders häufig ist dies während organisatorischer Veränderungen und Restrukturierungen der Fall. Sie lösen im Normalfall nämlich schon weit im Vorfeld abteilungsübergreifend Unbehagen und Verunsicherung aus, und sie bergen großes Konfliktpotenzial. Schon während ihrer Umsetzung und noch lange danach.

Da sich eine Vielzahl von Organisationen und Unternehmen heute in einem Zustand permanenter Veränderung und Umgestaltung befindet, werden Ihnen, liebe Leserin und lieber Leser, vermutlich im Verlauf meiner weiteren Erzählung viele Dinge bekannt vorkommen. Mein Fallbeispiel aus dem Firmenalltag, über das ich Ihnen gleich berichten werde, beschreibt typische Merkmale der aktuellen Situation heutiger Führungskräfte.

Sie könnten jetzt fragen: »Woran liegt es eigentlich, dass Veränderungen in Unternehmen oft so leidvoll ablaufen?« In den allermeisten Fällen ist es ungeschicktes oder falsches Führungsverhalten: Führungsverhalten, welches das Empfinden der Mitarbeiter ignoriert und damit zwar unbeabsichtigt, aber nahezu permanent ihr Vertrauen in die Glaubwürdigkeit des Managements erschüttert. Die so genannten »soft skills«, die zwischenmenschlichen Fertigkeiten sind es, die in der Hektik des Tagesgeschäfts vernachlässigt werden oder ganz untergehen. Die Folgen sind teuer: Kränkungen und Konflikte, in deren Konsequenz sich Misstrauen und Zweifel am Sinn des eigenen Tuns einstellen. Das Ergebnis sind schließlich sinkende Motivation und Leistungseinbußen.

Die miese Stimmung während Restrukturierungen hängt jedoch nicht allein vom Führungsverhalten der Chefs ab. Auch als Mitarbeiter in Teams und Abteilungen neigen wir gern dazu, in Zeiten der Verunsicherung unsere Ansichten zu vereinfachen. Wir polarisieren schnell und verhärten. Ganze Belegschaften spalten sich im Zuge einer beabsichtigten oder tatsächlich vorgenommenen Veränderung in Befürworter und Gegner. Sie bilden Fronten und sie unterstellen sich gegenseitig eigennützige oder gar feindselige Motive. Mit dem Ziel, der aufgekommenen Verunsicherung und des aufkeimenden Misstrauens im Umgang miteinander wieder Herr zu werden, verschlimmern die Beteiligten die Situation dann häufig, indem sie in bester Absicht versuchen, die Verantwortung für das schlechte Arbeitsklima einzelnen Personen zuzuschreiben.

Dies führt in den meisten Fällen dazu, dass sich die Gräben, die man eigentlich überbrücken wollte, paradoxerweise vergrößern, da die einmal zu Verantwortlichen Erklärten bald zum Sündenbock gestempelt werden. Wechselseitig wirft man sich entnervt Starrköpfigkeit und einseitige Lagermentalität vor. Je nach Zugehörigkeit erscheint es dann, als stünden die ewig gestrigen, veränderungsresistenten »Bremser« den ehrgeizigen »Aktionisten« gegenüber. Dabei hegen beide Seiten legitime Sorgen, nämlich entweder die Wahrung von Kontinuität und bewährten Verfahren oder aber die Entwicklung und Gestaltung neuer, effizienterer Abläufe.

In einer solchen Arbeitsatmosphäre ist Mitarbeiterführung eine höchst anspruchsvolle Kunst, denn von der Führungskraft wird in einem Spannungsfeld voller Widersprüche und Unsicherheiten erwartet, die Motivation der Mitarbeiter zu erhalten und ihre bisherigen Leistungen zu würdigen. Im gleichen Atemzug soll sie aber auch neue Wege beschreiten und zum Ritual gewordene Abläufe in Frage stellen. Das Dilemma im Führungsauftrag lautet: Veränderung initiieren einerseits und Sicherheit vermitteln andererseits. Widersprüchlichste Erwartungen werden in einem oft gereizten und angespannten Klima an sie herangetragen, das davon gekennzeichnet ist, dass jede noch so sachlich vorgebrachte Fachfrage in Teambesprechungen zur Prinzipienreiterei verkommen kann. Die Versuchung ist groß, in einem solchen Fall autoritär »auf den Tisch zu hauen«, doch ist das Problem damit in den meisten Fällen nicht gelöst, sondern wird nur bis zur nächsten Gelegenheit vertagt.

So oder so ähnlich wird die Situation heute in vielen Unternehmen und Organisationen erlebt. Auch das konkrete Fallbeispiel, von dem ich Ihnen nun erzähle, begann unter diesen Vorzeichen. Mit einem wichtigen Detail: Der Teamchef des hier geschilderten Teams erkannte frühzeitig die Signale und suchte sich ein begleitendes Coaching.

Wie es anfing

Im Rahmen eines Führungskräfte-Trainings, das ich zum Thema »Effektives Change-Management« abhielt, lernte ich Peter Müller kennen, einen 35-jährigen Betriebswirtschaftler, der in Frankfurt für ein großes internationales Finanzdienstleistungsunternehmen tätig ist. Peter Müller war seit vier Jahren im Unternehmen und er hatte durch die Mitarbeit in verschiedenen Abteilungen und Projekten bereits einige Führungserfahrung gewonnen. In Frankfurt war er für eine gewisse Zeit Leiter eines Teams von Wirtschaftsprüfern gewesen. Außerdem brachte er ein IT-Projekt, das von strategisch großer Bedeutung war, zu einem erfolgreichen Abschluss, was ihm den Ruf eines durchsetzungsfähigen Nachwuchsmanagers einbrachte.

Die Herausforderung zu mehr Verantwortung ließ nicht lange auf sich warten: Peter Müller erhielt die Führung eines interdisziplinär zusammengesetzten Teams in einer der Niederlassungen des Unternehmens in Zürich übertragen. Dieses Schweizer Tochterunternehmen hatte in den vergangenen Jahren sehr erfolgreich eine Marktnische behauptet. Es besaß einen eigenen guten Namen und verfügte über eine große Autonomie bei lokalen Entscheidungen.

Vom Hauptsitz wurde das zwar lange geduldet, nicht aber wirklich gerne gesehen, insbesondere da die Tochter in einigen Geschäftsbereichen inzwischen zur Konkurrenz der Mutter herangewachsen war. Im Zuge der jüngsten Umstrukturierungen des Konzerns erfuhr sie nun eine starke Zurückbindung an das Frankfurter Mutterhaus. Einflussreiche Führungspositionen in Zürich wurden vermehrt von Frankfurt aus besetzt, denn im Verlauf der Zentralisierung sollte eine junge, international ausgerichtete Führungsebene etabliert werden, deren Manager neben der lokalen Einbindung auch wirkungsvoll die globalen Interessen des Konzerns vertreten konnten.

In Zürich sah man die Dinge etwas anders. Die zukünftigen Mitarbeiter von Peter Müller waren allesamt hochgradig erfahrene Finanzexperten und sie waren gewohnt, ihre Spezialgebiete ausgesprochen selbstständig zu bearbeiten. Der bisherige Erfolg schien ihnen Recht zu geben. Dem neuen

Chef aus der Hauptniederlassung begegneten sie misstrauisch. Schließlich wurde die Verbindung zu Frankfurt seit den Restrukturierungen als eine kürzer werdende Leine erlebt.

Ein Teammitglied brachte die herrschende Stimmung mit ihrem Argwohn auf den Punkt: »Mit der Übernahme des Teams durch den Müller sollen wir wohl eingenordet werden?« Die erfolgreich erarbeitete Autonomie war im Begriff verloren zu gehen. Die existenzielle Verunsicherung auf der persönlichen Ebene hatte schon eingesetzt, als der bisherige Chef überraschend aus seiner gut akzeptierten Funktion des Teamleiters genommen wurde und sich nun degradiert in der Rolle des Fachexperten unter Peter Müllers Führung wiederfand.

Natürlich hatte Peter Müller von Anfang an einen schweren Stand bei seiner neuen Aufgabe. Sein ihm neu anvertrautes Team empfing ihn mit demonstrativer Nichtbeachtung, man sah durch ihn hindurch, redete an ihm vorbei, höchstens fiel mal ein sarkastischer Kommentar über den »neuen Wind, der jetzt weht«. Schnell wurde ihm klar, dass er nicht nur noch keine Akzeptanz für seine Rolle als Teamleiter besaß, sondern dass er für eine erfolgreiche Arbeit mit dieser Spezialistenrunde grundlegend auf deren Kooperationsbereitschaft angewiesen war. Ganz besonders auf die seines Vorgängers Gerd Schnell, denn dieser war nicht nur ein unverzichtbarer Know-how-Träger, sondern er wurde außerdem immer noch von den Teammitgliedern als der eigentliche Chef betrachtet. In dieser Situation kam Peter Müller auf mich zu und bat mich um ein Führungscoaching.

Wie es ablief oder: Gras wächst nicht schneller, wenn man daran zieht

Wir vereinbarten zunächst ein Treffen, um gemeinsam die Situation zu analysieren. Nach der allgemeinen Beschreibung seines Unternehmensbereichs und seiner Tätigkeiten, ließ Peter Müller mich bald wissen, dass er eine feste Meinung in sich darüber trug, »wie die in Zürich ticken«. Zumal ihm sein Frankfurter Vorgesetzter noch mit auf den Weg gab: »Bringen Sie die Schweizer mal ordentlich auf Vordermann, dass die endlich spuren.«

Die am Hauptsitz gepflegten stereotypen Bilder hatte Peter Müller offenbar gründlich übernommen, ohne sie je in Frage gestellt zu haben. Dementsprechend ging er, innerlich so aufmunitioniert, von Anfang an davon aus, dass er in seinem neuen Team auf starken Widerstand stoßen werde. Genau das bestätigte er sich dann natürlich auch, indem er in der Absicht, fest und entschlossen aufzutreten, bereits am ersten Arbeitstag in Zürich damit anfing, die gewohnten Abläufe in Frage zu stellen. Das Ergebnis: Blockade auf der ganzen Linie.

Peter Müller beschrieb sein Ziel, das er mit meiner Hilfe erreichen wollte, mit den Worten, »einen Weg finden, mein Team in den Griff zu bekommen«. Mir war klar, dass er kaum eine vertrauensvollere Beziehung zu seinem Team erreichen konnte, wenn er über nichts anderes nachdachte als darüber, wie er seine immerhin sehr erfahrenen und selbstständigen Mitarbeiter noch mehr kontrollieren könne. Doch ich ermunterte ihn zunächst dazu, die Situation weiter gehend zu ergründen und akzeptierte seine Zielsetzung vorerst einmal in der Hoffnung darauf, dass er im Verlauf unserer gemeinsamen Gespräche irgendwann beginnen würde, auch ***sein*** eigenes Verhalten etwas selbstkritischer zu überprüfen.

In den darauf folgenden Sitzungen beschäftigte Peter Müller sich ausführlich mit der Frage nach den Voraussetzungen für ein leistungsbereites Team. Aus dieser zunächst eher theoretisch anmutenden Fragestellung begann er schließlich immer mehr über die Bedeutung seiner eigenen Rolle im aktuellen Teamgeschehen nachzudenken. Als ein praktisches Medium, das ihm dabei half, seine Überlegungen zu veranschaulichen, diente eine kleine Auswahl von Holzfiguren, zu deren Gebrauch ich ihn aufforderte. Mit ihrer Hilfe konnte er leichter die Konstellationen der Teammitglieder für uns beide sichtbar abbilden, seine Zu- und Abneigungen ausdrücken und die Teamsituation aus verschiedenen Blickwinkeln betrachten. Nach und nach gestand er sich dabei seinen eignen Anteil am Geschehen ein, und was noch viel wichtiger war: Er wollte mehr darüber wissen!

Das war für mich der Zeitpunkt, den Coaching-Prozess stärker zu strukturieren. Ich bekräftigte Peter Müller darin, sich vertiefter mit der Bedeutung und der Auswirkung seines Führungsverhaltens auseinander zu setzen und sich klarer darüber zu werden, wie er selbst Einfluss auf die Kooperationsbereitschaft und Stimmung in seinem Team nahm. Außerdem legte ich ihm dringend nahe, sich mehr Information darüber zu verschaffen, wie seine Mitarbeiter sein Führungsverhalten erlebten. Dazu unterbreitete ich ihm einen von uns eigens dafür entwickelten Fragebogen zur Einschätzung des Führungsverhaltens, den wir gewöhnlich in Führungsausbildungen und Beratungen einsetzen.

Die darin enthaltenen dreißig Fragen forderten Peter Müller dazu auf, sich zentrale Aspekte seines Führungsverhaltens bewusst zu machen und sich systematisch selbst einzuschätzen. Die Fragen haben wir gemeinsam ergänzt und erweitert, bis wir die Bereiche eingekreist hatten, die ihn besonders beschäftigten. Zur Illustration einige Beispiele aus dem Fragebogen:

Fragen an die Führungskraft (Selbsteinschätzung)

kaum ◄──► sehr

Ziele	1	2	3	4	5	6
Ich stelle sicher, dass alle Mitarbeitenden meine Leistungserwartungen an sie kennen						
Ich äußere meine Wünsche bezüglich der Qualität der Zusammenarbeit deutlich						
Meine Mitarbeiter werden von mir über die Ziele der Abteilung gut informiert						

Führungsstil	1	2	3	4	5	6
Mein Führungsstil passt zum Grad der Selbstständigkeit meiner Mitarbeiter						
Entscheidungen kommuniziere ich klar und für alle verständlich						
Ich beziehe meine Mitarbeiter ausreichend in Entscheidungen ein						
....						

Im Anschluss daran wurde der Fragebogen aus Mitarbeitersicht formuliert, um deren Wahrnehmung des Führungsverhaltens ihres Chefs zu erfassen:

Fragen an die Mitarbeiterinnen und Mitarbeiter (Fremdeinschätzung)

	kaum ◄					► sehr
Ziele	1	2	3	4	5	6
Stellt sicher, dass alle Mitarbeitenden die Leistungserwartungen kennen						
Äußert seine/ihre Wünsche bezüglich der Qualität der Zusammenarbeit deutlich						
Als Mitarbeiter werden wir über die Ziele der Abteilung gut informiert						
Führungsstil						
Ihr/Sein Führungsstil passt zum Grad der Selbstständigkeit der Mitarbeiter						
Entscheidungen kommuniziert sie/er klar und für alle verständlich						
Bezieht Mitarbeiter ausreichend in Entscheidungen ein						
....						

Peter Müller hatte nun einen wesentlichen Punkt in seinem Coaching erreicht: Er war bereit dazu, über seinen Schatten zu springen und sich mit der Teamrealität zu konfrontieren. Wir überlegten gemeinsam, wie er seine Teammitglieder über sein Coaching und seinen Wunsch nach Feedback informieren wollte, so dass er seine Sicht seines Führungsverhaltens mit dem Erleben seiner Mitarbeiter vergleichen konnte. Um möglichst offene Äußerungen von den Teammitgliedern zu erhalten, erhielten sie von mir, nachdem Peter Müller sie über Sinn und Zweck informiert hatte, den Fragebogen direkt zugeschickt und sie konnten ihn ausgefüllt und anonym an mich zurückschicken.

Ich fasste die Einschätzungen zusammen und übertrug sie auf ein Auswertungsblatt, so dass eine Gegenüberstellung der Selbst- und Fremdwahrnehmungen möglich wurde, ohne dass einzelne Mitarbeiter exponiert waren.

Die aus dieser Aktion resultierende Erfahrung war äußerst wertvoll. Die Tatsache allein, dass er sich als Lernender bei seinen Mitarbeitern zu erkennen gab, hatte zur Folge, dass diese sich ihm zugewandter zeigten. In der Folge erkannte er die wechselseitige Bedingtheit zwischen der vorher kaum vorhandenen Kooperationsbereitschaft seiner Mitarbeiter und seiner eigenen Verschlossenheit: Je weniger er sich ihnen gegenüber öffnete, desto geringer war ihre Kooperation. Je unkooperativer er sie erlebte, desto mehr verschloss er sich. Der Teufelskreis war endlich durchbrochen. Jetzt war es leicht, Peter Müller zum nächsten Schritt zu führen und ihn dazu aufzufordern, sich in die Lage seines Vorgängers hineinzuversetzen, um auch dessen Situation zu verstehen. Peter Müller hatte nämlich erkannt, dass ***alle*** Beteiligten Opfer der Situation waren. Und er konnte sich selbst wieder in der Rolle des Handelnden begreifen. Seine vorher scheinbar fest gefügten Vorurteile über sein Team kamen endlich ins Wanken und es wurde ihm möglich, ein gewisses »Mitgefühl« aufkommen zu lassen.

»Mitgefühl?«, fragen Sie, liebe Leserin, lieber Leser, sich jetzt womöglich. »Was hat denn hier Mitgefühl zu suchen? Wer bitte schön bringt denn mir Mitgefühl entgegen? Mitgefühl kann ich mir in meinem ›business‹ gar nicht leisten. Erstens wird man damit nicht ernst genommen und zweitens wird man, wenn man Gefühle zeigt, sowieso nur ausgenützt.«

Mit diesen Fragen wären Sie nun ziemlich genau am selben Punkt, an dem Peter Müller in seinem Coaching stand. Um ihn zu überwinden, musste er noch ein zweites Mal über seinen Schatten springen, denn er erkannte: Auch sein Vorgänger hatte ein legitimes Bedürfnis nach Wertschätzung seiner Leistung und nach mitfühlendem Verständnis für die Art und Weise seiner »Degradierung«. Solange es Peter Müller aber nicht möglich war, diese »weichen« Bedürfnisse ernst zu nehmen, so lange konnte sich auch der zur Zielerreichung notwendige Teamgeist, der engagierte gemeinsame Einsatz um der Sache willen, nicht einstellen. Er erkannte, was seine Führungsaufgabe war, um die Voraussetzungen für eine gute Zusammenarbeit zu schaffen: ***Seine*** misstrauische Grundhaltung, »sollen die anderen doch auf mich zukommen, wenn sie was wollen«, aufzugeben. Denn genau darauf wartete die andere Seite auch schon die ganze Zeit.

Noch bevor Peter Müller sich daran machte, diese neuen Erkenntnisse auch in die Tat umzusetzen, bereitete er in zwei weiteren Coaching-Gesprächen diesen Schritt zunächst gründlich vor. Er wollte auf den vormaligen Teamleiter zugehen und er musste sich seine eigentlichen Erwartungen, seine persönlichen Befürchtungen und auch seine Wünsche für die künftige Zusammenarbeit mit ihm erst einmal selbst richtig klar machen, bevor er sich daran machen konnte, sie mit ihm zu besprechen.

Da gab es noch einige Fragen und Bedenken, die zu überlegen waren: Er hatte sich zwar als Lernender offenbart, doch sollte er jetzt auch noch zugeben, wie wichtig ihm persönlich eine gute Zusammenarbeit mit seinem Vorgänger eigentlich war? Würde er sich dadurch womöglich als respektabler Chef disqualifizieren? Wie sollte er seine Erwartungen und Vorstellungen rüberbringen? Mit welchen Einwänden war zu rechnen und wie sollte er ihnen begegnen?

In Rollenspielen spielten wir diese Fragestellungen zusammen durch. Peter Müller machte sich dabei seine eigenen Empfindungen und Erwartungen bewusst und er versetzte sich auch buchstäblich in die Lage von Gerd Schnell, dem ehemaligen Leiter des Teams, um die Erwartungen und möglichen Einwände aus dessen Perspektive zu beleuchten. So gewann er eine immer größer werdende Sicherheit darüber, welche Ziele er eigentlich mit ihm und mit dem Team erreichen wollte und welche Schritte und Maßnahmen dafür nötig waren. In seiner achten Coaching-Sitzung entschloss er sich schließlich zum klärenden Gespräch mit Gerd Schnell. Um Ihnen, liebe Leserin, lieber Leser, einen kleinen Live-Eindruck davon zu vermitteln, was sich bei Peter Müller abspielte, lade ich Sie ein bei der darauf folgenden neunten Sitzung dabei zu sein:

Wie es aufhörte oder: Das Wichtigste beim Coaching passiert nach dem Coaching

Ausschnitt aus einer Abschrift des Tonbandprotokolls
der letzten Coaching-Sitzung mit Peter Müller:

BM: Ja, Herr Müller, jetzt müssen Sie mir aber unbedingt erzählen, wie das Gespräch mit Herrn Schnell gelaufen ist.

PM: Also ich muss schon zugeben, einfach war das nicht. Am Abend vorher hatte ich ganz schön Muffensausen, dass das Ganze nach hinten losgeht. Das Schwierigste war eigentlich, einen Anfang zu finden. »Herr Schnell, ich hab da ein Problem und muss mal mit Ihnen reden …«, das hört sich doch daneben an, finden Sie nicht?!

BM: Mhm. Wie haben Sie's dann schließlich gemacht?

PM: Ich hab ihn morgens auf dem Flur getroffen und ihm gesagt, dass ich mit ihm Mittag essen möchte. Ist zwar auch nicht so elegant und eigentlich müsste so ein Gespräch ja in einer ruhigeren Umgebung stattfinden, aber irgendwie ist es so nicht so formell. In der Schweiz ist das ja eh üblicher als bei uns. Wenn man was Persönlicheres besprechen will, dann »macht man zum Mittag ab«. Schnell hat natürlich schon etwas komisch geguckt. Lust hatte er keine, das sah man ihm an. Aber wir haben uns dann getroffen und es war besser als ich erwartet hatte.

BM: Klingt ja viel versprechend.

PM: Ja, ich hab tatsächlich einige Karten auf den Tisch gelegt. Ich hab ihm gesagt, dass ich mir viele Gedanken darüber gemacht habe, wie die ersten Wochen, seit ich die Stelle übernommen habe, für mich waren und so. Und dass ich mich in seine Lage versetzen kann und verstehe, wenn er mit mir als Chef ein Problem hat. Ich hab ihm auch gesagt, wie wichtig ich seine Arbeit finde und dass ich gerne rausfinden möchte, wie wir so zusammenarbeiten können, so dass es für alle stimmt. Ich hab auch nicht hinterm Berg damit gehalten, dass ich erwarte, dass sich manche Sachen ändern sollen in der Zukunft, aber dass ich ihn dazu im Boot haben möchte und nicht gegen ihn arbeiten will. Erst hat er ganz ungläubig geschaut, aber dann hat er schnell gemerkt, dass ich es ernst meinte. Ja und richtig konstruktiv wurde es dann, als ich ihn fragte, wie er selbst denn diesen ganzen chaotischen Führungswechsel, seine Absetzung und die ganze Politik drum herum erlebt hat. Da hat er angefangen seinen Frust abzuladen und hat nicht mehr aufgehört zu reden. Ich war echt baff. Das war so ehrlich und aus dem Bauch raus. Er hat nur noch Schweizerdeutsch geredet und ich war wirklich froh, dass ich das meiste von meinem Volkshochschulkurs her inzwischen verstehe. Mann, war der sauer und gekränkt! Dass ich am Anfang gleich so forsch aufgetreten bin, hat er mir zwar angekreidet, aber seit dieser Fragebogenaktion haben er und die anderen auch kapiert, dass ich inzwischen die Bremse gezogen habe.

BM: Und das, obwohl Sie zuerst so besorgt waren, wie im Team darüber gedacht wird. Alle Achtung. Und wie sind Sie dann mit ihm für die Zukunft verblieben? Haben Sie irgendwas miteinander vereinbart?

PM: Ja, haben wir. Bin richtig stolz auf mich. Wir werden in der Teamsitzung nächste Woche den anderen im Team von dem Gespräch erzählen und damit offiziell das Kriegsbeil begraben. Außerdem werde ich dem Team die Auszählung der Fragebogen bekannt geben, ich möchte mich nämlich möglichst offen mit ihnen über unsere Erwartungen zur Zusammenarbeit austauschen. Übrigens hat er mir noch das »Du« angeboten. Geht ja in der Schweiz auch schneller, als wir das machen. Ist zwar ein bisschen komisch, aber hier in Zürich sind die alle gleich beim »Du« und wenn man dann auf »Sie« besteht, gilt man gleich als arroganter Deutscher. Was mich übrigens sehr überraschte, war, dass er nach der üblen Entmachtung gar keine Ambitionen auf meinen Chefsessel mehr hat. Die Expertenrolle passt ihm inzwischen besser, sagt er, viel weniger Verantwortung. Hat er ja auf eine Art sogar Recht und finanziell haben sie ihn auch nicht mal zurückgestuft. Ich glaube, wenn ich ihm fachlich nicht reinrede, dann kommen wir miteinander klar. Ich hab ihm hoch und heilig versprechen müssen, dass ich aus Frankfurt keine »geheimen« Aufträge bekomme. Das ist seine größte Sorge, dass ich als »undercover agent« unterwegs sein könnte und dass die in Frankfurt die Züricher hier unterbuttern wollen. So sind die zwar auch nicht, aber ich versteh schon, wie er dazu kommt. Sieht so aus, als ob ich echt zwischen Fronten geraten bin. Damit meine Leute mir hier auf Dauer vertrauen, muss ich wirklich supertransparent sein. Sonst kriegen die gleich die Paranoia hier. Also immerhin – jetzt weiß ich endlich, was hier abgeht.

Wie es weiterging

Das war unser letztes Coaching-Gespräch. Peter Müller war sehr froh darüber, die schwierige Anfangshürde in seinem neuen Job gemeistert zu haben. Die Bedeutung seiner Führungsaufgabe hatte für ihn einen ganz neuen Stellenwert bekommen. Wenige Wochen später trafen wir uns zufällig auf dem Korridor in seiner Firma wieder. Er erzählte mir, dass die Arbeit mit dem neuen Team gut funktionierte und dass er inzwischen erfahren hatte, dass viele Kollegen ähnliche Probleme hatten wie er. Sein Vorgänger sei inzwischen sein wichtigster Berater für den Umgang mit den lokalen Entscheidungsträgern geworden. Außerdem habe er sich für eine berufsbegleitende Führungsausbildung angemeldet. Er habe gemerkt, wie wichtig es ihm geworden sei, sich mit Kollegen über Führungsthemen auszutauschen und auch konkretes Handwerkszeug dafür zu erlernen. Was will man mehr als Coach?

Liebe Leserinnen und Leser! Womöglich schütteln Sie jetzt den Kopf und denken: »Wieder so eine Erfolgsstory! Als ob das alles so einfach wäre! Bei meinem Fall, da würde das nicht so gut enden.« Das ist gut möglich. Möglich ist aber auch, dass es ganz anders enden würde, als Sie erwarten. Ein seriöser Coach wird Ihnen vorab keine Garantie für Ihren Erfolg geben können, aber sie oder er wird Ihnen bestimmt einen geeigneten Rahmen dafür bieten, selbst die Antworten auf Ihre Fragen zu suchen und zu finden – wenn Sie den Mut haben, sie erfahren zu wollen.

Chef oder Mitarbeiter – Wer braucht den Coach?

Klaus Wübbelmann

Der Coach sitzt einem etwa 45-jährigen Mann gegenüber, hier »Herr K.« genannt. Er wirkt korrekt und ist freundlich, aber nicht zu sehr. Er hat dem Coach einen schlechten Kaffee angeboten, den dieser dennoch trinken wird, räuspert sich und schaut den Coach an. Sie sehen sich nicht zum ersten Mal. Beim ersten Treffen haben sie die Ergebnisse eines Führungskräfte-Feedbacks besprochen, das der Coach für das Unternehmen begleitet hatte. Herr K. hatte ein ziemlich kritisches Feedback von seinen Mitarbeitern erhalten, zumindest von einer ganzen Reihe von ihnen – insgesamt immerhin etwas mehr als zwanzig. In den Nebenräumen und in einer kleinen Halle, durch die der Coach gerade gekommen ist, werken sie an Modellen für die Konstruktionsabteilung des Unternehmens.

Die beiden tauschen ein, zwei Floskeln aus, dann kommt der Coach schnell zum Anlass dieser Zusammenkunft: »Ich habe mit Ihrem Vorgesetzten gesprochen und erfahren, dass Sie mit ihm übereingekommen sind, ein Coaching zu machen. Und wenn ich recht verstanden habe, können Sie sich aufgrund unserer letzten Begegnung auch vorstellen, mit mir als Coach zusammenzuarbeiten.« Herr K. bestätigt diesen Eindruck, ohne ihn weiter zu kommentieren.

Im inneren Dialog ermahnt sich der Coach, dieses Coaching als Herausforderung zu betrachten, die er meistern werde. Es zeigt sich schon in dieser zweiten Begegnung, dass es nicht leicht werden wird, ein Vertrauensverhältnis aufzubauen, aber – so sagt er sich – es fällt eben nicht jedem leicht, sich in ein Coaching zu begeben.

In diesem Beitrag über die Frage: »Wer braucht den Coach …?«, der Ihnen im Übrigen den weiteren Verlauf des geschilderten Falls nicht vorenthalten wird, geht es um folgende Themen:

- Auftragsklärung: Was man am Anfang versäumt, holt einen später ein
- Der »unwillige Klient« – oder: Coaching auf dem Holzweg
- Widerstand ist zwecklos?
- Problemdefinitionen – Klärungen und Wendungen im Coaching-Prozess

Auftragsklärung

Am Anfang eines jeden Coachings sollte ein Auftrag stehen – nicht nur um das Honorar des Coachs zu sichern, sondern vor allem, um genau zu bestimmen, was im Coaching getan und erreicht werden soll.

In der Auftragsklärung trennt sich die Spreu vom Weizen.

Auftraggebern sei gesagt: Sie können einen professionellen Coach ganz zu Beginn daran erkennen, wie gründlich er mit Ihnen klärt, wozu Sie ihn engagieren. Vielleicht geht er Ihnen mit seinen Fragen auf die Nerven, mit Sicherheit aber wird er Ihnen Zeit und Aufmerksamkeit abverlangen. Ein Coach, der im Wesentlichen Ihre Unterschrift im Visier hat und Sie ansonsten in Ruhe lässt, um, wie er zu Ihrer Erleichterung einwirft, »alles andere mit dem Klienten selbst zu besprechen«, ist nur in dieser Phase angenehm. Nachdem er Ihnen den Rücken zugekehrt hat, wissen Sie nicht, was er tun wird – und schlimmer noch: Er weiß es vermutlich auch nicht.

In den meisten Coaching-Situationen hat der Coach es mit einem Beziehungsdreieck zu tun, in das er als vierte Person hineingerät. Es kann für ihn zum Bermuda-Dreieck werden, wenn er nicht aufpasst. Meistens sind neben dem Klienten selbst nämlich dessen Vorgesetzter und ein Personalmanager oder -referent im Spiel. Letzterer erteilt in der Regel den Auftrag und führt die Verhandlungen mit dem Coach. Das Budget kommt meistens vom Vorgesetzten und der Klient sitzt im Coaching – die meisten Coachings finden jedenfalls sitzend statt und nicht auf der Couch. Ich nenne alle am Coaching-Prozess, insbesondere an seinem Zustandekommen beteiligten Personen, außer dem Coach selbst und seinem Klienten, »begleitende Personen«.

Wichtige Themen in der Auftragsklärung

Für den Coach ist es elementar, gleich zu Beginn zu klären, wer welche Rolle im Coaching-Prozess spielt und wer ihn mit welchen Erwartungen initiiert, bezahlt oder wünscht. Dabei wird er vor allem darauf achten müssen, ob über die zentralen Aspekte Einvernehmen zwischen dem Klienten und den begleitenden Personen besteht. Hier folgen die wichtigsten Themenblöcke und Leitfragen:

1. Beteiligte

► Wer ist der Auftraggeber, sprich: Wer bezahlt und wer entscheidet letztlich darüber, ob es zum Auftrag an einen bestimmten Coach kommt?

► Wer ist noch am Zustandekommen des Coachings interessiert und warum?

► Wer hat Einfluss auf den Coaching-Prozess, z. B. durch die Coach-Auswahl, das Budget, den Zeitrahmen etc.?

2. Ziele und Erwartungen

► Wie aufgeschlossen stehen der Klient und begleitende Personen dem Coaching gegenüber?

► Welche Erwartungen haben die Beteiligten an das Coaching? Vor allem: Gibt es unterschiedliche Erwartungen?

► Wie definieren die Beteiligten das Problem bzw. den Gegenstand des Coachings?

► Welche Art von Unterstützung soll im Coaching erbracht werden: Welches Problem soll gelöst, welches Hindernis genommen, welche Leistung ermöglicht werden?

► Gibt es gewünschte oder geforderte Erfolgskriterien: Woran wird festgemacht werden, ob das Coaching erfolgreich ist?

3. Ressourcen

- Erhält der Klient trotz seiner Arbeitsbelastung den Freiraum (vor allem die Zeit) für Coaching-Sitzungen während der Arbeitszeit?
- Gibt es Vorgaben für den Zeitrahmen?
- Welches Maß an Vertraulichkeit räumen die begleitenden Personen dem Klienten und dem Coach ein? Vor allem: Will jemand Berichte oder Analysen sehen oder hören?
- Klärung aller Budget- bzw. Honorarfragen: Honorar pro Einheit, Reisekosten, gegebenenfalls Raumkosten, Abrechnungsmodus etc.

4. Prozessaspekte

- Wird der Einsatz bestimmter Methoden gewünscht oder ausgeschlossen?
- Ist die Einbeziehung weiterer Personen möglich bzw. mit welchen Voraussetzungen verbunden? (Das ist insbesondere bei Konflikten oder teambezogenen Fragestellungen relevant.)

Es kann ratsam sein, ein gemeinsames Gespräch mit dem Klienten und dem Auftraggeber und/oder dem Vertreter des Personalbereichs zu führen, in dem diese Fragen geklärt werden. Ein solches Gespräch sorgt dafür, dass alle von den gleichen Voraussetzungen ausgehen und die Erwartungen der jeweils anderen Seite kennen lernen.

Im Fallbeispiel verlief die Auftragsklärung zunächst ausschließlich über den Vorgesetzten, der Auftraggeber war und großes Interesse am Coaching seines Mitarbeiters deutlich machte. Seine Erwartung an das Coaching: Ausgehend vom Feedback der Mitarbeiter aus dem Führungskräfte-Feedbackprozess sollte das Führungsverhalten reflektiert und die richtigen Veränderungsmaßnahmen sollten herausgearbeitet werden. Seine Problemdefinition lautete mithin – auf eine einfache Formel gebracht: »Der Mann führt schlecht und demotiviert seine Mitarbeiter.« Der Vorgesetzte hatte eine klare Ergebniserwartung: Bei der Wiederholung des Führungskräfte-Feedbacks im Folgejahr sollte sich eine Besserung zeigen.

In persönlichen Vermutungen wurde deutlich, wo der Auftraggeber die Schwächen des Klienten sah, er gab aber keine weiteren inhaltlichen

Richtlinien für das Coaching vor. Weitere Personen hatten keinen Einfluss auf den Coaching-Prozess, die zuständige Personalbetreuerin wurde eingebunden und informiert, machte aber keine eigenen Interessen deutlich.

Die Auftragsklärung mit Herrn K. erfolgte im ersten Einzelgespräch mit ihm. Die »offizielle« Perspektive deckte sich mit der seines Chefs. Auch er rekurrierte auf das Führungskräfte-Feedback und die offenkundig vorhandenen Defizite in seiner Führungsarbeit. Er ließ zugleich erkennen, dass er völlig überrascht sei von diesem Feedback und nicht so recht sehen könne, was er denn falsch mache. Er wirkte in der Tat ebenso verdutzt wie niedergeschlagen von diesem Ergebnis. Sein Fazit: Es müsse ja etwas dran sein und deswegen sei es gut, nun in diesem Coaching nach den Ursachen zu forschen. Bei all dem bleiben beim Coach Zweifel zurück, ob tatsächlich Wille und Bereitschaft für ein Coaching ausreichend seien. Nach einem langen Gespräch kam er zu dem Ergebnis: »Mir ist nicht wirklich klar, warum Sie dieses Coaching machen möchten, was Sie damit erreichen wollen. Sie sagen mir zwar, dass Sie es machen wollen, ich möchte Sie aber bitten, bis zum nächsten Treffen noch einmal über Ihre Ziele nachzudenken. Wir werden dann darüber sprechen.«

Der »unwillige Klient« – oder: Coaching auf dem Holzweg

Es drängte sich der Verdacht auf: Hier geht einer in ein Coaching, weil der Chef es für gut hält. Er selbst aber hat keine klare Zielvorstellung. Im zweiten Gespräch verdichtete sich dieser Eindruck sehr. Trotz vieler, das Interesse am Coaching beteuernder Worte blieben die persönlichen Ziele, die Überzeugung, etwas verändern zu wollen, das eigene Bewusstsein für Dinge, die besser laufen könnten, zu unklar, um von einer wirklichen Motivation für ein Coaching auszugehen. Es mischten sich vielmehr auch kritische Worte über die Gültigkeit des Führungskräfte-Feedbacks ein, über das der Klient auch schon mit den Mitarbeitern gesprochen und dabei erfahren hatte, dass sie das alles so nicht gemeint hätten.

Für den Coach eine schwierige Situation: Zum einen deutete sich ein klarer Coaching-Bedarf an, andererseits: Sollte er nicht lieber abbrechen, weil es an Motivation mangelte? Darüber hinaus machte Herr K. deutlich, dass er sich sehr darum bemühte, die volle Verantwortung für seinen Bereich zu übernehmen und auch für alles geradezustehen, was dort schlecht lief. Er wollte seinen Vorgesetzten nicht mit Problemen behelligen, sondern ihm Ergebnisse liefern.

In solchen unklaren Situationen ist eine gute Fähigkeit zur Unterscheidung der Geister gefragt! Da das Leben meist einfallsreicher ist als die Vorstellungskraft eines Autors, wird es vermutlich mehr als drei Möglichkeiten geben, aber die relevantesten Szenarien, zwischen denen die Unterscheidung getroffen werden muss, sind Folgende:

- ***Möglichkeit 1:*** Es liegt eine Eingangsbarriere vor, deren Überwindung wichtig ist, weil sie ein sinnvolles und ergiebiges Coaching ermöglicht. Unerfahrenheit, kaum Wissen über Coaching, falsche Vorstellungen über die Arbeitsweise im Coaching etc. können die Basis solcher Barrieren darstellen.
- ***Möglichkeit 2:*** Jemand, dessen Situation durch ein konstruktives Coaching sicher gebessert werden könnte, erkennt darin für sich keine Chance – und will sie vielleicht auch gar nicht erkennen. Das Vorhandensein, zumindest aber die Relevanz oder die Lösbarkeit des Problems werden übersehen oder geleugnet.
- ***Möglichkeit 3:*** Coaching stellt nicht den richtigen Weg dar und der zu rettende Klient lehnt es völlig zu Recht als unpassend ab – auch wenn er es eher spürt als eloquent darlegen kann.

Häufig ist die Versuchung groß, schnell auf Möglichkeit zwei zu tippen. Weshalb? Sie lässt Kompetenz und Engagement des Coachs unangetastet. Ein schnelles Ende des Coachings ginge ganz zu Lasten des unwilligen Klienten. Das ist bedauerlich, verursachte der Position des Coachs als Dienstleister des Unternehmens aber keinen nachhaltigen Schaden. Vielleicht einen kleinen Kratzer, aber der kann über das nächste Coaching, das hoffentlich (und vermutlich) weniger kompliziert ist, wieder heilen. Dem Auftraggeber gegenüber hat der Coach in aller Regel so etwas wie eine

Wie unterscheide ich den unwilligen Klienten von anderen Szenarien im Coaching?

Unter-scheidungs-kriterien	***Szenarien***		
	Einstiegsbarriere	***Unwilliger Klient***	***Coaching auf dem Holzweg***
Persönliche Zielformulierung	► Ziele sind in der Regel unklar ► Es fällt dem Klienten schwer, sich auf Ziele zu konzentrieren, weil er dem Coaching unsicher gegenübersteht ► Der Klient braucht Hilfe in der Formulierung ► Wenn der Beziehungsaufbau gelingt (s. u.), können auch Ziele erarbeitet werden	► Zu Beginn des Coachings ist in der Regel keine eigene Zielformulierung vorhanden ► Kaum Bemühen, eine persönliche Zielformulierung zu finden ► Verweis auf die Zielvorgabe des Vorgesetzten ► Keine Reflexion eigener Schwächen oder Fehler	► Keine Zielklarheit beim Klienten ► Dennoch u. U. sogar großes Bemühen, eine passende Zielformulierung zu finden ► Wunsch, eine Zielformulierung vom Coach zu übernehmen ► Trotz des Bemühens Schwierigkeiten, den Nutzen des Coachings zu sehen
Beziehung zum Coach	► Viele Fragen über das Vorgehen und die Arbeitsweise ► Erkennbare Unsicherheit im Hinblick auf das, was kommt ► Keine persönlichen Vorbehalte gegen den Coach ► Beziehungsaufbau ist möglich, er verläuft in der Regel langsamer und aufwendiger	► Ablehnung des Beziehungsaufbaus ► Sehr schwierige Startphase ► Kaum Begegnung von Person zu Person, nahezu ausschließlich Suche nach dem Gegenstand des Coachings	► Insgesamt Bereitschaft zu Gesprächen und zum Beziehungsaufbau ► Gemischte Gefühle erkennbar ► Häufig Offenheit im Hinblick auf Fragen zum Nutzen des Coachings, die nicht verbunden sind mit Vorbehalten gegen den Coach als Person

Unterscheidungskriterien	Szenarien		
	Einstiegsbarriere	*Unwilliger Klient*	*Coaching auf dem Holzweg*
Fortschritte im Coaching	► Langsam arbeitet man sich voran ► Mit zunehmender Sicherheit gehen Fortschritte schneller	► Oft keine Fortschritte erkennbar ► Mühsame Gespräche ► Diskussionen entstehen und drehen sich im Kreis ► Immer wieder Rechtfertigungen	► Sehr mühsame Phase der Ziel- und Themenfindung ► Trotz beiderseitigen Bemühens kaum Fortschritte in der Sache ► Sich verstärkendes Empfinden, nicht den richtigen Ansatz gefunden zu haben

Definitions- und Interpretationsmacht in Bezug auf das Coaching. Wenn er den Klienten als unwillig darstellt, trifft er möglicherweise sogar auf offene Ohren – sieht der Auftraggeber ihn doch auch kritisch. Schließlich hält er ein individuelles Coaching für nötig, um zu retten, was zu retten ist.

Nun gibt es diese Fälle des »unwilligen Klienten« sicherlich. Wer einige Erfahrung als Coach hat, dem wird eine entsprechende Begegnung kaum erspart geblieben sein. Aber sie sind nicht besonders häufig. Schon aus dieser statistischen Überlegung ist also Vorsicht im Umgang mit dem Interpretationsmuster »unwilliger Klient« angemessen.

Die wichtigsten Unterscheidungsmerkmale, in denen sich der »unwillige Klient« von den drei anderen erwähnten Szenarien im Coaching unterscheidet, sind in der Übersicht 1 dargestellt. Der »unwillige Klient« zeichnet sich im Gegensatz zu anderen Konstellationen im Wesentlichen dadurch aus, dass er keine Ziele für das Coaching hat, kein besonderes Interesse zeigt, solche Ziele zu entwickeln, dem Coach reserviert bis ablehnend gegenübersteht und es im Coaching viele Diskussionen und Rechtfertigungsversuche gibt, dafür aber kaum Fortschritte in der Zielfindung oder gar im Gegenstand des Coachings.

In den meisten Fällen aber, in denen ein Coaching einen schweren Start erlebt, bestehen entweder Einstiegsbarrieren oder aber man befindet sich mit seinem Ansatz auf dem Holzweg. Das angestrebte Coaching ist im letzteren Fall nicht der richtige Weg, um in der aktuellen Situation die gewünschten oder erforderlichen Veränderungen zu erreichen.

Unter den Einstiegsbarrieren sind Unsicherheit, Ängste und Zielunklarheit auf Seiten des Klienten die wichtigsten und schwerwiegendsten. Sie lassen sich nur erkennen, wenn der Coach zu Beginn des Coachings mit ihrer Möglichkeit rechnet und sich dementsprechend verhält. Das bedeutet vor allem:

- Intensives Bemühen um eine gute persönliche Beziehung zum Klienten, Eingehen auf seine spezifische Situation, sehr genaues Zuhören und Angebote, das eigene Empfinden dem Coaching gegenüber zu erläutern
- Positive Zuwendung zum Klienten, Entdecken des Positiven und zu Bestätigenden, bevor die kritischen Aspekte auf den Tisch kommen
- Vermittlung eines klaren Bildes von den eigenen Absichten als Coach sowie vom zu erwartenden Vorgehen
- Vorgehensweisen, die eindeutig und erkennbar vertrauensbildend sind
- Entwickeln von Angeboten im Vorgehen, die Ängste, Sorgen und Unsicherheiten des Klienten ernst nehmen und abbauen helfen

Wenn der Klient und damit auch der Coach tatsächlich »nur« mit solchen Einstiegsbarrieren zu kämpfen haben, werden entsprechende Vorgehensweisen einen konstruktiven Coaching-Prozess ermöglichen.

Wenn trotz vertrauensbildender Maßnahmen und gemeinsamen Bemühens, dem Coaching Ziel und Gegenstand zu geben, der Klient keinen Zugang findet und den Nutzen für sich nicht erkennt, bleibt nur die Lösung, den Prozess zu unterbrechen und andere Wege zu suchen.

In der nachfolgenden Reflexion der beiden Gespräche mit Herrn K. im Rahmen einer Coach-Supervision wurde sehr deutlich: Herr K. erkannte für sich nicht, welche Zielsetzungen er persönlich mit dem Coaching erfolgreich verfolgen könnte. Seine Arbeit erschien ihm erfolgreich und die fachlichen Ergebnisse gaben ihm Recht, seine Mitarbeiter bewerteten ihn dennoch zum Teil sehr kritisch im Führungskräfte-Feedback, was für ihn aber eindeutig ein Problem dieser Methode darstellte. Er sah nicht, was er ändern sollte, und fand keinen Zugang zum angebotenen Coaching. Obwohl sich in den beiden Gesprächen eine offene und gute persönliche Beziehung zu Herrn K. herstellen ließ, blieben die Hürden bestehen. Das Coaching erschien als Holzweg. Im Ergebnis blieb allerdings ein erheblicher Unterschied zwischen der Einschätzung des Vorgesetzten und der Selbsteinschätzung Herrn K.s. Ein Rückkopplungsgespräch mit dem Chef und Auftraggeber wurde erforderlich.

Widerstand ist zwecklos?

Als Coach ist man zweifellos nicht glücklich über eine solche Konstellation und vermutet leicht einen destruktiven Widerstand des Klienten, der seine Probleme nicht sehen und nichts verändern will. Man übersieht zu schnell das ehrliche Bemühen des Klienten, den Coaching-Ansatz zu verstehen und einen Zugang zu finden. Es ist aber nur verständlich, dass er nicht mitmachen kann, wenn und solange ihm dieser Zugang fehlt. Sein vermeintlicher Widerstand ist nichts anderes als Ausdruck der Hilflosigkeit. Es ist die Hilflosigkeit, die man einem Angebot gegenüber empfindet, das nicht passend ist, das anzunehmen man sich aber aufgrund seiner Situation im Unternehmen verpflichtet fühlt. Diese Situation ist paradox: Der Klient müsste, um den Ansprüchen seines Vorgesetzten zu genügen, das Coaching-Angebot annehmen, kann es aber nicht annehmen, weil er seinen Nutzen nicht erkennt.

Ein solcher »Widerstand« verfolgt einen Zweck, einen Zweck aber, der nur erfüllt werden kann, wenn der Coach die Hilflosigkeit darin erkennt und nach einem passenden Angebot sucht, um Vorgesetztem und Klienten aus dieser Patsche zu helfen!

Problemdefinitionen – Klärungen und Wendungen im Coaching-Prozess

Angebote bedienen Bedarfe. Bedarfe werden definiert. Nicht anders als beim Kauf und Verkauf von Waren und Leistungen ist es im Coaching. Man spricht nur in der Regel nicht vom Bedarf, sondern vom Problem. Es handelt sich dabei aber wohl um zwei Seiten einer Medaille. Auch Probleme, zu deren Lösung ein Coaching angestrebt wird, werden definiert. Sie liegen nicht einfach vor, sondern werden wahrgenommen, bewertet und beschrieben.

Der Vorgesetzte von Herrn K. hatte vor Beginn des Coachings in etwa folgende Problemdefinition entwickelt: »Herr K. ist ein fachlich exzellenter Kopf, der aber sein Ding macht und durchzieht. Wie das Feedback zeigt, auch seinen Mitarbeitern gegenüber. Er wird, wenn sich das nicht ändert, die Truppe demotivieren und zu Leistungsabfall beitragen.« Im Rückkopplungsgespräch, in dem über das Scheitern der Coaching-Bemühungen gesprochen wurde, machte er unerwartet einen Aspekt deutlich, der in seiner eigenen Zusammenarbeit mit Herrn K. eine gravierende Störung darstellte. In seiner Wahrnehmung zog Herr K. auch dem Vorgesetzten gegenüber sein Ding durch. Er informierte ihn kaum, bezog ihn bei kritischen Fragestellungen nicht rechtzeitig ein, gab ohne spezielle Aufforderung keine Statusberichte ab und erschien verbissen darin, die Dinge allein zu schaffen. Der Vorgesetzte wünschte sich deutlich mehr Feedback und Information, Einbeziehung und Transparenz.

Dieser Wunsch erschien verständlich, aber auf die Frage, wie deutlich er Herrn K. diesen Wunsch vermittelt habe, kam er sehr ins Grübeln, schwieg eine Weile und gestand sich ein: »Ich habe es ihm nicht gesagt. Es ärgert mich nur sehr!« Der Grund dafür ließ sich dank der Offenheit des Vorgesetzten schnell finden: Er fürchtete, Herrn K. zu direktiv zu behandeln und zu entmündigen. Er konnte sich nicht vorstellen, dass Herr K. genau diese Klarheit und Entschiedenheit einer Vorgabe durch den Chef erwartete und sehr gern gehabt hätte – und dass möglicherweise auch viele andere Themen klarer hätten adressiert und Kritik viel offener und entschiedener hätte vorgetragen werden müssen.

Eine neue Problemsicht entstand: Herr K. ist hoch verantwortungsvoll und steht bedingungslos hinter seinen Aufgaben, erfüllt sie aber in einer Abgeschlossenheit, die seinen Chef beunruhigt, weil er in Top-Management-Meetings Themen vertreten muss, über die er viel zu wenig weiß. Herr K. handelt aus der besten Absicht heraus, seinem Chef den Rücken freizuhalten, will ihn nicht behelligen, sondern ihm Ergebnisse abliefern. Und sein Vorgesetzter sagt ihm nicht, dass er genau diese »Behelligung« sehr wünscht. Auch über Herrn K.s Führungsverhalten hatten die beiden nicht gesprochen. Herr K. wusste nicht, was sein Chef hier von ihm erwartete. Hätte er es gewusst, hätte er mit hoher Wahrscheinlichkeit entsprechend seiner pflichtbewussten Einstellung alle Mühe darauf verwendet, diese Erwartungen zu erfüllen.

Bevor ein Coaching zum Führungsverhalten Erfolg haben konnte, musste ein anderes Problem gelöst werden: Der Chef brauchte den Coach! Er brauchte Ermutigung und Unterstützung dafür, Herrn K. sehr klar und detailliert Vorgaben und Erwartungen mitzuteilen, die keine Zweifel daran ließen, was Herr K. tun sollte. Er musste Willen zur Kritik entwickeln und ein Kritikgespräch mit Herrn K. gründlich vorbereiten.

Mit dieser neuen Sichtweise konfrontiert, zeigte sich der Vorgesetzte überrascht, aber überzeugt. Die Arbeit zur Vorbereitung des anstehenden Gesprächs mit Herrn K. wurde schnell in Angriff genommen und gelang ohne größere Schwierigkeiten. Das Gespräch mit Herrn K. wurde im Beisein des Coachs geführt, der allerdings nur Zuhörer war. Am Ende des Gesprächs bedankte sich Herr K. ausdrücklich für die sehr klaren Vorgaben und Erwartungen und zeigte Verständnis für die Wünsche und Erwartungen seines Vorgesetzten – auch dafür, dass er sie bisher ganz anders und offensichtlich unzutreffend eingeschätzt hatte.

Auch über die Mitarbeiterführung wurde ausführlich und in weiteren Gesprächen diskutiert. Die Erwartungen des Vorgesetzten wurden deutlich und Herr K. bemühte sich sehr darum, sie umzusetzen. Im Jahr darauf fiel sein Führungskräfte-Feedback erheblich besser aus.

Das Fallbeispiel macht die kritischen Punkte sehr deutlich: Der Auftraggeber und zunächst auch der Coach, der vom Auftraggeber gebrieft wurde, gingen davon aus, dass eine gemeinsame Problemsicht und ein geteiltes Verständnis über die Ziele des Coachings zwischen Vorgesetztem und Klienten bestand. Dieses Verständnis bestand aber auf Seiten des Klienten nicht, seine entschiedene Bereitschaft zur Pflichterfüllung dem Vorgesetzten gegenüber hatte ihm nicht gestattet, seine Unsicherheit oder Kritik dem Coaching-Versuch gegenüber zu formulieren. Er übernahm aus Loyalität und Unterordnung den Lösungsweg des Vorgesetzten, ohne in diesem Fall seine innere Unklarheit damit ausräumen zu können.

Durch den Fokus des Coachs auf Zielsetzung und Gegenstand der gemeinsamen Arbeit in den ersten Gesprächen mit dem Klienten wurde der Dissens aufgedeckt. Ob ein gemeinsames Gespräch mit Auftraggeber und Klient ganz zu Beginn der Auftragsklärung die Verzögerung verhindert hätte, ist schwer einzuschätzen. In einem solchen Gespräch wäre in der gegebenen Konstellation sicherlich die volle Zustimmung des Klienten zur Zieldarstellung des Vorgesetzten formuliert worden und es brauchte die Einzelgespräche und das intensive Nachfragen, um die innere Situation des Klienten und die Problematik in der Beziehung zwischen ihm und seinem Vorgesetzten zu verstehen.

Zusammenfassung

Das Fallbeispiel und die Reflexion machen deutlich, dass es im Coaching sehr darauf ankommt, hartnäckig daran zu arbeiten, eine klare, einvernehmliche und von innerer Überzeugung getragene Auffassung von Ziel und Gegenstand des Coachings zu entwickeln und dabei alle beteiligten Personen, vor allem den Auftraggeber und den Klienten, aber auch weitere Beteiligte, im Blick zu haben und in ihren Anliegen und Zielen genau zu verstehen. Wenn der Klient »unwillig« und abweisend erscheint, das Coaching nicht vorankommt und für Coach und Klient eine unerfreuliche Angelegenheit mit fadem Geschmack wird, muss genau hinterfragt werden, woran diese Entwicklung liegen kann. Eine wirkliche Verweigerung des Klienten liegt nur sehr selten vor, meistens handelt es sich um sehr verständliche, aber überwindbare Einstiegsbarrieren. Möglicherweise stellt aber auch das Coaching nicht das richtige Angebot für den Klienten dar. Eine klärende Auseinandersetzung mit dem Auftraggeber und dem Klienten ist in diesem Fall der einzig sinnvolle Weg, der nicht selten überraschende Wendungen bereithält, die allen wieder Spaß machen und sie voranbringen.

Coaching bei Ängsten, inneren Blockaden und Stress

Ulrich Dehner und Renate Dehner

Nahezu jeder Coach kennt diese überraschende Situation: Ein selbstbewusster und zupackender Klient verwandelt sich in einen ängstlichen, unsicheren und verhuschten Menschen, weil er sich vor einer ganz bestimmten Situation fürchtet. Zum Beispiel vor einer Präsentation beim Aufsichtsrat oder vor einem wichtigen Kundengespräch, bei dem es um einen Großauftrag geht. Schon beim Gedanken an diese Situation verlässt diesen Klienten jedes Selbstvertrauen und er vergisst völlig, dass er bei anderen Gelegenheiten und vor anderem Publikum solche Auftritte souverän meistert.

Auch innere Blockaden gehören zu den wiederkehrenden Themen im Coaching: Jemand will etwas Bestimmtes machen, entweder weil es sein Wunsch ist oder weil sein Job es erfordert, und er weiß auch, dass er es eigentlich könnte. Aber eine ihm unverständliche innere Macht hindert ihn immer wieder daran, seinen Willen in die Tat umzusetzen. Er findet tausend Ausreden und auch richtig gute Begründungen, weshalb er just das nun nicht machen kann. Da die meisten in dieser Situation unglücklicherweise trotzdem haargenau wissen, dass es sich letztendlich um einen klaren Fall von Sichdrücken handelt, leidet auf die Dauer das Selbstwertgefühl unter dieser inneren Blockade, von den negativen Auswirkungen, die es im Job unter Umständen nach sich zieht, ganz zu schweigen.

Und schließlich gibt es eine große Anzahl von Coachees, die sich selbst unter einen unerhörten Druck setzen und aus diesem Grund viel mehr Stress erleben, als ihr ohnehin schon anstrengender Job ihnen beschert.

Sie sind nie mit sich zufrieden, haben unerreichbar hohe Ansprüche an ihre Leistungsfähigkeit und Perfektion oder erholen sich nur schwer selbst von kleinen Rückschlägen oder Misserfolgen.

Hinter all diesen Schwierigkeiten stecken in der Regel automatisierte negative Gedanken, die sich schon so verselbstständigt haben, dass sie bewusst gar nicht mehr wahrgenommen werden – und gerade weil sie im Verborgenen wirken, ist ihre Wirkung zunächst so unschlagbar. Man kann ihnen jedoch auf die Spur kommen und sie dadurch entschärfen.

Die Angst vor der Präsentation

Herr H. ist Manager in einem größeren mittelständischen Unternehmen. Da er gute Arbeit leistet und der Vorstandsvorsitzende ihn schätzt, ist er immer wieder Teilnehmer einer Runde, die zur erweiterten Geschäftsführung zählt. Bei Präsentationen speziell vor dieser Runde ist er unverhältnismäßig aufgeregt. Das führt dazu, dass seine Sprache vernuschelt und eintönig wird, so dass es sehr schwierig ist, ihm zu folgen. Außerdem beginnt er, auffällig stark zu schwitzen. Sein Chef schlägt ihm bei einem Mitarbeitergespräch vor, zu diesem Thema ein Coaching zu machen. Gleichzeitig gibt er die Rückmeldung, dass er den Eindruck hat, dass Herr H. sich in dieser Runde weit unter Wert verkaufe und aus diesem Grund von seinen Kollegen nicht die gebührende Anerkennung erfährt.

Herr H., dem das selbst alles klar war und der diesen Zustand sehr unangenehm fand, hatte vorher schon auf eigene Faust, mit Hilfe von autogenem Training, versucht, etwas an der Situation zu ändern. Das hatte bisher allerdings keinen Erfolg gezeitigt – im Gegenteil, er hatte den Eindruck, dass danach die Aufregung sogar noch größer geworden war. Herr H. war deshalb sehr dankbar für die Unterstützung seines Chefs und nahm die Gelegenheit, durch Coaching etwas zu ändern, hoch motiviert an.

In der ersten Coaching-Sitzung machte er den Eindruck eines unauffälligen, ruhigen Menschen. Er war beileibe kein Selbstdarsteller, sondern wirkte zurückhaltend, mit einer etwas verwaschenen Art zu sprechen. Nachdem Herr H. die Situation geschildert hatte, machte er noch deutlich, wie er für sich das Problem definiert hatte: »Ich bin nun mal leider kein guter Redner, und ich bin auch nicht gut im Präsentieren. Meine Kollegen können das bei weitem besser. Unser Vorstand lässt sich schnell von guten Rhetorikern und brillanten Präsentationen beeindrucken, da kann ich eben nicht mithalten.«

Diese Einschätzung des Problems deckte sich im Übrigen mit der des Vorstandsvorsitzenden, wie sich in einem Gespräch mit ihm als Auftraggeber gezeigt hatte.

Dem Coach stellte sich das Ganze als das typische Problem von High Performance dar: Jemand muss zu einem ganz bestimmten Zeitpunkt seine Bestleistung zeigen. Darstellende Künstler und Hochleistungssportler sind unentwegt mit diesem Problem konfrontiert. Es ist auch im Coaching kein seltenes Phänomen.

Durch Nachfragen stellte sich schnell heraus, dass die Problemdefinition von Herrn H., nämlich kein guter Redner zu sein und nicht präsentieren zu können, den Kern der Sache durchaus nicht traf. Denn bei Präsentationen vor seinen Mitarbeitern war er ohne weiteres imstande, lebhaft aufzutreten, sie zu überzeugen, gar mitreißend zu sein.

Die Konstruktion von Problemen

Ein Problem zu haben scheint die einfachste Sache der Welt zu sein – schließlich hat jeder welche. Deshalb denken die wenigsten Menschen darüber nach, was sie eigentlich alles tun, um zu just jenem Problem zu kommen. Dabei ist das eine der interessantesten Fragen, wenn man sich mit Poblemlösung beschäftigt: Wie wird dieses Problem konstruiert? Was muss ein Mensch alles tun oder nicht tun, um genau dieses Problem zu haben?

Im Coaching ging es also zunächst einmal darum, zu verstehen, wie Herr H., der in anderen Situationen durchaus präsentieren konnte, es fertig brachte, dazu nicht mehr in der Lage zu sein, wenn er vor der Geschäftsführung stand. Dabei kam als Erstes ein Gefühl zur Sprache, nämlich das Gefühl der Angst, das Herrn H. schon überkam, wenn er nur an die Präsentationen dachte.

Auch mit dem Zustandekommen von Gefühlen verhält es sich anders, als von vielen Menschen gemeinhin angenommen wird. Sie glauben, dass ihr Gefühl immer von der entsprechenden Situation ausgelöst wird: Weil der Chef so ein Tyrann ist, sind sie so ängstlich, wenn sie ihm gegenüberstehen. In aller Regel ist es jedoch kein so simpler Reiz-Reaktions-Ablauf. Wenn wir nicht gerade tatsächlich vor einem Tiger stehen, sind es automatisierte Gedanken, die unseren Gefühlen auf die Sprünge helfen. Ginge Herr H. gänzlich ohne kommentierende Gedanken in das Sitzungszimmer, wäre er vermutlich so entspannt, als ginge er in sein Büro. Sein Gefühl der Angst ist die Reaktion auf die bewertenden Gedanken, die er sich macht. Gedanken, wie etwa diese: »Oje, hoffentlich wird es diesmal nicht wieder so schlimm wie letztes Mal. Das war ja so unangenehm. Alle haben gemerkt, dass ich das gar nicht kann! Der Job wäre so super, wenn ich nur nicht immer wieder präsentieren müsste!«

Automatisierte Gedanken

Diese Art von Gedanken nennt man automatisierte Gedanken, weil sie durch die häufige Einübung das bewusste Mitwirken unseres Kopfes gar nicht mehr nötig haben. Sie gehen uns in Bruchteilen von Sekunden durch den Kopf und trotzdem haben sie unmittelbare körperliche und emotionale Auswirkungen. Stellen Sie sich zum Beispiel folgende Situation vor: Sie befinden sich an irgendeinem Ort, wo es von Menschen nur so wimmelt. Sie suchen Ihren Weg durch das Gewühl und plötzlich tritt Ihnen jemand sehr heftig auf den Fuß. Die unmittelbare körperliche Reaktion ist Schmerz und die spontane emotionale Reaktion ist Ärger: »Kann dieser Trottel denn nicht aufpassen?« Parallel zu dieser Emotion reagiert Ihr Körper mit erhöhter Anspannung und einem Adrenalinstoß. Wahrscheinlich sind Sie überzeugt, dass der Tritt auf den Fuß unmittelbar Ihren Ärger ausgelöst hat, oder?

Jetzt stellen Sie sich vor, dass Sie sich umwenden und sehen, dass der Mensch, der Sie getreten hat, blind ist. Verändert das etwas an Ihrem Gefühl? Normalerweise ist nach solch einer Feststellung der Ärger wie weggeblasen. Manchmal taucht spontan eher ein Gefühl von Mitleid auf: »Der hat es bestimmt nicht leicht, durchs Leben zu kommen!«, so dass man selbst ein »Entschuldigen Sie bitte« von sich gibt.

Diese unterschiedlichen Gefühle haben nichts zu tun mit der Situation an sich: Es ist Ihnen jemand schmerzhaft auf den Fuß getreten. Aber die Einschätzung der Situation ist plötzlich eine ganz andere! Im ersten Fall, beim Ärger, war die spontane Einschätzung: »Da ist jemand, der hätte aufpassen können und hat es nicht getan, deshalb habe ich jetzt diesen Schmerz. So ein Idiot!« Im zweiten Fall, beim Mitleid, hat sich die Einschätzung geändert zu: »Der arme Kerl hat das ja nicht absichtlich gemacht. Der konnte nicht aufpassen, weil er blind ist.« Und schlagartig ändert sich die Gefühlslage!

Dadurch, dass sich solche Gedanken meist unterhalb der Bewusstseinsschwelle abspielen, kann sich der Betreffende nur schwer mit ihnen auseinander setzen. Bewusst wahrgenommen werden nicht die Gedanken, sondern nur die Körperreaktionen, als Ärger, Wut oder Angst. Doch mittels der Körperreaktion hat man eine Chance, den Gedanken auf die Schliche zu kommen. Denn wenn die Aufmerksamkeit bewusst darauf gerichtet wird, kann man die Gedanken selbstverständlich identifizieren.

Auch im Falle von Herrn H. war es sicherlich so, dass seine Ängstlichkeit, vor der Geschäftsführung präsentieren zu müssen, nicht von seiner Unfähigkeit zu reden und zu präsentieren ausgelöst wurde. Es gab ja genügend Gegenbeispiele, dass er das in einem anderen Kontext sehr wohl konnte. Sehr viel wahrscheinlicher steckten auch bei ihm automatisierte irrationale Gedanken dahinter, mit deren Hilfe er es schaffte, sich in solche Aufregung zu bringen, dass er dann wirklich schlecht war.

Positives Denken allein genügt nicht

Dass viele unserer Schwierigkeiten von den negativen Gedanken herrühren, die dahinter stecken, haben auch vor Jahren die Vertreter des so genannten »Positiven Denkens« erkannt. Sie zogen daraus den Schluss, dass man doch einfach die schlechten durch gute Gedanken ersetzen könne und dann sei alles in Ordnung. Inzwischen hat sich vielfach erwiesen, dass es so einfach leider doch nicht geht. Im Gegenteil, manchmal trägt man auf diese Art und Weise sogar noch zur Verschlimmerung des Problems bei. Sehr häufig suchen sich die negativen Gedanken nämlich einfach einen anderen Weg, um zu wirken. Denn wenn man sie nur durch positive verdrängen will, haben sie noch nichts von ihrer Energie verloren. Sie äußern sich dann eben sozusagen »eine Etage tiefer«. Wie in Studien gezeigt wurde, passiert es häufig, dass jemand, der »eigentlich« positiv denkt (als Umkehrschluss zu dem, was er vorher negativ gedacht hat), ganz im Hintergrund eine perfide kleine Stimme hat, die ihm sagt: »Das glaubst du doch selbst nicht!«

Würde Herr H. also versuchen, seinem Problem dadurch zu Leibe zu rücken, dass er sich etwa vor einem entsprechenden Meeting solch aufbauende Dinge sagt wie: »Ich bin sehr gut darin, vor der Geschäftsleitung zu präsentieren. Die Leute werden begeistert sein!«, würden diese Sätze vermutlich begleitet vom Kommentar der unhörbaren, aber umso wirksameren Stimme: »Da lachen ja die Hühner! Rosarote Brille aufgesetzt heute? Man kann sich alles schönreden!« Das bringt unfehlbar jedes positive Denken zu Fall. Und als Dreingabe erhält man noch die Bestätigung, dass man wirklich ein hoffnungsloser Fall ist: Man ist so entsetzlich schlecht, dass noch nicht einmal das Wundermittel des positiven Denkens funktioniert, das doch schon so vielen Menschen zu Ansehen und Wohlstand verholfen hat! Damit verschärft sich unter Garantie jedes der unangenehmen Symptome.

Nun soll hier gar nicht die Kraft der Gedanken geleugnet werden. Gerade, dass die negativen Gedanken so erstaunlich gut wirken, ist ja schon ein Beweis dafür, wie viel Power in Gedanken steckt. Doch um die Macht der negativen Gedanken zu brechen, braucht es mehr, als einfach ein paar positive drüber zu tünchen. Automatisierte negative Gedanken beziehen ihre Energie daher, dass sie mehr als tausendmal gedacht wurden. Aus diesem Grund erscheinen sie völlig natürlich und schlüssig. Sie sind so vertraut, dass sie gar nicht mehr in Frage gestellt werden. Sie besitzen deshalb so viel Macht, weil man an sie glaubt. Ein effektiver Ansatz, mit ihnen umzugehen, besteht darin, ihre Glaubwürdigkeit zu erschüttern. Das ist das Kernstück der Check-your-Mind-Methode.

Die Check-your-Mind-Methode, die nachfolgend beschrieben wird, beruht auf wohl fundierten wissenschaftlichen Erkenntnissen und geht vor allen Dingen auf die Forschungen des amerikanischen Psychologie-Professors Martin Seligman zurück. Er hat festgestellt, dass es vor allem die automatischen Gedanken sind, mit denen wir eine Situation beurteilen. Seligman forschte eingehend darüber, wie mit der Zeit unbewusst gewordene, inzwischen automatisch ablaufende Gedanken die innere Einstellung, das Wohlbefinden und das Verhalten der Menschen beeinflussen. Diese automatischen Gedanken sind entweder hilfreich oder behindernd. Erfolgreich zu handeln, hängt in erster Linie davon ab, ***wie*** wir negative oder positive Ereignisse verarbeiten – und ***nicht***, ob uns mehr positive oder mehr negative Ereignisse zustoßen! Seligman konnte nachweisen, dass ein direkter Zusammenhang besteht zwischen den automatisierten Gedanken, die so schnell zur Stelle sind, dass sie sich unter Alltagsbedingungen unserer bewussten Wahrnehmung entziehen, und dem Erfolg unserer Unternehmungen. Er konnte aber auch zeigen, dass wir lernen können, anders zu denken!

Basierend auf den Forschungsergebnissen von Professor Seligman und aus den Erkenntnissen verschiedener psychologischer Schulen haben wir eine Methode entwickelt, das eigene Denkmuster, das bisher hinderlich und demotivierend war, zu verändern. Die Check-your-Mind-Methode führt dazu, sich mit den automatisierten, negativen Gedanken auseinander zu setzen und zu neuen, konstruktiven Denkmustern zu kommen, die dem Einzelnen mehr Handlungsmöglichkeiten erschließen, um anzupacken, wovor man sich bisher lieber gedrückt hat, oder erfolgreich zu sein, wo man bisher versagt hat.

Die aktive Auseinandersetzung mit den negativen Gedanken

Nachdem durch die Analyse der die Ängste auslösenden, unangenehmen Situation klar war, dass es sich bei Herrn H. wirklich um eine innere Blockade handelte, und nicht um Unfähigkeit aufgrund mangelnder Kenntnisse oder Fertigkeiten, begann der Coach, die Glaubenssätze herauszuarbeiten, die dieses Problem schufen. Er musste also möglichst alle negativen Gedanken erfragen, mit denen Herr H. sich selbst in Panik brachte. Das liest sich einfacher, als es in der Realität durchzuführen ist. Dadurch, dass sie seit Jahren oder gar Jahrzehnten ganz automatisch ablaufen, sind sie dem Coachee zunächst gar nicht bewusst. Man kann ihm jedoch helfen, sie sich bewusst zu machen, indem man seine Vorstellungskraft nutzt.

Der Coach forderte Herrn H. also auf: »Bitte, stellen Sie sich so bildhaft und plastisch wie möglich vor, dass Sie gerade erfahren haben, dass Sie in einigen Tagen vor dem Vorstand etwas präsentieren sollen. Versetzen Sie sich in diese Situation und lassen Sie sich spüren, wie sich das anfühlt. Versuchen Sie gleichzeitig, ganz aufmerksam zu sein für die Gedanken, die Ihnen dabei durch den Kopf schießen. Versuchen Sie, so viele Gedanken wie möglich zu identifizieren und nennen Sie mir diese Gedanken.«

Bei einer solchen Aufgabe zeigt sich, dass es für viele Menschen zunächst schwierig ist, zwischen Gedanken und Gefühlen zu unterscheiden. So war auch Herrn H.s erste Reaktion: »Ich fühle mich total angespannt.« Erst weiteres Nachfragen: »Und was geht Ihnen durch den Kopf, dass Sie sich so anspannen?«, brachte die dahinter liegenden Gedanken zum Vorschein. Der Coach fragte so lange geduldig nach, bis beide den Eindruck hatten, die wichtigsten hemmenden Gedanken erkannt zu haben:

- Ich bin rhetorisch nicht gut genug.
- Ich kann andere nicht begeistern.
- Die anderen Kollegen sind mir überlegen.
- Die anderen wickeln den Chef immer ein, so dass ich sowieso keine Chance habe.
- Meine Präsentationen haben bisher nie geklappt, das wird auch diesmal schief gehen.
- Es gab auch einen positiven Gedanken: »Ich bin den anderen fachlich überlegen.«

Dessen Wirkung wurde jedoch zunichte gemacht durch die Einschränkung »Das nützt mir in dieser Situation aber nichts, weil die, die immer nur heiße Luft von sich geben, den Chef damit einwickeln.«

Die irreale Welt im Innern

Herr H. hatte sich mit all diesen Gedanken innerlich eine Welt aufgebaut, in der er keine Chance hatte. Er fühlte sich wie ein Gladiator, den man mit leeren Händen in die Arena schickt, wo der Löwe darauf wartet, ihn zu zerfleischen. Er wusste, es gab kein Entrinnen, sah für sich aber keine Chance zu gewinnen und reagierte mit Panik. Denn für das Unbewusste ist der Gehalt solcher Gedanken ebenso real wie eine tatsächliche Gefahr, das haben viele psychologische Untersuchungen gezeigt. Deshalb reagieren wir auf irreale Gedanken mit allen realen körperlichen Auswirkungen wie Herzklopfen, Schweißausbrüchen, verkrampftem Magen und so weiter.

Für Herrn H. war es an diesem Punkt schon eine beträchtliche Entlastung, zu verstehen, wie er sich selbst in Panik brachte. Es kommt sogar gelegentlich vor, dass Menschen, nachdem sie sich über ihre negativen Gedanken klar geworden sind, spontan erkennen, dass ihre einschränkenden Glaubenssätze so wenig mit ihren tatsächlichen Fähigkeiten übereinstimmen, dass sie sie augenblicklich aufgeben können. Doch das ist eher die Ausnahme. Meist braucht es noch etwas mehr Training.

Nach der Check-your-Mind-Methode untersucht der Coach gemeinsam mit dem Klienten als Nächstes, welche Konsequenzen die negativen Gedanken haben. Was lösen sie aus? Bei Herrn H. waren das in der Hauptsache die Körperreaktionen starkes Schwitzen und verkrampfter Bauch. Dieser Punkt ist für den Klienten deshalb wichtig, weil ihm die Körperreaktionen helfen, später in seinem Alltag mit Check your Mind zu arbeiten. Sobald er solche Körpersignale bekommt, weiß er, dass es Zeit ist, seine Gedanken zu überprüfen.

Als nächster Schritt im Coaching werden die negativen Gedanken auf den Prüfstand gestellt: Stimmen sie denn überhaupt?

Dafür eignen sich, wenn der negative Gedanke eine bestimmte Sicht auf die Situation beinhaltet, folgende Fragen:

- Stimmt die Sichtweise auf die Situation?
- Stimmt der Gedanke in dieser Ausschließlichkeit?
- Gibt es Beweise für diesen Gedanken?
- Gibt es Gegenbeweise?

In dieser Phase der Check-your-Mind-Methode braucht der Klient viel Unterstützung durch den Coach, denn für ihn ist der Gedanke, weil tausendmal gedacht, so vertraut und deshalb schlüssig, dass es ihm sehr schwer fällt, ihn in Frage zu stellen und Gegenbeweise zu finden. Bei Herrn H. war es relativ leicht, den Glaubenssatz »Ich kann eben nicht präsentieren« durch einen Gegenbeweis zu erschüttern, weil der Coach ja vorher schon im Gespräch erfahren hatte, dass Herr H. vor Mitarbeitern sehr wohl präsentieren kann. Diese Erkenntnis war für Herrn H. trotzdem verblüffend, weil es sich für ihn um zwei so vollkommen getrennte Situationen handelte, Präsentation vor der Geschäftsleitung und Präsentation vor den Mitarbeitern, dass ihm seine Fähigkeit, die ihm im Team so selbstverständlich war, in der Angst auslösenden Situation nie auch nur bewusst war. Erst durch den Coach ist er darauf aufmerksam geworden. Dieses Phänomen, dass Fähigkeiten vollkommen ausgeblendet werden, erlebt man häufig, wenn Menschen sich in Panik bringen. Wenn jedoch erst einmal ein Gegenargument genannt wurde, finden Coachees spontan oft noch viel mehr gute Gründe, weshalb der negative Gedanke eigentlich ganz falsch ist.

Eine weitere wichtige Frage, um die Glaubwürdigkeit der blockierenden Glaubenssätze zu erschüttern, ist: Stimmen die Schlussfolgerungen, die im negativen Gedanken enthalten sind?

Im vorliegenden Fall war es zum Beispiel Herrn H.s Glaube: »Die anderen wickeln den Chef ein, deshalb habe ich keine Chance!«, der eine Implikation enthielt, die leicht zu entkräften war. Denn selbst, wenn es so wäre, dass sein Chef gut findet, was von den Kollegen kommt, so hieße das ja nicht zwangsläufig, dass er Herrn H.s Sache schlecht findet. Genauso wenig stimmte die Implikation bei dem Gedanken: »Meine Präsentationen haben bisher nie geklappt, also wird es auch dieses Mal schief gehen.« Wenn etwas in der Vergangenheit so oder so war, lässt das keinerlei Rückschlüsse auf die Zukunft zu, sonst hätte es auf der Welt noch niemals Veränderungen gegeben.

Je nach Art der negativen Glaubenssätze kann der Coach auch noch Fragen stellen wie: Könnte man die Sache auch völlig anders sehen? Könnte man die Situation auch ganz anders interpretieren? Das wäre zum Beispiel hilfreich bei einem Verkäufer, der jedes Mal, wenn ein Kunde nicht kauft, glaubt, dass er eben ein schlechter Verkäufer sei. Eine mögliche andere Sicht ist jedoch: Der Kunde will einfach etwas ganz anderes. Oder auch: Der Kunde hat nicht so viel Geld.

Sollten tatsächlich genügend Beweise für die Richtigkeit der negativen Gedanken existieren, die Schlussfolgerungen stimmen und auch keine anderen Sichtweisen auf die Situation möglich sein, der negative Gedanke aber blockierend wirkt, ist auf alle Fälle die Frage zu stellen: Ist es hilfreich, so etwas zu denken? Stellen Sie sich etwa den Fall vor, ein Sprengmeister soll eine Bombe entschärfen und nun bringt er sich in Panik, indem er sich dauernd sagt: »Diese Bombe kann jeden Moment mit mir zusammen hochgehen!« Um wieder handlungsfähig zu werden, muss er diesen Gedanken stoppen, denn er ist absolut nicht hilfreich. Dafür gibt es eigens entwickelte Methoden, die dann eingesetzt werden.

Um die negativen Gedanken in den Griff zu bekommen, genügt es jedoch nicht, durch Fragen ihre Berechtigung zu erschüttern. Im nächsten Schritt müssen für jeden einzelnen Glaubenssatz glaubwürdige Gegenargumente gefunden werden. Dabei ist es wichtig, sehr sorgfältig auf die Formulierung zu achten. Für Herrn H. wäre folgendes Gegenargument sicher nicht glaubwürdig gewesen: »Ich kann jeden mitreißen!« Doch die Formulierung: »Ich habe schon genügend Situationen erlebt, wo es mir gelungen ist, Menschen mitzureißen!« fühlte sich für ihn stimmig an. Im Coaching wird zur Tabelle der negativen Gedanken eine zweite Tabelle mit sämtlichen Gegenargumenten angelegt. Es ist wichtig für den Klienten, alle Gegenargumente schriftlich festzuhalten, er wird diese Liste gleich noch brauchen.

Training gegen negative Gedanken

Denn, wenn genügend glaubwürdige Gegenargumente gefunden sind, beginnt der Coach das eigentliche Training: Er tritt mit dem Klienten in einen Disput ein. Der Coach macht das, was sich bisher als innerer Dialog beim Klienten abgespielt hat, zu einem äußeren Dialog und vertritt dabei selbst die negative Seite. Für den Klienten ist das meist eine verblüffende

Erfahrung, denn es ist die Umkehrung dessen, was er sonst mit Menschen, die ihn unterstützen wollen, erlebt hat. Die wollen einen aufbauen und sagen positive Dinge und man selbst hält dann, laut oder im Stillen, mit allem Negativen dagegen. Nun äußert aber der Coach all die entmutigenden Sätze und zwar genauso gemein, wie die innere Stimme das auch zu tun pflegte: »Wie, Herr H., ausgerechnet Sie wollen vor dem Vorstand präsentieren? Sie können doch sowieso niemanden mitreißen!« Es ist dann Aufgabe des Klienten, darauf mit den gefundenen Gegenargumenten zu kontern.

Damit tun sich viele Klienten am Anfang recht schwer. Auch für Herrn H. besaß der negative Gedanke noch so viel Glaubwürdigkeit, dass er beim ersten Hören sofort in helle Aufregung geriet und ausrief: »Das ist ja gerade das Problem!« Er stimmte diesem Satz also trotz der ganzen Vorarbeit noch völlig zu. Er brauchte zunächst seine Liste und musste tatsächlich jedes Gegenargument erst einmal vom Blatt ablesen, stockend, mit unsicherer, fragender Stimme. Er wusste inzwischen, dass seine hemmenden Gedanken ziemlicher Blödsinn waren, aber dieses Wissen allein reichte nicht aus, ihn davon zu befreien. Das geht fast allen Menschen so. Es braucht die aktive Auseinandersetzung, um die negativen Gedanken loszuwerden. Nach drei oder vier Durchgängen merkt man dann plötzlich, dass die Gegenargumente flüssig vorgebracht werden, dass sie nicht mehr abgelesen werden müssen und enorm an Überzeugungskraft gewinnen.

Wenn man diesen Prozess so lange wiederholt, bis der Klient seine Gegenargumente voller Verve vorbringt, passiert etwas Interessantes: Er kann sich plötzlich kaum noch vorstellen, wie er den negativen Unfug überhaupt je glauben konnte. Diese negativen Gedanken kommen ihm reichlich absurd vor – und das ist das Ziel! Dann ist »positives Denken« nämlich nichts künstlich Aufgesetztes mehr, sondern es passiert von ganz allein.

Zusätzlich dazu geschieht noch etwas anderes: Der Klient spürt, dass er viel mehr Energie zur Verfügung hat. Durch negative Gedanken wird sie sinnlos vernichtet, es ist wie Vollgasfahren mit angezogener Handbremse. Herr H. fühlte sich nach der Arbeit mit Check your Mind voller Schwung und freute sich richtiggehend auf seine nächste Präsentation. Sein Energielevel insgesamt war höher als vor dem Coaching, weil er all die Kraft, die es ihn bisher gekostet hatte, mit seinen Ängsten fertig zu werden, nun zur freien Verfügung hatte.

Die innere Ablehnung der eigenen Tätigkeit

Eine ähnliche Erfahrung machte ein Bankberater, der drauf und dran war, seinen Job zu verlieren, weil er den neuen Anforderungen, die an ihn gestellt wurden, nicht gerecht wurde. Seine Bank hatte sich umstrukturiert und dabei wurde sein Arbeitsbereich im Privatkundengeschäft neu definiert. Bisher hatte Herr B. Kunden, die mit einem Anliegen zu ihm kamen, erfolgreich und gut beraten. Er war, das war ganz wichtig in seinen Augen, ein Berater und kein Verkäufer. Nach der Umstrukturierung wurde von ihm jedoch ein wesentlich aktiveres Zugehen auf die Kunden erwartet. Er sollte nicht mehr warten, bis die Kunden freiwillig kommen, sondern sie von sich aus kontaktieren und klären, ob bei ihnen ein Beratungsbedarf zur Geldanlage vorhanden ist. Er sollte also verkäuferisches Verhalten an den Tag legen.

Herr B., der seinen Job bisher gern und erfolgreich gemacht hatte, verlor mehr und mehr den Spaß an der Arbeit. Außerdem geriet er zunehmend unter Druck, denn bereits im ersten Quartal schaffte er es nicht, seine Zielvereinbarungen einzuhalten. Bei einem Gespräch mit seinem Vorgesetzten wurde deutlich, dass Herr B. zu wenig akquirierte. Herr B. versuchte daraufhin, per Telefon mehr Kunden zu akquirieren. Er fand aber schon die beiden ersten Gespräche so unangenehm, dass er auch weiterhin viel zu selten zum Telefonhörer griff. Seine Zahlen waren im zweiten Quartal dementsprechend noch schlechter. Sein Chef drohte damit, ihn aus der aktiven Kundenberatung herauszunehmen. Auch Herr B. selbst, der seinen Job als Berater immer sehr engagiert betrieben hatte, bekam langsam Zweifel, ob er noch an der richtigen Stelle sei. Andererseits konnte er sich jedoch überhaupt nicht vorstellen, im Back Office glücklich zu werden. Sein Chef hatte die gute Idee, dass er es mit einem Coaching versuchen solle.

In der ersten Sitzung arbeitete der Coach mit Herrn B. zunächst einmal heraus, worin genau die Schwierigkeit liegt. Es stellte sich heraus, dass

Herr B. eigentlich alles beherrscht, was einen guten Verkäufer ausmacht: Er hatte hervorragende Beziehungen zu seinen Kunden, die ihn mochten und ihm vertrauten. Sein Fachwissen war blendend und er arbeitete sich gern in neue Produkte ein. Er konnte seine Angebote schlüssig präsentieren und er brachte auch die nötige Verbindlichkeit in ein Beratungsgespräch ein, so dass er leicht zu einem für beide Seiten befriedigenden Abschluss kam. Aus all dem wurde klar, dass das Back Office ganz sicher nicht der richtige Ort für ihn wäre. Ihm hätte der Kundenkontakt sehr gefehlt. Es wäre aber auch für die Bank ein Verlust gewesen, denn man findet selten so gute Verkäufer.

Warum hatte er trotzdem so große Probleme mit der Akquise? Der Coach forderte Herrn B. auf, sich gedanklich ganz intensiv in die Situation hineinzubegeben, wie er am Schreibtisch sitzt und zum Telefonhörer greift, um einen Kunden zu akquirieren. Dabei sollte er besonders auf seine Körperreaktionen achten. Herr B. stellte fest, dass er in dieser Situation deutliche Spannungen im Bauch entwickelte, dass seine Atmung flacher wurde und dass er große innere Unruhe empfand. All dies war ihm vorher nie bewusst geworden. Im Gespräch über diese körperlichen Reaktionen wurde ihm klar, dass dahinter Angstgefühle steckten, was er zunächst überhaupt nicht verstand: An der Situation sei ja nichts gefährlich und Angst würde man doch nur in Gefahrensituationen verspüren.

Reaktion auf unbewusste Gedanken

Herr B. war sehr überrascht, als der Coach ihm erklärte: »Sie reagieren auch nicht auf die konkrete Situation mit innerer Anspannung, sondern auf die unbewussten Gedanken, die Ihnen in diesem Moment durch den Kopf gehen. Sie haben diese Gedanken schon so oft gedacht, dass sie Ihnen ganz automatisch durch den Kopf gehen, Sie nehmen sie wahrscheinlich schon gar nicht mehr wahr, deshalb nenne ich sie unbewusst.« Mit dieser Idee konnte Herr B. zunächst gar nichts anfangen, denn Ängstlichkeit sei doch schließlich ein spontanes Gefühl und außerdem könne er sich nicht erinnern, irgendetwas gedacht zu haben. Er wisse zwar nicht, warum er so ängstlich reagiere, aber an seinen Gedanken könne es nicht liegen. Auf die Nachfrage: »Wie bringen Sie es denn fertig, durch einen einfachen Griff zum Telefon Angst zu bekommen?«, wusste er keine Antwort, wurde aber schon etwas nachdenklicher.

Durch folgende Frage des Coachs kam er schließlich seinen Gedanken auf die Spur: »Wenn ich aus irgendeinem Grund das gleiche Problem bekommen wollte wie Sie, was müsste ich denn dann tun?« Nach kurzem Nachdenken sagte Herr B.: »Sie müssen sich sagen: ›Ich störe diesen Menschen jetzt ganz bestimmt. Der hat ja auch nicht gerade auf meinen Anruf gewartet.‹ Dann malen Sie sich aus, dass der Kunde denkt: ›Jetzt ruft schon wieder so ein blöder Verkäufer an und stiehlt mir meine Zeit. Ich habe die Nase voll davon, dass wildfremde Menschen mich anrufen.‹ Zusätzlich stellen Sie sich vor, dass der Kunde ganz bestimmt glaubt: ›Das ist wieder so ein Finanzhai, der nur an mein Geld will!‹ Und wenn Sie dann noch denken, dass Sie sich ja auch tatsächlich wie so ein Abzocker verhalten, sind Sie bestimmt in Spannung!«

Als Herr B. sich so reden hörte, wurde ihm klar, dass »Verkauf« von ihm ausschließlich mit negativen Eigenschaften belastet wurde, während »Beratung« in seiner Einschätzung etwas Seriöses und Ehrenwertes war. War er Berater, kamen die Kunden schließlich zu ihm und wünschten und erhielten Hilfe. Deshalb war er mit seinem Beraterdasein vollkommen im Reinen gewesen. Es stellte sich heraus, dass bei ihm noch die Angst hinzukam, durch »verkäuferisches Verhalten« die guten Beziehungen zu seinen bisherigen Kunden aufs Spiel zu setzen. Herr B. war selbst erstaunt, wie negativ seine Einstellung zum Verkauf war. Natürlich hatte er gewusst, dass er Akquise nicht schätzt, weil er sich dabei unwohl fühlt, doch war ihm vorher nicht klar gewesen, wie tief seine Ablehnung ging.

Es war deshalb für ihn auch gar nicht leicht, glaubwürdige Gegenargumente zu entwickeln. Er brauchte dafür viel Unterstützung vom Coach, der eine neutrale Außensicht einbringen konnte. Schließlich kam er zu folgenden, für ihn stimmigen Aussagen:

- Selbst wenn ein Kunde einmal negativ reagieren sollte, bin ich beziehungsstark genug, um das aufzufangen.

- Viele Kunden sind dankbar, wenn sie die Gelegenheit haben, interessante Geldanlagen kennen zu lernen.
- Dass ich aktiv anrufe, heißt nicht, dass ich abzocken will. Ich berate seriös und so kennen mich meine Kunden auch.
- Wenn jemand überrascht reagiert, dann sicher nicht, weil er mich ablehnt, sondern weil er das bisher einfach nicht von mir gewöhnt war.
- Meine Kunden habe ich bisher als Menschen mit Differenzierungsvermögen erlebt. Die können unterscheiden zwischen einem Berater und einem Finanzhai.

Auch im nachfolgenden Disput war es für Herrn B. überraschend zu erleben, wie stark ihn seine negativen Glaubenssätze noch beeinträchtigten, wenn er sie vom Coach hörte. Die erste spontane Reaktion auf den vom Coach vorgetragenen negativen Gedanken war: »Sie haben ja völlig Recht!« Auch er musste zu Anfang seine Gegenargumente vom Blatt ablesen. Er hatte zudem dabei das Gefühl: »Das bin gar nicht ich selbst. Das ist nicht meins, das stimmt alles gar nicht.« Aber schon nach wenigen Durchgängen vertrat er seine Gegenargumente mit deutlichem Nachdruck und war so emotional dabei, dass ihm ein »So ein Käse ...« entfuhr, als der Coach sagte: »Wenn Sie den Kunden jetzt anrufen, der hält Sie doch für einen Finanzhai!« Als er sich zum Abschluss noch einmal vorstellen sollte, in seinem Büro zu sitzen und zum Telefonhörer zu greifen, verspürte er zwar noch eine leichte Aufregung, aber nicht mehr die unangenehme Anspannung. Er freute sich sogar auf die Gespräche.

Bestätigung der neuen Sichtweisen

In der zweiten Coaching-Sitzung berichtete Herr B., dass sich in der Praxis die neuen Sichtweisen zu fast hundert Prozent bestätigt hatten. Viele seiner Kunden fanden es sehr positiv, dass er sie von sich aus angerufen hatte und sagten ihm das auch. Kein Einziger gab ihm das Gefühl, zum Finanzhai mutiert zu sein. Lachend konnte er erzählen, dass nur ein einziger Kunde etwas unwirsch reagiert habe: »Das hat mich aber auch nicht weiter beeinträchtigt. Jetzt weiß ich wenigstens, dass der partout nicht angerufen werden will!« Herr B. erzählte weiter, dass er den Rat des Coachs beherzigt hatte, sich eine Erinnerung an die Check-your-Mind-Methode neben das Telefon zu legen. Bei ihm war das ein Zettel mit den Buchstaben »c y m«, der ihm auch in anderen Alltagssituationen half, seine Gedanken zu überprüfen, wenn er schlechte Stimmung bei sich aufkommen spürte. Weitere vier Wochen später, in der dritten Sitzung meinte er: »Ich kann mir inzwischen überhaupt nicht mehr vorstellen, dass Akquise mir jemals schwer gefallen ist. Dass ich so merkwürdige Glaubenssätze hatte, kommt mir gar nicht mehr real vor! Meine Zahlen sind jetzt übrigens bestens.«

Die Check-your-Mind-Methode in einer Coaching-Sitzung mit Hilfe des Coachs zu machen, ist meist erst nur der Anfang einer Arbeit, die noch etliche Male wiederholt werden muss. Schließlich sind die negativen Gedanken so etwas wie breit ausgetretene, alte Pfade, in die man schnell wieder hineingerät, während die positiven Einstellungen sich ihren Weg im Hirn erst noch bahnen müssen. Doch für gewöhnlich können Klienten das mit ein bisschen Übung auch sehr gut allein, wenn sie gelernt haben, ihre körperlichen Reaktionen als Signale wahrzunehmen. Signale dafür, dass es an der Zeit ist, die eigenen Gedanken unter die Lupe zu nehmen. So können automatisierte Gedanken immer schneller gestoppt werden.

Analog zu den beiden oben geschilderten Fällen kann die Check-your-Mind-Methode auch bei Klienten, die viel Stress erleben, hilfreich eingesetzt werden, weil in den meisten Fällen Stress im Kopf produziert wird – und nicht durch die Situation! Wir glauben zwar, es sei die äußere Situation, die uns den Stress verursacht: Die viele Arbeit, der schwierige Chef, die miserable Wirtschaftslage, der nörgelnde Ehepartner – aber es sind die Gedanken, die wir uns über die Situation machen, und nicht der Tatbestand als solcher. Sicher hat das schon jeder bei sich selbst festgestellt: Ist man gut drauf, reagiert man ganz gelassen auf ein Ereignis, das einen ein anderes Mal gänzlich aus der Fassung bringt. Und man kann es bei anderen Menschen beobachten. Eine Arbeitsanforderung, unter der der eine fast zusammenbricht, ist für den anderen erst die richtige Herausforderung. Entscheidend dafür, ob ein Mensch Stress erlebt oder nicht, ist fast immer, wie er die Situation einschätzt und verarbeitet. Dabei spielen automatische Gedanken, die sich als Muster so fest verankert haben, dass sie zu einem Glaubenssatz geworden sind, genauso eine Schlüsselrolle wie bei einer inneren Blockade oder einer ablehnenden Einstellung.

Coaching nach einer Kündigung oder beim Jobwechsel

Susanne Breitschuh

Der Verlust des Arbeitsplatzes ist mittlerweile ein völlig alltäglicher Vorgang geworden. Die Einführung neuer Technologien wird das Tempo des Wandels beschleunigen und Kündigungen durch den Arbeitgeber zunehmend selbstverständlicher werden lassen. Arbeitnehmer, die von Kündigungen betroffen sind, erhalten mehr und mehr als freiwillige Leistung des Unternehmens professionelles Karriere-Coaching für ihren weiteren beruflichen Lebensweg. Sie lernen auf diese Weise, die Kündigung zu bewältigen, ihre Potenziale zu erkennen und sie marktgerecht anzubieten.

Der Berater unterstützt den Klienten bei der Suche nach seinem Profil und den dazu passenden Tätigkeitsfeldern bis zum Erfolg und coacht ihn auch im Rahmen der Probezeit. Aus meiner umfangreichen Beratungspraxis kann ich heute sagen, dass ein Großteil meiner Klienten ihre eigene Demotivation und ihr mangelndes Wissen über die heutige Bewerbungspraxis als das größte Hindernis für eine erfolgreiche Bewerbung betrachtet haben. Aus meiner Sicht als Beraterin jedoch war vor allem eine wenig professionelle Selbstdarstellung ausschlaggebend – sowohl in schriftlicher Form, als und besonders aber auch in Form der persönlichen Präsentation im Rahmen der ersten Kontaktaufnahme oder des Interviews.

Die wichtigsten Leistungen, die ich meinen Klienten bieten konnte, waren rückblickend:

- Beistand in einer persönlich schwierigen Situation
- Erarbeiten einer individuellen Strategie für den Bewerbungsprozess
- Mehr Klarheit über eine mögliche berufliche Zukunft
- Mehr Sicherheit in der Selbstdarstellung

Grundsätzlich ist eine qualifizierte Beratung während dieser gesamten schwierigen Phase der Kündigung eine wichtige Hilfe, um Chancen zu erkennen und zu nutzen. Professionelles Karriere-Coaching verkürzt die Zeit der Arbeitssuche deutlich.

Im Einzelfall finden Sie gemeinsam mit Ihrem Berater heraus, wo Sie besondere Unterstützung brauchen und in welchen Bereichen Sie eigenständig agieren werden.

Die einzelnen Schritte im Coaching zur neuen Position

Am Anfang steht auf jeden Fall zunächst die Bestandsaufnahme. Die Aufarbeitung der Trennung von Ihrem Arbeitgeber können Sie als Möglichkeit zur Analyse der eigenen Schwachstellen nutzen, um in Zukunft der Kündigung früher gegensteuern zu können. Um herauszufinden, wo Ihre neuen Ziele liegen, ist Ihre Ausgangsposition besonders wichtig. Gemeinsam klären Sie mit Ihrem Berater: Wo stehen Sie aktuell, was war bisher erfolgreich, was weniger? Welche Dinge würden Sie heute genauso wieder machen, welche anders? In welchem Bereich brauchen Sie besondere Unterstützung? Welche Erwartungen haben Sie an die Outplacement-Beratung?

Ihr Berater stellt Ihnen sein Leistungsspektrum dar und klärt mit Ihnen für den Beratungsprozess wichtige Fragen über Einzelheiten des Trennungsprozesses. Wichtig für Sie ist natürlich auch, herauszufinden, ob die Chemie zwischen Ihnen und dem Berater stimmt – eine Grundvoraussetzung für erfolgreiches Coaching.

Trauerarbeit

Gekündigt zu werden bedeutet nicht nur materielle Unsicherheit, sondern in der Regel auch eine hohe emotionale Belastung. Die Betroffenen geraten nicht selten in eine persönliche Krise, Minderwertigkeitsgefühle und Versagensängste kommen auf, aber auch Trauer, Wut, Verzweiflung oder Resignation. Welche Gefühle es auch immer sind, es ist wichtig, sie bewusst wahrzunehmen und zu verarbeiten.

Gerade bei Arbeitnehmern, die schon über Jahrzehnte im selben Betrieb gearbeitet haben, gehen mit dem Verlust des Arbeitsplatzes auch die damit verbundene Bestätigung und der soziale Rahmen verloren. Plötzlich wird klar, welch hohen Stellenwert Arbeit für das persönliche Wohlbefinden hat und wie viel Bestätigung der Arbeitsplatz für das Selbstwertgefühl liefert.

Im Arbeitsleben gehört zum professionellen Auftreten Gefühle zu verbergen – im geschützten Raum einer Outplacement-Beratung hat der Klient jedoch die Möglichkeit, seinen Emotionen freien Lauf zu lassen, ohne dabei das Gesicht zu verlieren. Ein Coach wird den Gefühlen seines Klienten mit Offenheit und Mitgefühl begegnen und gleichzeitig respektieren, dass er möglicherweise die emotionale Seite außer Acht lassen und zunächst mit der rationalen Analyse oder mit praktischen Arbeitsschritten beginnen will. Er unterstützt ihn darin, die Enttäuschung und Unsicherheit, die die Kündigung möglicherweise ausgelöst hat, zu bearbeiten und wieder zu einer positiven Grundeinstellung und damit zu einer zukunftsorientierten Sichtweise und Motivation zu gelangen.

Analyse der persönlichen Situation

Die emotionale Belastung nach einer Kündigung verhindert häufig den klaren Blick auf die persönliche Situation. Der Berater braucht Informationen über die aktuelle Lebenssituation, um zu beurteilen, welche Perspektiven sich bieten. Dazu gehören Fragen nach der finanziellen Situation, nach dem familiären Umfeld, aber auch danach, welche Konflikte Sie beschäftigen, welche Ursachen zur Kündigung führten und was Sie aus dieser Situation für Ihre persönliche Zukunft lernen können. Bisweilen macht es Sinn, Familienmitglieder in die Beratung einzubeziehen und so den Prozess der Neuorientierung zu unterstützen.

Die Kündigungsursachen aufzuarbeiten ist zentraler Bestandteil jeder Outplacement-Beratung. Nicht immer sind die vom Unternehmen angeführten Kündigungsgründe auch die tatsächlichen Gründe und häufig passiert es, dass selbst der gekündigte Mitarbeiter über die Gründe nicht Bescheid weiß. Gemeinsam mit Ihrem Coach können Sie, falls Sie es wollen, die Wahrheit ans Tageslicht befördern, um dieses Kapitel abzuschließen und sich auf den weiteren Beratungsprozess einzulassen.

Welchen Anlass es auch immer für Ihre Kündigung gab – Sie sollten sich über die wahren Ursachen im Klaren sein, um bei Fragen in einem späteren Vorstellungsgespräch entsprechend sicher reagieren zu können.

Standortbestimmung und Visionen

Nach der Auseinandersetzung mit der Vergangenheit und der Klärung der gegenwärtigen Situation erarbeiten Sie gemeinsam mit Ihrem Berater Ihr persönliches Stärken- und Schwächenprofil, klären Ihre persönlichen Interessen und Neigungen, um Ihr späteres Berufsbild möglichst präzise zu definieren.

»Ich wusste gar nicht, was ich alles kann und was ich schon alles gemacht habe.« Diesen Satz bekomme ich in der Beratung immer wieder zu hören. Häufig zeigt sich, dass auch erfahrene Profis das Gespür für ihre Kompetenzen verlieren, sobald sie aus ihrer gewohnten beruflichen Umgebung herausgerissen werden. Stellenangebote, deren Anforderungen sie problemlos gewachsen wären, erscheinen ihnen unter der Last der Kündigung häufig unpassend. Oder auf die Frage, was sie eigentlich alles können, fällt ihnen spontan gar nichts ein – ein Phänomen, das deutlich nachlässt, sobald der erste Schock überwunden ist und die Arbeit an der eigenen Person begonnen hat.

Nicht immer stimmen jedoch Selbst- und Fremdbild überein – hier können Persönlichkeitstests und Befragungen nahe stehender Personen mehr Klarheit bringen. Die Beratung kann Sie darin unterstützen, eventuelle Korrekturen am Selbstbild vorzunehmen. Wenn Ihr Selbstbild und der Eindruck, den Sie bei anderen hinterlassen, übereinstimmen, wirken Sie überzeugend.

Konkrete Ziele neu definieren

Die Ergebnisse Ihrer Analysen setzen Sie nun in der Zusammenarbeit mit Ihrem Coach in Ihre Ziele und Prioritäten um. Um sich in einem stets härter werdenden Arbeitsmarkt erfolgreich durchzusetzen, ist es unabdingbar, den weiteren Berufsweg systematisch zu planen. Ohne diesen Plan wird die Karriere vermutlich nicht so laufen, wie man es sich vorstellt. Natürlich hängt die Realisierung der Ziele auch von Faktoren ab, die man selbst nicht beeinflussen kann. Dennoch gibt es einen planbaren Teil der Karriere. Wichtig ist dabei, Ziele von Wünschen deutlich zu unterscheiden.

Gemeinsam mit Ihrem Coach klären Sie, welche berufliche Position Sie erreichen wollen und definieren dies anhand aktueller Stellenangebote. Dabei werden Ihre persönlichen Schwerpunkte selbstverständlich berücksichtigt. Aufgrund der vorangegangenen Analysephasen und Ihres bisherigen Werdegangs können Sie die für Sie interessanten Branchen und Arbeitgeber präzise eingrenzen. Es macht Sinn, über die rein berufliche Zielplanung hinaus auch die persönlichen und privaten Vorstellungen einzubeziehen. Welche Schritte Sie planen, hat auch damit zu tun, welchen Stellenwert Ihr Privatleben hat.

Das Herausarbeiten von Zielen aus einem oft weiten Feld von Wünschen ist häufig mit viel innerer Arbeit verbunden. Wenn es Ihnen jedoch gelungen ist, für Ihre Wünsche konkrete Ziele zu formulieren, werden Sie feststellen, dass Sie ein hohes Maß an Klarheit gewonnen haben auf dem Weg in Ihre berufliche Zukunft.

Vom Ziel zur Strategie

Gemeinsam mit Ihrem Coach erarbeiten Sie anhand der Frage, was Sie für ein Unternehmen leisten können, Ihre persönliche Nutzenaussage, welche die Grundlage Ihrer Bewerbungsstrategie bildet. Das Stichwort heißt Selbstmarketing, in den USA schon eine Selbstverständlichkeit, bei uns erst langsam im Kommen. Wichtig ist, sich darüber klar zu werden, dass Sie als Bewerber Arbeitsleistung anbieten und nicht als Bittsteller auftreten müssen. Sie sind es, der einen wertvollen Beitrag zur Bewältigung der Aufgaben und damit zum Erfolg des Unternehmens zu leisten hat. Gemeinsam mit Ihrem Berater sollten Sie auch herausfinden, inwieweit die Philosophie des Unternehmens mit Ihren eigenen Vorstellungen von Unternehmenskultur übereinstimmt, so dass Sie ein besseres Gefühl dafür bekommen, ob Sie der Richtige für diese Firma sind und umgekehrt.

Bewerbungsstrategien entwickeln – neue Arbeitgeber finden

Hier werden mögliche neue, aber auch bewährte Arbeitsgebiete recherchiert und die Frage geklärt, welche Arbeitgeber für Sie interessant sind. Sie finden passende Angebote und lernen zu erkennen, ob ein Stellenangebot auf Ihr Profil passt. Sie entwickeln individuelle Strategien für eine erfolgreiche Initiativbewerbung, aktivieren Ihr persönliches Kontaktnetz, schalten möglicherweise eine Personalvermittlung ein und nutzen die Kontakte Ihres Beraters.

Im aktiven Bewerbungsprozess werden Sie immer wieder mit langwierigen Entscheidungsprozessen oder auch Absagen konfrontiert. Da ist es nur verständlich, dass Sie die Rückschläge irgendwann persönlich nehmen. Diese Situation ist jedoch eine unumgängliche Begleiterscheinung, in der Ihr Berater Sie darin unterstützen wird, dies zu begreifen und weiterhin mit Elan und Motivation an neuen Bewerbungen zu arbeiten.

Bewerbungsunterlagen erstellen

Die Bewerbungsmappe ist Ihre Visitenkarte und hat beim Arbeitgeber entsprechend hohe Bedeutung. Die vollständigen Unterlagen bestehen üblicherweise aus einem Anschreiben, dem Deckblatt mit Foto, dem Werdegang oder Lebenslauf und möglicherweise einer oder mehrerer zusätzlicher Seiten, auf denen Sie Ihre Kenntnisse und Erfahrungen oder aber auch Ihr besonderes Interesse oder Ihre besondere Eignung für dieses Unternehmen ausführlich und professionell darstellen müssen. Hinzu kommen die Zeugnisse Ihrer Arbeitgeber sowie Ihr höchster Ausbildungsabschluss und gegebenenfalls Zertifikate von aktuellen und relevanten Weiterbildungen, die Sie besucht haben.

Ihr Coach unterstützt und berät Sie beim Erarbeiten geeigneter Formulierungen und dabei, welche Unterlagen Sie Ihrer Mappe beifügen.

Mündliche Selbstdarstellung vorbereiten

Sie werden nur dann erfolgreich sein, wenn es Ihnen gelingt, sich verbal wirkungsvoll zu präsentieren. Dabei spielt es keine Rolle, ob es um die telefonische Kontaktaufnahme oder das Vorstellungsgespräch geht. Wenn Sie zu einem Vorstellungsgespräch eingeladen werden, können Sie sicher sein, dass Sie fachlich betrachtet die erste wichtige Hürde genommen haben. Nun kommt es darauf an, diesen Vorsprung auszubauen. Ihre Gesprächspartner wollen unter anderem Ihre persönliche Eignung einschätzen, die Qualität Ihrer beschriebenen Kompetenzen einordnen und herausfinden, ob Sie zum Unternehmen passen. Insbesondere bei Führungskräften wird seitens der Untenehmen häufig bemängelt, dass sie sich zu angepasst verhalten – sind es doch Souveränität und natürliche Autorität, die Führungserfolg ausmachen. Es ist bestimmt keine leichte Aufgabe, einerseits Loyalität und Anpassungsbereitschaft zu signalisieren und sich gleichzeitig als durchsetzungsfähigen Macher darzustellen.

Da Einstellungen zum großen Teil »Bauchentscheidungen« sind, zählt vor allem der Eindruck, den der Interviewer von Ihnen gewonnen hat.

Denken Sie daran: »Für den ersten entscheidenden Eindruck gibt es keine zweite Chance!«

Sind Sie sympathisch? Wirken Sie authentisch? Machen Sie einen Vertrauen erweckenden Eindruck? Das sind unter anderem die Fragen, auf die Ihre Gesprächspartner im Vorstellungsgespräch Antworten zu finden suchen.

Ihr Berater unterstützt Sie in der Erarbeitung Ihrer mündlichen Selbstdarstellung für die Kurzpräsentation und das Vorstellungsgespräch. Dazu gehört auch die positive Beschreibung weniger vorteilhafter Aspekte, um Ihren Werdegang nachvollziehbar und Ihre bisherigen Stationen als schlüssige Folge zu präsentieren. Dazu gehört auch die Darstellung der aktuellen Kündigung. Zusätzlich entwickeln Sie Argumente, warum Sie die geeignete Person für die zu besetzende Position sind und was Sie motiviert, gerade für dieses Unternehmen arbeiten zu wollen.

Entscheidungen treffen

Im Idealfall sind mehrere Vorstellungsgespräche für Sie erfolgreich verlaufen und Sie haben die Vertragsangebote unterschiedlicher Firmen vorliegen. Das bietet einerseits Anlass zur Freude, kann aber auf den zweiten Blick durchaus Schwierigkeiten mit sich bringen. Nicht immer ist auf Anhieb erkennbar, welches Angebot das reizvollste und attraktivste ist. Daher sollte das Für und Wider sorgfältig abgewogen werden und die Frage »Stimmen das Angebot und die definierten Ziele überein?« eindeutig geklärt werden. Vermeiden Sie unbedingt vorschnelle Entscheidungen, trotz aller Schwierigkeiten am derzeitigen Arbeitsmarkt.

Ihr Coach wird Ihnen in der Entscheidungssituation unterstützend zur Seite stehen und zum Beispiel mögliche Einwände gegen die neue Position aus Ihnen herausfragen. In jedem Fall wird sich die vorherige gründliche Arbeit in Sachen Zielfindung auszahlen. Je genauer Sie Ihr Ziel definiert haben, umso klarer werden Sie feststellen, welches Angebot zu Ihnen passt.

Die ersten hundert Tage

Die Beratung im Einzel-Outplacement endet üblicherweise dann, wenn der Kunde die ersten drei Monate im neuen Unternehmen erfolgreich bestanden hat. Das Coaching in dieser Phase erleichtert ihm, sich hier schnellstmöglich zu etablieren. Zu diesem Prozess gehört, die offenen und verdeckten Strukturen im neuen Unternehmen schnell zu erkennen, einflussreiche Personen zu identifizieren, das Vertrauen sowie die Anerkennung von Mitarbeitern, Kollegen und Vorgesetzten zu gewinnen. Es gilt aber auch, erste Konflikte zu bewältigen.

Ihr Berater unterstützt Sie dabei, solchen Situationen mit Ruhe zu begegnen, die Ursachen dafür zu erkennen und angemessene Verhaltensweisen zu entwickeln. Je gelassener und überlegter Sie reagieren, umso mehr wird es Ihnen gelingen, auch schwierige zwischenmenschliche Situationen gerade in der Anfangszeit, aber auch in Zukunft souverän zu meistern.

Ein Beispiel aus der Praxis

Um den Beratungsprozess für Sie transparenter zu machen, hier die einzelnen Stationen am Beispiel des Klienten Michael K., 52 Jahre, technischer Geschäftsführer.

Im Zuge erheblicher Veränderungen in der Organisationsstruktur nach der Fusion zweier Unternehmen wurde Michael K. mit Anfang fünfzig betriebsbedingt gekündigt. Bis zu diesem Zeitpunkt war Herr K. fest davon überzeugt, so etwas könne ihm nie passieren. Entsprechend groß war der Schock, als er im Gespräch mit seinem Vorgesetzten über seine bevorstehende Kündigung informiert wurde.

Seine Laufbahn im Unternehmen hatte er vor mehr als zwanzig Jahren begonnen. Bereits kurze Zeit nach seinem Eintreten in das Unternehmen wurde er mit zusätzlichen Projektaufgaben bedacht und bekam so sehr schnell die Position des Projektleiters. Wenige Jahre später übernahm er die Leitung der Abteilung Technischer Kundendienst, nachdem sein Vorgänger das Unternehmen verlassen hatte. Als tatkräftiger Macher setzte er viele Neuerungen durch und führte seine Mannschaft mit gutem Erfolg ans Ziel, so dass ihm vor circa acht Jahren die Position des technischen Geschäftsführers übertragen wurde. Als dann ein ausländischer Konzern das Unternehmen übernahm, musste die gesamte Führungsmannschaft gehen, darunter auch Michael K.

Zu Beginn der Beratung war Herr K. wenig zuversichtlich gestimmt. Zwar gab es existenziell für ihn nichts zu befürchten, hatte man ihm doch eine ansehnliche Abfindung zugesprochen. Zusätzlich gab es eine Kündigungsfrist von sechs Monaten bei sofortiger Freistellung. Dennoch war die bevorstehende Arbeitslosigkeit für ihn zu einer großen Bedrohung geworden. Gekündigt worden zu sein bedeutete für ihn Statusverlust – eine Blöße, die er sich gegenüber Freunden und Bekannten nicht zu geben wagte. Hinzu kam die Sorge darüber, ob es ihm in seinem Alter und nach über zwanzigjähriger Tätigkeit im selben Unternehmen überhaupt gelingen könnte, noch eine neue Position zu finden.

Durch intensive Gespräche wurde Herrn K. klar, dass aktives Abschiednehmen von der Firma, die für ihn viele Jahre berufliche Heimat gewesen war, nun zu seinen vordringlichsten Aufgaben zählte. Es dauerte einige Zeit, bis es ihm gelang, sich mir als Beraterin zu öffnen und Dinge zu thematisieren, die er unter Kollegen oder Vorgesetzten, selbst in der Familie, niemals angesprochen hätte.

Durch seine lange Zugehörigkeit zum Unternehmen hatte er wenig Erfahrungen darin, sich zu präsentieren und zu bewerben, kannte er aus seiner Funktion heraus in den letzten Jahren doch nur die überlegene Position des Entscheiders bei der Einstellung von Mitarbeitern. Nun hatte er Sorge, dass man ihm seine lange Betriebszugehörigkeit als mangelnde Offenheit und Flexibilität auslegen könnte. Im Rahmen der Beratung haben wir herausgearbeitet, dass es nicht zwangsläufig nötig ist, alle paar Jahre den Arbeitgeber zu wechseln.

Jedoch war es absolut wichtig zu dokumentieren, dass Herr K. in diesen Jahren der Zugehörigkeit interessante und wichtige Dinge bewegt, seinen Bereich zielorientiert weiterentwickelt und als Mitgeschäftsführer das Unternehmen auch in schwierigen wirtschaftlichen Zeiten erfolgreich geleitet hatte. In dieser Zeit wurde ihm außerdem klar, dass es bei der gegenwärtigen Arbeitsmarktlage durchaus üblich ist bzw. zunehmend üblich wird, auch erfolgreiche langjährige Mitarbeiter zu entlassen, und zwar auf allen Hierarchieebenen. Er befand sich in allerbester Gesellschaft.

Später zeigte sich bei Bewerbungsgesprächen, dass die Fragen zur Betriebszugehörigkeit tatsächlich gestellt wurden. Herr K. konnte jedoch durch seine selbstbewusste und glaubhafte Art zu antworten immer wieder eindeutig Punkte sammeln.

Nachdem dieses Thema bearbeitet war, gingen wir daran zu klären, welches die zukünftigen beruflichen Ziele für Herrn K. sein könnten. Er brauchte mehr Klarheit darüber, welche Faktoren für ihn wirklich wichtig sind: Das Ansehen und ein hohes Gehalt oder doch eher eine ganz andere Aufgabe, die ihn fordert, mit der er sich vielleicht stärker identifizieren kann, die ihm auf der anderen Seite aber auch mehr Zeit und Raum für persönliche Interessen bietet. Das Haus war weitestgehend bezahlt, beide Kinder standen bereits auf eigenen Füßen und seine Ehefrau war längst wieder in den eigenen Beruf zurückgekehrt. Mehrere Coaching-Gespräche und die Erstellung eines Persönlichkeitsprofils förderten zu Tage, dass es zwar sehr verlockend sein könnte, etwas ganz anderes zu machen, dass es für Herrn K. aber durchaus richtig und wichtig war, seinen derzeitigen beruflichen und sozialen Status aufrechtzuerhalten.

Damit war klar, dass Herr K. wieder eine Führungsposition im Bereich der technischen Geschäftsführung anstreben würde. Dementsprechend wurden die Bewerbungsunterlagen ausgearbeitet und erstellt, so dass sie vollständig zur Verfügung standen, bevor der aktive Bewerbungsprozess aufgenommen wurde. In ihrer anfänglichen Form wirkten die Unterlagen nicht sehr überzeugend und eher etwas steif. Der Weg, den Herr K. innerhalb des Unternehmens so erfolgreich gegangen war, war nicht deutlich zu erkennen. Den Unterlagen war anzusehen, dass er sich schon viele Jahre nicht mehr beworben hatte. Wir überarbeiteten seine Selbstdarstellung und brachten sie auf den neuesten Stand.

Um wieder zu einer Festanstellung zu gelangen, müssen Bewerber, die die fünfzig überschritten haben, besondere Strategien anwenden. Durch seine gute wirtschaftliche Absicherung hatte Herr K. keinen hohen Druck, unbedingt nahtlos in eine neue Beschäftigung zu gehen. Also war sein erster Schritt, den offenen Arbeitsmarkt zu sondieren, um dann festzustellen, dass es für Menschen seines Alters und seiner Qualifikation nur wenige Angebote gab. Um Erfahrung im Bewerbungsprozess zu sammeln, begann Herr K. dennoch, sich bundesweit auf adäquate ausgeschriebene Positionen zu bewerben. Ein schwieriges Unterfangen, denn in der Regel sind Anzeigen in Zeitungen auf Kandidaten begrenzt, die Mitte bis Ende dreißig sind. Entsprechend waren dann auch die Resultate.

Um dieser Einschränkung bei den weiteren Aktivitäten zu begegnen, gab es für Herrn K. eigentlich nur die Möglichkeit, potenzielle Arbeitgeber direkt anzusprechen. Ging es doch darum, seine umfangreiche Kompetenz und die Vorzüge seines Alters für das Unternehmen optimal zu präsentieren, ohne gleichzeitig mit jüngeren Mitbewerbern konkurrieren zu müssen. Wir gingen also daran festzulegen, welche Aufgabe bzw. Position Herr K. in welchem Unternehmen übernehmen wollte, und recherchierten, welche Arbeitgeber in welchen Branchen dafür in Frage kämen.

Danach war es möglich herauszuarbeiten, mit welchen Problemen diese Unternehmen sich derzeit beschäftigen, um deutlich zu machen, mit welchen seiner Fähigkeiten und Erfahrungen Herr K. zur Lösung und damit zum Erfolg des Unternehmens beitragen könnte. Dabei wurde klar, dass Firmen derselben Branche sich durchaus mit völlig unterschiedlichen Zielsetzungen und Problemen auseinander zu setzen haben. Das musste von uns im Angebotsbrief, der anschließend erstellt wurde, unbedingt berücksichtigt werden. Nun ging die Detailrecherche weiter, die Schlüsselperson im Unternehmen, die diesen Brief erhalten sollte, musste herausgefunden werden. Auch hierfür war eine sorgfältige Vorbereitung nötig, die Ziele für das Telefongespräch müssen klar sein, auf Rückfragen im Gespräch muss der Bewerber souverän und professionell reagieren können. Nachdem nun erfolgreich eine größere Zahl von Namen und Adressen recherchiert war, konnten die Initiativbewerbungen an die Unternehmen verschickt werden. Parallel dazu war Herr K. mit verschiedenen Personalberatern in Kontakt getreten und hatte bereits erste Gespräche mit ihnen geführt. Außerdem hatte er sein persönliches Netzwerk an Kontakten zu Kunden und Dienstleistern des ehemaligen Arbeitgebers, im Freundes- und Familienkreis, aber auch bei den früheren Kollegen aktiviert.

Der Erfolg ließ nicht allzu lange auf sich warten. Nach einigen Wochen intensiver Bewerbungen kamen die ersten Einladungen zu Vorstellungsgesprächen. Herr K. war zwar durch seine Position als technischer Geschäftsführer gewohnt zu verhandeln und auch von seiner Persönlichkeit her ein offener und positiver Mensch. In dieser Situation jedoch fühlte er sich durch den Erfolgsdruck eher unsicher darin, ob es ihm gelingen könnte, seine sowohl fachliche als auch persönliche Kompetenz erfolgreich darzustellen. In mehreren Einheiten trainierten wir das Vorstellungsgespräch im Rollenspiel vor laufender Kamera. Herr K. lernte dabei, zusätzlich zu den Inhalten, die er vermitteln wollte, auch auf sein nonverbales Kommunikationsverhalten zu achten.

Für ihn trat ein, woran er am Anfang gar nicht hatte glauben wollen: Er stand plötzlich vor der Aufgabe, sich für eines der vorliegenden Angebote entscheiden zu müssen. Nach Abwägung aller Vor- und Nachteile und sorgfältigem Abgleichen mit den zuvor definierten Zielen nahm Herr K. eine Position als Geschäftsführer bei einem mittelständischen Unternehmen in der Automobilzulieferindustrie an. Seine Vorstellungen zu Verantwortung und Einkommen konnte er umsetzen.

Durch die vorangegangene Beratung war Herrn K. klar geworden, dass allein fachliche Qualifikation nicht ausreicht, um eine verantwortungsvolle Position innerhalb einer neuen Firma zu sichern. Ihm war wichtig, die Mitarbeiter und Kollegen für seine Sache zu gewinnen, mögliche Konfliktsituationen frühzeitig zu erkennen und diese, soweit es in seiner Macht steht, zu entschärfen. In zweiwöchentlich wiederkehrenden Sitzungen haben wir daran gearbeitet, Herrn K.s Wahrnehmung für mögliche Eigenarten von Mitarbeitern und Kollegen zu sensibilisieren, Verständnis dafür zu entwickeln und entsprechend zielorientiert zu agieren.

Bleibt noch zu sagen, dass Herr K. mit viel Elan und großem Erfolg seit nunmehr zwei Jahren als Geschäftsführer in diesem Unternehmen tätig ist.

Wenn Tränen fließen und Tomaten fliegen

Coaching für den Vorstand bei Massenentlassungen

Hannsjörg Dehner

Seinen Start als Chef der Deutschlandfiliale hatte sich Eiji T. ganz anders vorgestellt. Der 52-jährige Japaner war unter vielen externen und internen Bewerbern ausgewählt worden, die außerhalb der USA wichtigste Niederlassung des internationalen Dienstleistungskonzerns zu leiten. Außer für Deutschland wurde er auch für die Schweiz und Österreich zuständig. Über Asien, Südamerika, die USA und Großbritannien hatte ihn sein Karriereweg in diesem IT-Unternehmen immer weiter und schneller nach oben geführt. Jetzt war er also voller Stolz in München gelandet, als Vorstandsvorsitzender.

Sein Vorgänger, ein Deutscher, hatte das Unternehmen überraschend verlassen. Und er hatte ihm ein unvermutetes Erbe hinterlassen: Den schon sehr weit ausgearbeiteten Plan, eine komplette Abteilung aus dem Unternehmen auszugliedern und die Arbeit einem externen Dienstleister zu übertragen – Outsourcing, wie es so schön im Fachvokabular heißt. Rund dreihundert Mitarbeitern drohte die Kündigung. Aus der Konzernzentrale in den Vereinigten Staaten wurde ihm dezent bedeutet, dass man diesem Plan außerordentlich wohlwollend gegenüberstehe und von ihm nun schnellsten Vollzug erwarte. Die gesamte Führungsriege in der Deutschlandzentrale wartete angespannt und neugierig, wie der Japaner mit dieser Herausforderung umgehen würde.

Die Ziele für das Coaching

Eiji T. hatte ich schon kurz nach seinem Amtsantritt kennen gelernt. Als Medien-Coach hatte ich ihn auf den Umgang mit Journalisten vorbereitet und trainiert. Diese Zusammenarbeit ermutigte den Vorstandschef, mich auch als Coach für das Projekt »Wildbad Kreuth« – das war der interne Codename für das geplante Outsourcing – zu verpflichten.

Seine Ziele für das Coaching lauteten zusammengefasst:

- Generell ihm aus meiner externen Sicht ein offenes Feedback zu seinem Outsourcing-Konzept zu geben. (»Meine Kollegen sind noch nicht so offen, wie ich mir das wünsche, weil ich noch zu neu in der Position und für sie nicht berechenbar bin.«)
- Mit ihm zusammen ein Kommunikationskonzept für das Projekt zu entwickeln mit klaren, unmissverständlichen Inhalten und einem sinnvollen Zeitplan, welche Gruppe wann und von wem informiert werden sollte.
- Ihn auf seine Auftritte vor dem Betriebsrat, der betroffenen Abteilung und der Gesamtbelegschaft vorzubereiten.

Aus meiner Sicht alles andere als ein Traumjob: Die Hand zu reichen für die Kündigung von fast dreihundert Mitarbeiterinnen und Mitarbeitern. So hatte ich mir mein Leben als Coach nicht gerade vorgestellt. Das schien auch gegen meine Überzeugung zu gehen, dass ich nur dann gute Coaching-Arbeit leisten kann, wenn die Ziele des Klienten mit meinem eigenen Wertesystem einigermaßen in Einklang stehen. Bevor ich den Auftrag definitiv annahm, wollte ich genau über die Hintergründe und die Ziele dieser Maßnahme informiert sein. Wir vereinbarten ein zweistündiges Gespräch zur Auftragsklärung.

Mich überraschte, mit welcher Offenheit Eiji T. mir den gesamten Plan und seine Hintergründe darlegte. Immerhin war ich ein externer Berater, den er nur aus drei Medientrainings kannte. Und es ging um hoch sensible Betriebsinterna. Mich beeindruckte, mit welcher Sorgfalt der neue Vorstand das Projekt seines Vorgängers auf den Prüfstand gestellt hatte – trotz der klaren Signale aus Amerika. Der Japaner hatte alles in Frage gestellt, alle denkbaren Alternativen durchgespielt, auch die Lösung, die Abteilung nicht aufzulösen.

Seine Schlussfolgerungen hatten nicht nur seine neuen Führungskolleginnen und Kollegen überzeugt, sondern auch mich: Es war für das Unternehmen und auch für die verbleibende Belegschaft offenbar die einzige sinnvolle Lösung. Allein die Kosteneinsparungen, aber auch die zu erwartenden Qualitätsverbesserungen für die Kunden des Konzerns, waren beeindruckend. Diese Maßnahme versprach auch wesentlich zur Sicherung der verbleibenden 1400 Arbeitsplätze in der Deutschlandniederlassung beizutragen. Aber für die Mitarbeiterinnen und Mitarbeiter der Abteilung, die aufgelöst werden sollte, eine brutale Lösung. Die Vorsätze des Japaners, wie er genau mit diesem schwierigen und schmerzlichen Aspekt umgehen wollte, bewogen mich schließlich, den Auftrag anzunehmen.

Feedback für den Chef

Ein häufiges Motiv für Topmanager, sich die Unterstützung eines Coachs zu holen, ist nach meiner Erfahrung die relative Einsamkeit dieser Führungskräfte und der Mangel an ehrlichem Feedback für ihre Entschlüsse und Taten. Ihr berufliches Umfeld traut sich oft nicht, offen eine abweichende Meinung zu äußern – aus Furcht vor Nachteilen für die eigene Karriere, manchmal auch aus taktischem Kalkül, um den Chef und Konkurrenten in die falsche Richtung marschieren und damit scheitern zu lassen. Der Coach hat in diesen Fällen die Aufgabe eines Sparringspartners und die eines Advocatus Diaboli. Nur: Nicht jeder Vorstand, der diese Funktion ausdrücklich fordert und dafür bezahlt, hält ein offenes Feedback auch wirklich aus. Schon zum eigenen Schutz greift deshalb der Coach manchmal zu eher indirekten Formen der Rückmeldung statt zur direkten Konfrontation mit der gegenteiligen Meinung.

Mein Feedback für Eiji T. war kurz und einfach: Ich fand seine Schlussfolgerungen überzeugend und seine Umsetzungspläne sinnvoll.

»Nur ein Punkt ist mir noch etwas unklar: Sie haben mir erklärt, dass die betroffene Abteilung von diesen Plänen noch keine Ahnung hat. Heißt das, dass sie weder mit der Unzufriedenheit des Managements mit ihrer Arbeit konfrontiert worden ist noch in die Ausarbeitung von Lösungsmöglichkeiten einbezogen war – auch nicht die Führungskräfte der Abteilung?« Mein Gegenüber nickte.

»Auf der anderen Seite sieht Ihr bisheriger Plan vor, genau diese Führungskräfte noch so lange zu beschäftigen, bis die externe Firma, die künftig die Arbeit dieser Abteilung durchführen soll, in alle Details eingearbeitet ist. Nach Ihrer Schätzung dauert das gut ein Dreivierteljahr, bis ein reibungsloser Übergang vollzogen ist. Sie sind also in dieser Zeit völlig abhängig von der Loyalität dieser Führungskräfte, die danach aber das Unternehmen verlassen müssen.« Wieder zustimmendes Nicken.

»Ich versuche mir gerade vorzustellen, was in diesen Menschen vorgehen mag, wenn sie plötzlich und ohne Vorwarnung erfahren, dass sie ihren Job verlieren, dass sie keinerlei Chance mehr haben, irgendetwas zu ändern, um die Ergebnisse der Abteilung doch noch so zu verbessern, dass ein Outsourcing überflüssig wird. Und dass auch kein Mensch sie als die Spezialisten für diese Arbeit gefragt hat, ob sie vielleicht noch andere Lösungsmöglichkeiten sehen. Auf der andern Seite erwartet das Management von ihnen, dass sie loyal und voller Tatkraft bis zum letzten Tag mithelfen, ihre Abteilung aufzulösen und an eine externe Firma zu übertragen. Ich habe, ehrlich gesagt, Schwierigkeiten, mir das vorzustellen. Was vermuten Sie denn, der Sie Ihre Leute ja schon besser kennen als ich, was sie denken werden und vor allem, was sie tun werden?«

Der Vorstandsvorsitzende saß eine Zeit lang ruhig und nachdenklich da. Schließlich meinte er, er sei mit der deutschen Mentalität nicht ganz so vertraut. In Japan würde er davon ausgehen, dass sie selbstverständlich bis zum letzten Tag loyal für ihre Firma arbeiten würden. Er könne sich aber vorstellen, und darauf zielten ja wohl meine Fragen, dass die deutschen Mitarbeiter – na, zumindest innerlich, wütend sein würden. Vielleicht würden die guten Leute auch vorzeitig kündigen.

»Was würde das für Sie bedeuten?«

»Nun, dann hätten wir sehr ernste Schwierigkeiten. Denn die neue Firma kennt sich in unserem speziellen Dienstleistungsgeschäft noch nicht aus. Deren Mitarbeiter müssen zwingend von unseren Leuten eingearbeitet werden. Ich glaube, über diesen Punkt müssen wir noch einmal intensiv nachdenken.«

Wir einigten uns darauf, zusammen mit dem Personalchef und dem für die Abteilung zuständigen Vorstandsmitglied ein Gespräch zu führen, um dieses Problem zu klären. Das Ergebnis des Gesprächs: Eigentlich war es zu spät, die Führungskräfte der betroffenen Abteilung einzubinden, weil alles bereits durchgeplant und mit der Konzernzentrale in den Staaten abgestimmt war. Die drei Vorstandsmitglieder sahen jedoch ein, dass damit sehr ungünstige Voraussetzungen für die Verwirklichung des Planes gegeben waren. Mit Loyalität bis zum letzten Tag war wohl kaum zu rechnen. Man einigte sich auf einen Kompromiss: Zuerst musste aus rechtlichen Gründen der Betriebsrat vom Projekt informiert werden. Danach wollte man jedoch als erste Gruppe die Führungskräfte der betroffenen Abteilung an den Tisch holen. Eiji T. erklärte: »Ich bin absolut offen: Wenn die wirklich eine Lösung vorschlagen sollten, an die wir noch nicht gedacht haben und die Sinn macht, bin ich bereit, das Projekt zu kippen bzw. mich für die neue Variante einzusetzen.«

Das Ergebnis vorweggenommen: Die Führungskräfte entwickelten tatsächlich einen Plan, der in eine völlig neue Richtung ging. Sie schlugen ein Management-Buy-out vor. Statt also die Aufgaben der bisherigen Abteilung an eine externe Dienstleistungsfirma zu übertragen, wollte sich die gesamte Führungsmannschaft selbstständig machen und in der neuen – eigenen – Firma ihre bisherigen Aufgaben für ihren bisherigen Arbeitgeber abwickeln. Der neue Vorstandsvorsitzende war überrascht, stand aber zu seinem Wort: Er ließ diese neue Variante genauso sorgfältig prüfen wie alle bisherigen Alternativen.

Letztlich scheiterte der Plan der Führungskräfte, weil sie die geforderte Dienstleistung bei weitem nicht so preisgünstig anbieten konnten wie der externe Bewerber in Ostdeutschland. Außerdem hätten sie einige Millionen Euro in moderne Technik investieren müssen – die Chancen, dafür einen Investor zu finden, hatten sich als äußerst gering dargestellt.

Mit diesem konzeptionellen Umweg war zwar Zeit verloren worden.

Doch durch das Coaching war die psychologische Situation deutlich günstiger: Die Führungskräfte fühlten sich ernst genommen statt übergangen. Sie akzeptierten, dass ihre Version keine echte Alternative für die Firma sein konnte, und erklärten sich bereit, gegen nicht unerhebliche Bonuszahlungen bei erfolgreichem Abschluss, bis zum letzten Tag intensiv und loyal mitzuhelfen, die Mitarbeiter der externen Firma einzuarbeiten.

Das Kommunikationskonzept – entscheidend ist das Timing

Die zweite Coaching-Aufgabe war wesentlich komplexer als der erste Teil. Aus meiner langjährigen Erfahrung als Berater in Krisenkommunikation weiß ich, wie entscheidend sowohl die Tonart als auch die Zeitplanung für Erfolg oder Misserfolg des Projektes sind. Gerade bei Entlassungen sind nicht nur die Betroffenen, sondern auch die gesamte Belegschaft besonders sensibel für die Art und Weise, wie »die da oben« ihre Botschaften verkünden.

Für die Frage, wann wer worüber informiert werden sollte, gibt es eine Fülle von psychologischen, taktischen, aber auch gesetzlichen Gesichtspunkten zu beachten. Und: Immer handelt es sich um einen äußerst engen Zeitrahmen, in welchem die gesamte Kommunikation mit unterschiedlichsten Zielgruppen durchgeführt werden muss.

Englische Umwege

Ein besonderes Problem, mit dem ich nicht gerechnet hatte, ergab sich aus dem konzernüblichen Abstimmungsprozess und der Tatsache, dass Englisch die Konzernsprache ist. Die Entwürfe für Briefe an die Betroffenen, Hausmitteilungen an die Belegschaft, Pressemitteilungen und Vorschläge für Antworten auf zu erwartende kritische Fragen mussten alle erst ins Englische übersetzt und an die Konzernzentrale in den USA zur Genehmigung gemailt werden. Dann kamen zum Teil neue – englische – Texte aus der Zentrale zurück, als Vorgabe. Da sie aber in der deutschen Übersetzung in keiner Weise dem entsprachen, was ich als Coach und PR-Berater für sinnvoll und einfühlsam genug empfand, mussten meine Gegenvorschläge wieder übersetzt und zur neuerlichen Genehmigung nach USA gesandt werden. Dieses Prozedere kostete so viel Zeit und auch Nerven aller Beteiligten, dass der neue Vorstandsvorsitzende schließlich ein Machtwort sprach und – nach widerwilliger Genehmigung aus der Zentrale – entschied, dass alle Texte eigenverantwortlich in München und direkt in Deutsch entworfen und verabschiedet werden.

Achtung: Gefühle

Eine Coaching-Aufgabe bezog sich auf das Thema Mitgefühl und Gefühle generell. Am deutlichsten wurde das bei der Rede, die der Vorstandsvorsitzende vor den Mitarbeiterinnen und Mitarbeitern der betroffenen Abteilung halten wollte, um sie über den Plan zu informieren, der für die meisten von ihnen Kündigung bedeutete. Sein Redeentwurf war sachlich, inhaltlich korrekt und völlig distanziert. Eine Aneinanderreihung von Fakten, die sachlich und völlig emotionslos begründeten, weshalb die Auflösung der Abteilung für das Unternehmen eine sinnvolle Lösung sei.

Ich hatte den Vorsitzenden bisher als einen durchaus einfühlsamen Menschen kennen gelernt, gar nicht der harte, unbeugsame Managertyp, der problemlos eine Massenkündigung ausspricht. Die sachlich distanzierte Rede passte nach meinem Empfinden nicht zu dem Bild, das ich von ihm gewonnen hatte. Ich vermutete, dass ein Grund dafür in seinem kulturellen Hintergrund als Japaner liegen könnte. Und wahrscheinlich war es auch eine Form des Selbstschutzes, um sich emotional nicht zu stark von dem berühren zu lassen, was er mit der Kündigung bei rund dreihundert Menschen auslösen musste.

Auf den Bezugsrahmen kommt es an

Um meine Hypothesen zu überprüfen, beschäftigte ich mich im nächsten Gespräch (wir diskutierten seinen Redeentwurf) intensiv mit seinem Bezugsrahmen. Als Coach musste ich verstehen, durch welche Brille er die Welt und sich selbst sieht, nach welchem Wertesystem er Dinge und Handlungen beurteilt und welche Teile er gegebenenfalls ausblendet, weil sie eben nicht in sein Weltbild passen. Mit diesem tiefer gehenden Verständnis hoffte ich, ihm sinnvolle Lösungen anbieten zu können, die nicht gegen seinen Bezugsrahmen gingen bzw. unter Umständen seinen Bezugsrahmen auch ein Stück erweitern könnten.

»Ihren Redeentwurf habe ich sorgfältig gelesen. Ich finde inhaltlich alles korrekt und sachlich dargestellt. Wenn ich mich jedoch in die Lage Ihrer Zuhörer versetze, würde ich mich fragen: Was empfindet eigentlich unser neuer Chef als Mensch, wenn er dreihundert Mitarbeiterinnen und Mitarbeiter vor die Tür setzt, ihnen teilweise den Boden unter den Füßen wegzieht und sie in eine völlig ungewisse und unsichere Zukunft entlässt. Lässt ihn das völlig kalt, ist ihm nur das Wohl der Firma wichtig? Kann er noch ruhig schlafen? Und was sagt seine Frau dazu? Zu diesen rein menschlichen Aspekten finde ich in Ihrer Rede kein Wort. Was ist der Grund dafür?«

Aus seinen Antworten fand ich folgende wichtige Punkte über seinen Bezugsrahmen heraus:

- Die Hauptaufgabe eines Vorstandsvorsitzenden ist seiner Überzeugung nach, die Existenz und das Wachstum des Unternehmens sicherzustellen.
- Menschliche Gefühle kann man sich in dieser Position eigentlich nicht leisten, weil man sonst an seiner Aufgabe, wie das Beispiel mit der Massenentlassung zeige, zerbrechen müsste.
- Loyalität gegenüber der Firma steht in seinem Wertekatalog mit an oberster Stelle.
- Sein eigener beruflicher Erfolg ist ihm wichtig, wesentlich wichtiger aber ist ihm der Erfolg »seiner« Firma.
- Ihm ist jedoch auch wichtig, nicht als gefühlloser Unmensch, sondern als fairer und durchaus mitfühlender Chef gesehen zu werden.

Jetzt wurde deutlich, dass er – in seinem Bezugsrahmen – bei diesem Projekt in permanentem Wertekonflikt stand. Auf der einen Seite: Gefühle kann man sich in diesem Job nicht leisten. Auf der anderen Seite: Ich will ein fairer und menschlicher Chef sein. Offenbar hatte er bisher keinen Weg gesehen, diese beiden Überzeugungen miteinander in Einklang zu bringen. Ich sah meine Aufgabe als Coach jetzt darin, ihm zu helfen diesen Konflikt aufzulösen. Meine Idee war, seine Überzeugung aufzubrechen, dass man sich Gefühle nicht leisten könne, ohne daran zu zerbrechen.

»Wenn ich Sie vorhin richtig verstanden habe, haben Sie Mitgefühl mit den Menschen, denen Sie kündigen müssen. Diese schwierige Aufgabe macht Ihnen, so haben Sie es mir erklärt, gefühlsmäßig so zu schaffen, dass Sie schlecht schlafen und Ihre Frau sich große Sorgen um Sie macht. Mal angenommen – nur als Gedankenspiel – Sie würden das Ihren Mitarbeiterinnen und Mitarbeitern erzählen. Was vermuten Sie, wie diese dann über Sie denken würden – über Sie als obersten Chef?«

Eiji T.: »Na, ich vermute mal, sie würden denken, dass sie da einen ganz schönen Schwächling als Boss bekommen haben.«

»Wirklich?«

Eiji T.: »Na ja, vielleicht würden sie es nicht so hart ausdrücken. – Auf der anderen Seite: Ich an deren Stelle wäre vielleicht überrascht, ja wahrscheinlich positiv überrascht, dass selbst ein Vorstandsvorsitzender und noch dazu ein Japaner zu solchen mitfühlenden Regungen imstande ist.«

»Und auch noch den Mut hat, sie vor versammelter Mannschaft auszudrücken?«

Eiji T.: »Ja, eigentlich haben Sie Recht. Da gehört schon ganz schön Mut dazu. Also vielleicht sollte ich … ja, ich werde darüber noch einmal nachdenken.«

»Um unser kleines Gedankenspiel noch etwas weiterzuspinnen: Was glauben Sie, was Ihre Mitarbeiterinnen und Mitarbeiter wohl tun würden, wenn Sie den Mut hätten, so offen auch über Ihre Gefühle bei dieser so schwierigen Aktion zu sprechen?«

Eiji T.: »Was sie tun würden? – Ich weiß nicht. Keine Ahnung, wie Deutsche auf so etwas reagieren.«

»Also, ich bin ja Deutscher. Ich stelle mir vor, dass ganz unterschiedliche Reaktionen kommen könnten. Einige Mitarbeiterinnen und Mitarbeiter wären sicher beeindruckt. Sie würden zwar nicht applaudieren, dazu ist die Sache viel zu schwerwiegend für sie. Aber ich vermute, sie würden etwas ruhiger und sachlicher reden. Andere werden es Ihnen womöglich gar nicht abnehmen, dass Sie das wirklich ehrlich gemeint haben. Die werden vielleicht einige höhnische Bemerkungen machen. Andere werden wahrscheinlich erst einmal gar nicht sichtbar und hörbar reagieren, sondern lieber abwarten wollen, wie der Hase weiterläuft. – Wenn Sie sich jetzt diese Bandbreite an möglichen Reaktionen vorstellen, was meinen Sie: Würden Sie daran zerbrechen?«

Eiji T.: »Zerbrechen? Wieso denn das?«

»Na ja, Sie hatten vorhin einmal gesagt, als Vorstand könne man sich solche Gefühlsduselei gar nicht leisten, weil man sonst daran zerbrechen würde.«

Eiji T.: »Ach so, ja richtig. Nein, wenn ich mir das jetzt so plastisch vorstelle – daran würde ich mit Sicherheit nicht zerbrechen. – Auf der anderen Seite: Ich könnte endlich einmal auch im Beruf die Seite von mir zeigen, die mir auch sehr wichtig ist: dass ich ein menschlicher Chef bin, der Mitgefühl mit seinen Mitmenschen hat.«

In der Coaching-Fachsprache würde ich sagen: Eine gelungene Veränderung des Bezugsrahmens. Der Engpass, in dem der Vorsitzende steckte, war aufgelöst. Die Folge: Wir diskutierten gar nicht mehr darüber, ob es sinnvoll ist, auch über sein Mitgefühl öffentlich zu sprechen, sondern nur noch über Details der Formulierung.

Ein extrem enger Fahrplan

Die Frage des Timings wurde noch ein schwieriger Balanceakt. Der Vorstand, der Betriebsrat, die Führungscrew der betroffenen Abteilung, deren Mitarbeiter, die Gesamtbelegschaft, einige Behörden, wie zum Beispiel das Arbeitsamt, und schließlich die Presse – alle mussten informiert werden. Für jede Gruppe wurden spezielle Texte entwickelt. Alle sollten möglichst an einem einzigen Tag informiert werden. Aber auf gar keinen Fall durfte irgendein Belegschaftsmitglied erst aus der Presse und dann von der Firma erfahren, was geplant war. Bei so vielen Zielgruppen und einem so engen Zeitplan war es unmöglich, dass der Vorstandsvorsitzende persönlich alle Zielgruppen informierte. Die Aufgabe musste aufgeteilt werden. Er selbst sollte den Vorstand, den Betriebsrat, die betroffene Abteilung und die Gesamtbelegschaft persönlich informieren. Vorstand und Betriebsrat wurden um einen Tag vorgezogen, weil man sich darauf verließ, dass sie das Thema vertraulich behandeln würden. Damit gewannen wir etwas Zeit.

Ihr Auftritt, bitte!

Der dritte Teil des Coaching-Auftrages gestaltete sich zunächst scheinbar einfach. In Rollenübungen, bei denen ich zusammen mit zwei Mitarbeitern aus der Personalabteilung aufgebrachte Mitarbeiter mimte, spielten wir die Auftritte des Vorstandsvorsitzenden vor der betroffenen Abteilung und als zweites vor der Gesamtbelegschaft durch. Anhand der Videoaufzeichnungen diskutierten wir seinen Auftritt und vor allem seine Reaktionen auf aggressive Zwischenrufe und Diskussionsbeiträge der Mitarbeiterinnen und Mitarbeiter. Bei jeder Wiederholung wurde er besser und sicherer in der Argumentation. Es gelang ihm nach unserer Einschätzung sehr glaubwürdig, auch über seine eigene Gefühlslage und über sein Mitgefühl mit den Mitarbeiterinnen und Mitarbeitern zu sprechen, die aufgrund seiner Entscheidung das Unternehmen verlassen mussten.

Was ich dabei nicht ernst genug nahm, war seine oft nur unterschwellige Reaktion im Rollenspiel auf unsere gespielten Wut- oder Tränenausbrüche. Ich hatte manchmal das Gefühl, dass er unser Rollenspiel für völlig übertrieben hielt, aber aus Höflichkeit dem Coach gegenüber nichts sagte. Ein verhängnisvoller Fehler von mir.

Mein zusätzliches Pech: Die ersten Auftritte des Vorstandsvorsitzenden vor dem Aufsichtsrat und dem Betriebsrat liefen erstaunlich ruhig und sachlich ab. Vor allem vom Betriebsrat hatte ich sehr viel mehr Widerstand gegen den Plan erwartet. Aber, wie mir Eiji T. nach der Sitzung stolz berichtete, sei alles prima gelaufen.

Sorge machte ihm jedoch das Treffen mit der betroffenen Abteilung. Und diese Sitzung wurde unser beider Waterloo. Wie er mir zwei Stunden nach der Sitzung – immer noch sehr aufgewühlt – berichtete, war sein Publikum zunächst geschockt. Dann brach ein emotionaler Sturm los. Eine Mitarbeiterin, die in der Abteilung die mütterliche Rolle übernommen hatte, fing an, ihn wüst zu beschimpfen. Er sei absolut charakterlos. Er würde ihre Existenzen, ihre Familien vernichten. Man habe ihm vertraut und nun erweise er sich als rücksichtsloses Charakterschwein. Ein noch ziemlich junger Mitarbeiter sei völlig ausgerastet und habe ihm Prügel verabreichen wollen – drei Kollegen hätten ihn mühsam zurückgehalten. Eine der älteren Mitarbeiterinnen war in lautes, hemmungsloses Schluchzen ausgebrochen und sei bis zum Ende der Sitzung nicht zu beruhigen gewesen. »Was soll ich nur meinem Mann sagen? Wie sollen wir unser Häuschen abbezahlen? Wir sitzen auf der Straße!«

Als sich Eiji T. im Laufe seiner Erzählung wieder einigermaßen beruhigt hatte, meinte er achselzuckend zu mir: »Ehrlich gesagt, ich hatte Ihr Rollenspiel vorgestern für stark übertrieben gehalten und innerlich sogar etwas über Ihre Dramatik gelächelt. Was ich heute wirklich erlebt habe, war viel, viel schlimmer. Ich war völlig fassungslos. Und da fielen mir dann auch nicht mehr die guten Antworten ein, die wir geübt hatten. Ich kann mit so viel Emotionalität einfach nicht umgehen. Wenn unser Personalvorstand nicht für mich eingesprungen wäre, hätte das heute mit einem völligen Fiasko geendet. Dank seiner Hilfe ging die Sitzung dann noch einigermaßen glimpflich zu Ende.«

Der Schock saß tief. Ich machte mir Vorwürfe, dass ich nicht mehr auf mein Gefühl geachtet und meinen Eindruck bei den Rollenübungen angesprochen hatte. Die Folge dieses Erlebnisses war, dass wir beide noch einmal mit neuem Eifer und Ernst seinen Auftritt vor der Gesamtbelegschaft probten. Um es möglichst wirklichkeitsnah zu gestalten, holte ich mir wieder Verstärkung aus der Personalabteilung und zusätzlich aus der Abteilung Corporate Communications. Alle Rollenspieler wurden genau gebrieft. Immer wieder unterbrachen wir mit unseren Zwischenrufen seinen Vortrag, um ihn aus dem Konzept zu bringen. Wir erlaubten uns weitaus mehr Emotionalität, Lautstärke und Aggressivität als bei der ersten Trainingsrunde. Wir simulierten sogar, dass Gegenstände auf ihn geworfen wurden. Nach vielen Stunden harten Übens waren wir gemeinsam überzeugt, dass dieser Auftritt besser gelingen müsste als der vorige.

Die Bilanz

Die Betriebsversammlung dauerte länger als geplant. Doch am Ende waren der Vorstandsvorsitzende und sein Vorstandskollegium zufrieden. Die Atmosphäre im großen Kantinensaal war zu Beginn eisig bis feindselig. Doch mit seiner Präsentation überzeugte der neue Vorsitzende offenbar die Mehrheit der Belegschaft. Die Diskussion wurde längst nicht so hart und emotional geführt wie in der Sitzung mit der betroffenen Abteilung. Es flogen keine Tomaten oder faulen Eier, wie ich es schon einmal bei einem ähnlichen Projekt eines anderen Kunden erlebt hatte. Dennoch kamen viele sehr direkte Angriffe auf ihn und auf seinen Vorgänger, der den Plan ja eigentlich entworfen hatte. Diesmal ließ sich Eiji T. nicht ins Bockshorn jagen. Er sprach auch sehr offen über seine eigene Betroffenheit, seine schlaflosen Nächte und seinen Kummer, dass ausgerechnet er eine so harte Maßnahme durchführen musste.

Die Mehrheit der Belegschaft bekam er auf seine Seite, als er ausführlich schilderte, was er und seine Vorstandskollegen alles veranlasst hatten, um den gekündigten Mitarbeitern unbürokratisch und tatkräftig zu helfen, möglichst schnell eine neue Stellung zu finden. Vor allem die Tatsache, dass er selbst und der Personalvorstand alle ihre persönlichen Verbindungen aktiviert und schon einige konkrete Angebote für betroffene Mitarbeiterinnen und Mitarbeiter erreicht hatten, brach die eisige Atmosphäre auf.

Schon am nächsten Tag wurde eine halbe Etage des großen Bürogebäudes umgestaltet: Ein permanentes Beratungsbüro für alle von der Kündigung Betroffenen wurde eingerichtet. Externe Berater halfen bei der Stellensuche, beim Verfassen von Bewerbungsschreiben, trainierten Bewerbungsgespräche. Regelmäßig kam ein Berater vom örtlichen Arbeitsamt. Ein externer Psychologe stand die ersten Wochen kostenlos für die betroffenen Mitarbeiterinnen und Mitarbeiter zur Verfügung.

Es zeigte sich dann in den nächsten Monaten, dass die Führungsmannschaft der aufzulösenden Abteilung tatsächlich ihr Wort hielt und loyal am Betriebsübergang zum externen Dienstleister mitarbeitete. Die neue Firma übernahm einige der bisherigen Mitarbeiterinnen und Mitarbeiter – allerdings zu niedrigeren Gehältern, doch in einer Gegend mit deutlich geringeren Lebenshaltungskosten als in München.

Ein Jahr nach der denkwürdigen Betriebsversammlung war das Projekt »Wildbad Kreuth« erfolgreich beendet. Bis auf vier Ausnahmen hatten alle bisherigen Mitarbeiterinnen und Mitarbeiter der aufgelösten Abteilung eine neue Anstellung gefunden – einige wenige waren in den vorgezogenen Ruhestand gegangen. In die Firma kehrte allmählich wieder die ganz normale Hektik des Alltags ein. Die innere Ruhe der Belegschaft, die sich vor diesen Ereignissen ihrer Arbeitsplätze sehr sicher wähnte, war allerdings dahin. So etwas konnte schließlich wieder passieren. Das Controlling der Firma registrierte allerdings auch eine höhere Profitabilität und einen Rückgang der Fehlzeiten.

Der Coach schließlich nahm sich vor, künftig mehr auf sein Gefühl zu achten und auch zarte Signale ernst zu nehmen und sie zu prüfen.

Teamleiter werden ist nicht schwer, Teamleiter sein dagegen sehr

Angelika von der Assen

Lieber Thomas
Freiburg, 22. 9. 04

»Das wird aber auch Zeit«, denkst du jetzt sicher. Du hast Recht, schon lange habe ich versprochen, dir zu berichten, wie es mir mit meiner neuen Stelle hier in Deutschland geht. Um es gleich vorwegzunehmen: Die ersten Wochen mit meinem neuen Team waren die größte Herausforderung, die ich in meiner Karriere bisher erlebt habe! Dabei hatte sich doch alles so viel versprechend angehört, und nicht nur du hast mich um diesen Karriereschritt beneidet. Die Wahrheit ist: Er wäre um ein Haar zu meinem Stolperstein geworden, eher ein Karriereknick als ein Sprung nach oben! Aber keine Angst, ich kann heute wieder aufatmen, es ist alles wieder auf gutem Wege, weil ich mich getraut habe, ein Coaching zu machen.

Aber lass dir der Reihe nach erzählen, was alles passiert ist. Ganz altmodisch und ausführlich per Brief: Es ist für mich auch eine Gelegenheit, meine Eindrücke, meine Auf und Abs der letzten Wochen noch mal in Ruhe zu reflektieren und die »lessons learned« für mich zu sortieren. Ich glaube, was ich erlebt habe, das gehört heute zum Alltag von vielen Teamleitern, wie du es ja auch bist, und wir können vielleicht beide von einem offenen Erfahrungsaustausch profitieren und lernen, wie wir Herausforderungen bei der Teamführung durch ein gutes Coaching eleganter meistern können. Ein kurzer Brief wird es wohl nicht – ich werde also in Etappen schreiben.

23. September
»Das ist meine große Chance!«

Weißt du noch, wie begeistert ich das zu dir gesagt habe? Endlich weg von einer Stelle und von einem Chef, der mir keine rechten Entwicklungsmöglichkeiten mehr bieten konnte. Meine neue Funktion: Leiter Controlling & Buchhaltung in unserem Werk in Freiburg, Mitglied der Geschäftsleitung! Ich muss zugeben, ich war (und bin) stolz auf meine Ernennung, sie bedeutet ja auch Anerkennung und attestiert mir viel Potenzial. Meine Aufgabe auf Geschäftsleitungsebene ist, die betrieblichen Kennzahlen deutlich zu verbessern. Als Leiter Controlling soll ich die innerbetrieblich wenig akzeptierten Controller zu »top financial consultants« und Partnern der Linie machen.

Und ich war total sicher, dass ich mit meinem Know-how und all meinen Erfahrungen das beste Controlling des ganzen Unternehmens aufbauen würde! Durch meine Positionierung als Mitglied der Geschäftsleitung würde das Controlling auch gerade den Einfluss und das Backing haben, das nötig ist, wenn Controlling wirklich über alle Unternehmensbereiche hinweg das unternehmerische Denken etablieren soll. Was das Führen von Mitarbeitern betrifft, das bin ich ja auch gewohnt. Wir hatten kurz vorher noch ein Management-Training absolviert, in dem mir klar wurde, dass ich das wohl auch nicht so schlecht mache. Natürlich hatte mein neuer Chef mir jede Unterstützung zugesagt. Ich bin wie auf Wolken nach Hause gefahren – Christina war ganz baff, dass ich mal vor 20 Uhr zu Hause war, und zusammen haben wir uns bei einem Glas Champagner die Zukunft ausgemalt. Klar, wir würden von Zürich in den Schwarzwald nach Süddeutschland umziehen müssen, aber uns gefällt die Gegend, und wir wollten wegen der Kinder ja sowieso weg aus der Stadt.

Am 1. Januar war offizieller Stellenantritt. Ich kann dir sagen, die Tage zwischen den Jahren kamen mir wie unnütze Wartezeit vor. Ich hatte so viele Pläne und wollte endlich anfangen! Die Zeit drängte, viele strategische Entscheidungen mussten rasch diskutiert und getroffen werden. Ich wusste außerdem, dass mein neuer Chef viel von mir erwartete, und ihn wollte ich auf keinen Fall enttäuschen, sondern ziemlich schnell »Flagge zeigen« und wichtige, richtungweisende Entscheidungen mit Außenwirkung treffen. Die Zusammenarbeit mit den Geschäftsleitungskollegen lief gut an. Aber mit meinem Controllingteam, da wurde es schwierig. Sie reagierten von Anfang an ziemlich kühl auf mich. Sobald ich in ihr Büro kam, war's plötzlich mucksmäuschenstill, und die Kontakte blieben steif und förmlich. »Typisch diese arroganten Deutschen«, dachte ich mir. Dabei war ich selbst zu jedem freundlich, hatte immer eine offene Tür und habe auch allen gleich das »Du« angeboten.

Jedenfalls, am Ende der berühmten ersten dreißig Tage musste ich eine ernüchternde Bilanz ziehen: Das Controlling-Team nahm gewisse neue Projekte, die ich sehr wichtig finde, unter verschiedenen Ausflüchten einfach nicht an die Hand. Vor allem der bisherige Teamleiter wurde zunehmend unkooperativ und machte im Betrieb schlechte Stimmung gegen mich. Von der Personalabteilung erfuhr ich »ganz im Vertrauen«, dass die zwei erfahrensten Teammitglieder, die meine ganze Stütze sein sollten, sich im Mutterhaus nach freien Positionen erkundigt hatten. Und zu allem Übel: Mein Chef war natürlich nie zu erreichen! Von wegen »jede Unterstützung«! Fakt war, ich bekam bei diesem Team kein Bein auf den Boden. Wie sollte ich da meine ehrgeizigen Ziele erreichen?? Langsam kam Panik auf. Jetzt nur nichts anmerken lassen! Und mein verletzter Stolz riet mir: Jetzt sollt ihr mich mal kennen lernen. Schluss mit lustig. ***Ich*** bin hier der Chef, das werdet ihr schon noch merken!

25. September
Am Ende? Nein, Anfang der Wende!

Gott sei Dank habe ich diesen Vorsatz dann doch nicht in die Tat umgesetzt! Christina hatte nämlich inzwischen gemerkt, dass irgendwas nicht stimmt. Erzählt hatte ich ihr natürlich nichts von meinen Schwierigkeiten, um sie nicht zu beunruhigen. Aber sie hat nicht lockergelassen. Und dann bin ich eben doch mit der Sprache rausgerückt. Christina meinte, ich dürfte nicht einfach abwarten, führungsmäßig müsste ich etwas tun.

Als Erstes haben wir zusammen noch mal die Unterlagen aus dem Führungsseminar durchgesehen – und siehe da, da gab es einen interessanten Artikel über Teamführung. Über die Schwierigkeiten, die entstehen können, wenn man als Chef ein Team »erbt« und mit seinen neuen alten Mitarbeitern neue, hoch gesteckte Ziele erreichen will. Die Erfahrungen von anderen Teamleitern, die dort beschrieben waren – das waren die gleichen wie meine! Genau so erging es mir gerade! Ich war also offenbar nicht der einzige Manager auf der Welt, der seine Mitarbeiter grundsätzlich ganz passabel führt und dann trotzdem in solche Schwierigkeiten läuft. Diese Erkenntnis tat schon mal gut. Ich fühlte mich entlastet durch die Erkenntnis, dass ich nicht »schuld« bin am Ganzen oder einfach inkompetent. Das Versagergefühl zuvor war nicht gerade angenehm gewesen.

Dem Artikel nach war ich also kein Einzelfall. Und Teamübernahmen erfolgreich zu gestalten wird offensichtlich heute als eine der entscheidenden Führungssituationen betrachtet, mit denen wir Manager immer häufiger konfrontiert sein werden. Hast du zum Beispiel gewusst, dass es für unsere Managergeneration, für die der ständige Wandel und die Globalisierung nicht mehr wegzudenken sind, typisch sein wird, dass wir im Laufe unseres Managerlebens circa fünf bis sieben Teamübernahmen werden meistern müssen (Tendenz, besonders in dynamischen Unternehmen, steigend)? Unsere Verweildauer als Teamleiter wird aber nur noch drei bis fünf Jahre (Tendenz fallend) betragen. Wir werden also häufiger und in kürzerer Zeit als unsere Manager-Väter den Schulterschluss mit unseren jeweils neuen Teams finden und rasch Erfolge erarbeiten müssen. Einen Teamleiter auszuwechseln, das ist heute mehr als die bloße Nachfolgeregelung eines ausscheidenden Managers: Es wird mehr und mehr als gezieltes Veränderungsinstrument eingesetzt werden, steht also mehr und mehr in Zusammenhang mit Organisationsveränderungen oder Geschäftsfelderweiterungen mit konkretem Veränderungsauftrag. Diese Aufträge zu erfüllen – das wird zu einem der wichtigsten Erfolgsfaktoren für unsere Karriere! Nicht leicht, wenn man bedenkt, dass die wenigsten Menschen Veränderungen gern haben. Und nur wenige Manager sind darauf vorbereitet, geschweige denn dafür ausgebildet worden.

27. September
Was sollte ich nur machen?

Eines war klar, ich musste mir eingestehen, dass ich da alleine nicht weiterkomme. Und das mir! Dem jungen, erfolgsgewohnten, ehrgeizigen, McKinsey-gestählten Manager! Ich musste mir die Erlaubnis geben, dass ich ja auch noch was lernen darf und genau wie andere in dieser Situation nicht alles im Griff haben muss. Das war wohl der Schlüssel zum Ganzen, sonst wäre ich aus meiner Hilflosigkeit und Gekränktheit heraus und durch den Druck, unter dem ich stand, wohl wirklich zum autoritären Teamdiktator geworden!

In dem besagten Artikel fand ich dann auch eine gute Idee, wie dem beizukommen wäre. Weißt du, was ein Transition-Workshop ist? Ein Programm, das von amerikanischen Management-Beratern entwickelt wurde für leidende statt leitende Manager wie mich. Es ist ein Workshop, in dem das Team zusammen mit dem neuen Chef in der Einführungsphase zusammensitzt, um sich gegenseitig kennen zu lernen, Erwartungen und Feedbacks auszutauschen, die Zukunft zu skizzieren und eventuelle Reizpunkte oder schon entstandene Konflikte anzusprechen. Solch ein Workshop soll zu einem schnelleren und reibungsloseren Zusammenwachsen, zu einem intensiveren Start in die Zusammenarbeit verhelfen. Mir war klar, dass ich für ein solches Treffen einen Moderator brauchte. Und nach einem Telefonat mit der Leiterin unseres Führungsseminars hatte ich meinen Coach gefunden!

Nun war es schon fast Mitte Februar, der Workshop musste bald stattfinden, bevor sich alles noch mehr verhärtete. Also saßen meine »Coach-In« und ich schon ein paar Tage später zusammen, um den Workshop zu planen und auf mich und mein Team maßzuschneidern. Damit die Moderatorin meine Anliegen kennen lernen und dann ihre Moderation gezielt darauf abstimmen konnte, habe ich ihr in unserem ersten Gespräch zunächst einmal ausführlich meine Sicht der Dinge dargelegt.

Durch das Sprechen darüber, wie ich die Situation wahrnehme, und vor allem durch die »dummen Fragen« meines Coachs wurde mir klar, wie konfus es in meinem Kopf zuging und wie stark mich die Situation verwirrte und verunsicherte. Auch war mir nicht recht klar, was ich von dem Workshop erwartete (außer dem goldenen Schlüssel natürlich). Wir vereinbarten daher, dass wir uns noch vor dem Workshop zwei- bis dreimal zusammensetzen wollten, um zunächst einmal bei mir einen Klärungs- und Lernprozess in Gang zu setzen, bevor ich darüber mit dem Team in einen Austausch ging. So bin ich also zu einem Coaching gekommen, denn nichts anderes waren die folgenden Sitzungen und Planungsgespräche. Bald hatte ich die Antwort auf die Frage: Was war, bei Lichte betrachtet, denn eigentlich los? Das versuchten mein Coach und ich als Erstes herauszufinden, indem wir die vielen Aspekte der Situation erst einmal sortierten.

13. Oktober
Die Diagnose

Man hatte mich zum neuen Leiter Controlling und zum Geschäftsleitungsmitglied gemacht, um vor dem Hintergrund der Umwandlung des Werks Freiburg von einer reinen Produktionsstätte zu einem eigenständigen, vom Mutterhaus unabhängigen Unternehmen auf vielen Ebenen Veränderung und Innovation zu schaffen. Das Controlling sollte mehr Einfluss bekommen und dynamischer werden. Als Mitglied der Geschäftsleitung sollte ich schlanke Strukturen etablieren und eine deutliche Produktivitäts- und Effizienzsteigerung erreichen. Innerhalb kurzer Zeit erwartete man von mir die Lösung dringender Probleme, deutliche Zeichen zu setzen und möglichst schon eine Verbesserung der wichtigsten betrieblichen Kennzahlen. All das sollte ich erreichen, letztlich ohne Unterstützung durch meinen Chef, umgeben von einer fremden Organisation, einer fremden Unternehmens- und Landeskultur, von skeptischen Mitarbeitern, ohne »Hausmacht«, ohne Netzwerke, ohne persönliche Beziehungen.

Mein Coach bat mich, alle diese Erwartungen zu benennen und aufzuschreiben.

Da wurde mir klar, welche Überforderung sie darstellten und dass nur ein Supermann sie alle erfüllen könnte. Und auch der würde es nicht schaffen. Ja, dass das sogar unmöglich sein würde, da viele Erwartungen sich auch noch widersprachen. Als mein Coach mich dann noch fragte, wer denn dies alles und in diesem Tempo von mir verlangen würde – da konnte ich nur antworten: vor allem ich selbst!

Ich erwarte viel mehr von mir, als andere das tun. Proaktiv sein, alles ganz schnell viel besser machen, damit setze ich mich vor allem selbst sehr unter Druck. Das zeigte sich deutlich, als ich meine Selbstgespräche einmal laut formulierte. Diese Einsicht veranlasste mich als Erstes dazu, meine Pläne und Aktivitäten noch einmal genau anzuschauen und Prioritäten zu setzen, statt »Hans Dampf in allen Gassen« zu sein. Danach fühlte ich mich schon wesentlich ruhiger. Seit dieser Coaching-Stunde fällt mir immer wieder auf, wie sehr ich mich in meinen Selbstgesprächen mit ganz vielen »Antreibern« permanent stresse (»mach schneller!«, »das muss perfekt werden« ...). Wie mir mein Coach vorgeschlagen hat, mache ich dann einen bewussten Gedankenstopp und hole mich mit »Erlaubern« wieder runter (»Eile mit Weile« oder »denk an die 80/20-Regel« ...). Ich glaube, dies war der größte Wert der ersten Coaching-Stunde, dass mein Coach mir geholfen hat, mich von dem großen Druck und den massiven Versagensängsten zu entlasten!

Als mein Coach mich bat, mein Team zu beschreiben, hatte ich ein klares Bild: Unkooperative Leute, eher klassische, rückwärts gerichtete Buchhalter mit nine-to-five Mentalität als vorausschauende Controller; Bremser, allem Neuen gegenüber abgeneigt, kühl, formell, aus schweizerischer Sicht eben »typisch deutsch«. Mein Coach spiegelte mir ihre Bestürzung darüber, wie einseitig und schwarz-weiß mein Bild war und mit wie viel Wut ich es »gemalt« hätte. Ich hätte es lieber gehabt, wenn sie mich bedauert oder mir zugestimmt hätte, aber sie bestand darauf, dass ich meine Gefühle, die hinter meinen Schimpftiraden steckten, anschaue und reflektiere. Wie ich mich denn wirklich fühlte mit meinem Team? Bei der Frage musste ich schlucken. Ziemlich schlecht fühlte ich mich nämlich: gekränkt, ungeliebt, entwertet. Ich war ziemlich überrascht, was ich mich da sagen hörte, und auch über die Heftigkeit meiner Gefühle, die ich mir vorher nicht eingestanden hatte.

Vielleicht, lieber Thomas, denkst du jetzt gerade: Nun übertreib mal nicht, alter Junge, und reiß dich zusammen. Genau das hatte ich mir auch verordnet. Aber ehrlicher ist, zu sagen: Ich fühlte mich völlig allein gelassen und ohnmächtig und hätte heulen können. Und statt mir diese Gefühle einzugestehen, stellte ich aus lauter Selbstschutz mein Team an den Pranger und ließ kein gutes Haar an den Leuten! Die Gekränktheit und die Hilflosigkeit waren es auch, weshalb ich versucht war, auf den Tisch zu hauen und gehörig den starken Mann zu markieren, als der ich mich ja ganz und gar nicht fühlte – aber der ich gern gewesen wäre.

In der zweiten Sitzung bat mich der Coach, mein Team genauer anzuschauen. Mit kleinen Figuren sollte ich mich und das Team auf dem Tisch darstellen: Wer gehört dazu, wer steht mir nahe, wo ist viel Distanz usw. Ohne viel nachzudenken habe ich das auch gemacht. Später bin ich dann in die Rolle eines externen Experten geschlüpft, der das Ganze von außen betrachtet. Da erst konnte ich sehen: Das Figurenteam auf dem Tisch war ein eng zusammenstehendes Grüppchen. Der Teamleiter (also ich) stand dagegen weit weg und wirkte, als hätte er keine Verbindung zu ihnen. Während »ich« nach vorne (in eine wunderbare Zukunft???) schaute, hatte das Team hinter mir viel Blickkontakt untereinander – nur nicht mit mir! Deutlicher konnte es nicht sein: Ich war ein Einzelkämpfer ohne Team, auch wenn ich offiziell der Teamleiter war. Ich brauchte dringend Hilfe, ich brauchte dringend Verbündete. Ich brauchte ein Bündnis mit meinem Team! Ein Blick auf die Figurenaufstellung zeigte mir auch, wie das hergestellt werden könnte: Statt nur meinen Zielen und der Zukunft nachzujagen, musste ich erst einmal den Blick auf mein Team richten und näher an die Mitarbeiter herangehen, um sie kennen zu lernen. Der Preis für das Bündnis: Ich musste mein lieb gewordenes Bild von ihnen aufgeben, meine Verwundbarkeit eingestehen und – mich einmal mit ihren Augen sehen! Ich musste anfangen, über mich und meine Wirkung auf andere nachzudenken, anstatt die Schuld anderen zuzuschieben.

Mein Bild von den anderen war also klar, aber wie mochten die Teammitglieder mich wohl sehen? Mein Coach bat mich, gedanklich in die Schuhe meiner Teammitglieder zu schlüpfen und mir vorzustellen, wie es ihnen wohl mit ihrem neuen Chef bislang ergangen sei. Erst war es schwierig, mich in sie einzufühlen, aber dann kamen mir ein paar Ideen. »Ach, der neue Besen«, hörte ich mich an ihrer Stelle sagen, »den haben sie aus der

Zentrale geschickt, der soll hier bei uns im Werk mal aufräumen. Vorher war er bei McKinsey, ist ja klar, was wir da zu erwarten haben. Alles, was ist, ist nicht gut genug und muss sofort geändert werden. Na, der wird sich noch wundern! Wir hier können auch was! Wir haben bisher sehr gute Arbeit gemacht, das kann er ruhig mal zugeben! Außerdem hat er unseren Teamchef einfach ausgehebelt, nach all den Jahren, der Arme. Wer weiß, wen von uns er noch vor die Tür setzt.«

Ich war erschrocken. Dachten sie wirklich so über mich? Waren mir solche Halbwahrheiten und Gerüchte vorausgeeilt? Schon hatten wir ein Ziel für den Workshop: Die wechselseitigen Bilder voneinander austauschen und überprüfen! Der Coach spiegelte mir noch etwas: Mein Team fühlte sich genauso gekränkt und entwertet wie ich mich selbst! Das hieß, alle Beteiligten wünschten sich dringend Anerkennung und Wertschätzung!

Mein Coach hat mich auch danach immer wieder dazu angehalten, auf meine eigenen Gefühle zu achten und sie ernst zu nehmen und mich auch in die anderen einzufühlen und die Situation von ihrer Optik her zu verstehen. Immer wieder hat sie darauf bestanden, meinen Blick behutsam von »den bösen anderen« wegzulenken und vermehrt auf mich selbst zu richten. Meine Schwarzweißbilder bekamen so die nötigen Zwischentöne. Sie hat mich immer wieder damit konfrontiert, wie andere mich wohl wahrnehmen mögen – indem sie mir immer wieder gespiegelt hat, wie ich auf sie selbst wirke und welche Gefühle bei ihr durch mich ausgelöst werden. Beispielsweise hat sie sich am Anfang vor den Gesprächen mit mir sehr unter Druck gefühlt, dass das eine äußerst effektive Coaching-Stunde werden muss, und mich dann gefragt, ob das mein Druck ist, den sie da spürt. Das stimmte natürlich. So konnte ich durch ihre offene Spiegelung viel über mich lernen, was mir zuvor gar nicht bewusst gewesen war. Nun, da es mir bewusst ist, kann ich damit viel flexibler umgehen, es ändern, es sein lassen, verstärken, ansprechen.

16. Oktober
Der spannende Workshop

Die Einladung zum Workshop an alle war dann schnell per Mail draußen – und schon kam die erste Absage! Ausgerechnet der ehemalige Teamleiter des Controlling, der Mitarbeiter, der mich am meisten verunsicherte, würde an diesem Tag verhindert sein. Ich wusste nicht, was das zu bedeuten hatte und wie ich damit umgehen sollte. Zusammen mit meinem Coach kam ich zu dem Schluss, dies endlich zum Anlass für ein klärendes Gespräch unter vier Augen mit ihm zu nehmen. Wenn das nur gut ausgehen würde! Ich hätte meinen Coach gern dabei gehabt, aber sie meinte, wir sollten es zusammen vorbesprechen, und ich könnte es dann alleine machen. Wir haben also in einer Coaching-Sitzung das Zweiergespräch genau geplant, ja sogar die schwierigsten Gesprächspassagen regelrecht geprobt.

In der ersten Gesprächsprobe mit meinem Coach habe ich gemerkt, wie schwierig es für mich ist, einfach nur zuzuhören. Ich erfuhr durch ihr Feedback, dass ich gern Recht haben will und Mühe habe, dem anderen seine Sicht der Dinge zuzugestehen. Außerdem komme ich schnell mit Anklagen und Vorwürfen, statt von mir zu reden. Nach der dritten Probe war ich mit meinem Gesprächsverhalten viel zufriedener und bin viel sicherer in das Meeting gegangen, das erstaunlich gut lief. Gleich zu Beginn habe ich ihm gesagt, dass mein Ziel ist, zusammen einen Modus Vivendi für die Zusammenarbeit zu finden, mit dem beide leben können, der keinen von uns beiden zum Verlierer macht. Beide Sichtweisen sollten auf den Tisch kommen dürfen. Ich habe es auch geschafft, ihm zuzuhören – obwohl er anfangs ganz schön scharf gegen mich geschossen hat! Ich habe weiterhin einfach nur zugehört, statt mich zu verteidigen, und dadurch hat auch er sich mehr und mehr geöffnet.

Es stellte sich heraus, er hatte sich ebenfalls auf meine neue Funktion in der Geschäftsleitung beworben. Stell dir vor, das hatte mir niemand gesagt! Er betrachtete sich immer noch als Teamleiter Controlling und empfand daher natürlich meinen Zugriff auf »seine« Teammitglieder als groben Übergriff. Hier war einiges im Unklaren gelassen und nicht sauber kommuniziert und entschieden worden. Ich war deswegen auch sauer auf meinen neuen Chef. Nun gut, wir brauchten dringend Klärung und für ihn eine Perspektive. Eine Woche später entschied er sich dafür, das Team zu verlassen und zu hundert Prozent ein bedeutendes Kernprojekt als Projektleiter zu übernehmen. Ich bin sicher, dass er sich jetzt nicht mehr als Verlierer fühlen muss. Er ist schließlich doch zum Transition-Workshop gekommen und dort haben wir ihn offiziell verabschiedet.

Endlich kam der Tag, an dem der Transition-Workshop stattfand. Wir hatten uns ein schönes, nicht so anonymes Tagungshaus gesucht und sind nach einem gemeinsamen Frühstück, bei dem noch eine ziemliche Spannung spürbar war, in die gemeinsame Arbeit gestartet. Ich habe vor der Gruppe erläutert, warum und wozu wir diesen Tag nutzen möchten: um uns besser kennen zu lernen, um bestehende Bilder voneinander zu überprüfen und um unsere Zusammenarbeit aufzugleisen. Danach hat die Moderatorin erst einmal kurz über das Thema »Chancen und Risiken beim Führungswechsel« referiert: Was passiert, wenn ein neuer Chef kommt, unter welchen Voraussetzungen gelingt der Schulterschluss und der Erfolg und wann kommt es zu Abstoßungsreaktionen und zu Misserfolg. Es war schon hier am Start des Tages für alle entlastend zu hören, dass viele Teams in unterschiedlichen Organisationen heute vor einer ähnlichen Herausforderung stehen. Aus ihren Ausführungen leiteten wir das Ziel des Tages ab: diejenigen kennen lernen, mit denen man auf einer abenteuerlichen Reise Neuland entdecken will und die Spielregeln dafür vereinbaren – respektive denjenigen kennen lernen, der uns zum Neuland führen soll und Absprachen über das Führen und das Geführtwerden treffen.

Die Moderatorin hat den Rahmen für den weiteren Ablauf des Tages gesetzt. Zunächst hat sie, stellvertretend für uns, alle möglichen Ängste vor dem, was passieren könnte, ausgesprochen und dadurch sehr geholfen, dass eine vertrauensvolle Atmosphäre entstehen konnte. Am Vormittag gab es zwei Präsentationen: Das Team hat sich mir noch einmal vorgestellt (wer sind die einzelnen Teammitglieder, was sie vor dem 1. Januar gemacht haben als Team, was typisch für das Team ist, welche Anekdoten es gibt, was die Stärken und Schwächen sind etc.). Und dann habe ich mich vorgestellt (also meine Geschichte, berufliche Stationen, Typisches etc.). Wir haben alle gegenseitig viel Neues erfahren und das trug dazu bei, dass die festen

Bilder langsam aufgeweicht wurden und ins Wanken kamen und man viele sympathische Seiten am anderen entdeckte, mehr Verständnis entwickelte und manche Geschehnisse anders einordnen konnte.

Am Nachmittag gab es einen Austausch darüber, wie das Team und ich uns gegenseitig erlebt haben. Wir wollten darüber sprechen, was bislang abgelaufen ist, und unsere Selbstwahrnehmung mit der Sicht der anderen vergleichen. Da kamen, wie vermutet, so einige blinde Flecken, bisher Unausgesprochenes und Unbewusstes, ans Tageslicht. Ich bin mir darüber klar geworden, dass die Gerüchte, die mir eben doch vorausgeeilt waren, und mein forsches Auftreten dazu geführt haben, dass einige regelrecht Angst vor mir hatten.

Ich muss mir wohl bewusster werden, dass ich nun als Geschäftsleitungsmitglied von den anderen als jemand wahrgenommen werde, der mit sehr viel Macht ausgestattet ist (aus meiner Sicht bin ich immer noch der nahbare nette Rolf) und zu dem man sich entsprechend anders verhält als zu einem Kollegen. Ich habe mich auf Anraten meines Coachs sogar getraut, ihnen zu berichten, wie schlecht es mir gegangen war, wie hilflos ich mich gefühlt hatte und wie sehr ich ihre Unterstützung brauche. »Ihr müsst mich führen, damit ich euch führen kann«, war mein Credo. So viel Offenheit hatten sie natürlich nicht erwartet. Und im Nachhinein muss ich sagen, dass dies eigentlich das Eis gebrochen hat. Alle haben mir ihre Unterstützung zugesichert!

Alle haben die Gelegenheit genutzt, so offen wie möglich zu sein. Wir konnten vieles klären und Absprachen für die nächsten Wochen treffen. Zum Beispiel habe ich nun endlich verstanden, dass das Team sich schon allein mit der Bewältigung des Tagesgeschäfts völlig am Anschlag fühlt und seit Monaten am Limit läuft. Deshalb haben sie auch bezüglich der neuen Procedures gestreikt. Außerdem hat die unklare Teamleitersituation alle in einen starken Loyalitätskonflikt gestürzt, der sie gelähmt hat. Jedes »Ja« zu mir und meinen Plänen hätte schließlich ein »Nein« zu der Person bedeutet, die sie immer noch als ihren Chef angesehen haben. Sie sind jetzt zwar traurig, dass ihr bisheriger Teamleiter geht, aber andererseits freuen sie sich auf das Empowerment, das sie durch meine Zugehörigkeit zur Geschäftsleitung gewinnen, und sind sehr offen für die Zusammenarbeit in den nächsten Wochen. Zusätzlich musste ich über mich lernen, dass ich mich habe verleiten lassen, viel Zeit für die dringenden Probleme der Geschäftsleitung aufzuwenden, anstatt mich zuerst einmal um den Aufbau eines tragfähigen Bündnisses mit meinem Team zu kümmern. Ich hatte trotz meiner Lippenbekenntnisse nicht wirklich Zeit für sie gehabt. Je mehr ich die Ablehnung spürte, desto mehr habe ich sie gemieden und mich in die Arbeit geflüchtet, statt gerade das Gegenteil zu tun.

Andere Feedbacks waren fast schon wieder lustig: Wie ich so richtig schön in das interkulturelle Fettnäpfchen der Du-Sie-Geschichte getappt bin (»die sollen sich gefälligst jetzt alle duzen wie man das in der Schweiz macht«). Für sie ist das sehr ungewohnt und hat sie überrumpelt, und mir ist wieder eingefallen, wie schockiert ich damals in Italien war, als mich auch die Männer zur Begrüßung wie selbstverständlich geküsst haben. So ähnlich muss das mit dem Du für meine Leute gewesen sein. – Du siehst, mein Einfühlungsvermögen wächst langsam!

Jedenfalls waren alle nach dem Tag erleichtert, dass so viele Dinge ausgesprochen und gehört wurden und jeder seine Bedenken äußern durfte und Vereinbarungen getroffen wurden. Und obwohl es (noch) nicht direkt ausgesprochen wurde, war doch gegenseitiges Verständnis spürbar – und Wertschätzung! Es wurde allen klar, dass mein Erfolg von ihnen abhängig ist – und umgekehrt (!), und dass wir ein Bündnis brauchen.

Am nächsten Morgen habe ich folgende Mail an unsere Moderatorin geschickt: »Vielen Dank nochmals für diesen Tag. Ich fand es sehr gut – Inhalt, Timing, Outcome und Take Aways. Wir waren noch bis 7 pm was trinken. Die Stimmung war super. Ich habe ein gutes Gefühl. Viele Grüße!« In der Nacht hatte ich endlich mal wieder richtig gut geschlafen!

20. Oktober
Lessons learned

Da ich ja, wie ich jetzt weiß, in meinem Berufsleben noch des Öfteren mit einem neuen Team wieder am Start stehen werde, hoffe ich, dass mir die Erkenntnisse der letzten Wochen nicht wieder verloren gehen. Dass ich meine Ungeduld, ja, meinen Hang zum Aktionismus, zügeln muss und dass es vor dem Verändern zunächst darum geht, das Bisherige zu erkunden, die vorhandenen Ressourcen zu nutzen und ein Team dann erst auf die Veränderungen vorzubereiten; dass es ein starkes Bündnis zwischen den Mitarbeitern und mir braucht, wenn Veränderung nachhaltig gelingen soll; dass beide Seiten in ihrem Erfolg voneinander abhängig sind; dass es gilt, zwischen dem Bedürfnis nach Veränderung und dem nach Stabilität einen Weg zu finden; dass die Erwartungen und Ziele der betroffenen Personen eingebunden werden müssen; dass Widerstände ein Zeichen sind für legitime, noch nicht gehörte Bedürfnisse; und dass es in den ersten hundert Tagen oft wichtiger ist, sich Zeit zum Führen zu nehmen und Beziehungen und Netzwerke aufzubauen als die dringenden fachlichen Probleme zu lösen. Achtsamkeit für Bedürfnisse und Gefühle sind wichtige Schlüssel für gelungenen Change!

Lieber Thomas, sicher geht die Führungsarbeit nach diesem ersten Happyend noch weiter. Aber ich habe jetzt viel mehr Bodenhaftung und einige neue Strategien, mit denen ich die kommenden Herausforderungen angehen kann. Ganz klar ist für mich, dass ich die Coaching-Sitzungen noch einige Zeit weiterführen werde. Damit habe ich auch weiterhin einen neutralen Sparringspartner, mit dem ich meine Situation reflektieren und ordnen kann. Ich brauche regelmäßiges Feedback und jemanden, der mich mit sanftem Druck immer wieder auffordert, mich mit mir selbst auseinander zu setzen. Die Coaching-Termine in meiner Agenda sind mir mittlerweile heilig – es ist gut, dass der nächste Rahmen fürs Reflektieren immer schon gesetzt ist. Allerdings muss ich diese Termine sehr gut hüten: Die Versuchung ist nämlich groß, wegen dringender Alltagsgeschäfte abzusagen. Aber hinterher gehe ich so entlastet oder mit so vielen guten neuen Ideen nach Hause, dass die Zeit sehr gut investiert ist.

Es war eine harte Zeit, aber ich blicke jetzt mit Freude in die Zukunft!

Bis bald!

Dein Rolf

Coaching von Nachwuchsführungskräften

Lara Keromosemito und Anja Weidemann

Übernehmen Mitarbeiter zum ersten Mal eine Führungsaufgabe, so sind sie mit vielen verschiedenen Herausforderungen konfrontiert. Einige davon resultieren aus der besonderen Situation in dem betreffenden Team, andere jedoch sind absolut typisch für den Wechsel in eine völlig neue Aufgabe und in ein neues Verantwortungsgebiet. Neue Führungskräfte äußern im Coaching häufig ähnliche Probleme oder Fragestellungen, die sehr charakteristisch für die Übernahme von Verantwortung und neuen Aufgaben, verbunden mit neuen Verhaltensweisen gegenüber nun unterstellten Kollegen sind. Die Nachwuchsführungskräfte sind gefordert, sich in die neue Rolle einzufinden, für sich zu definieren, wie sie diese Rolle ausfüllen möchten, neuen Konflikten und Erwartungshaltungen zu begegnen und letztlich auch einiges an Handwerkszeug neu zu erlernen.

Die drei Ebenen Wissen, Können und Wollen

Die Vorbereitung auf die neue Rolle findet auf den unterschiedlichen Ebenen Wissen, Können und Wollen statt. Es geht also zum einen darum, der neuen Führungskraft Wissen beispielsweise darüber zu vermitteln, welche Instrumente und Techniken sie anwenden kann, um in der neuen Rolle zu agieren, Wissen darüber, was von ihr erwartet wird, wie die »Politik« im Unternehmen funktioniert etc. Wissensaufbau ist recht einfach zu erzielen. Vorgesetzte und Kollegen sind hier zumeist sehr gute Inputgeber. Häufig nimmt die neue Führungskraft auch an einem Basistraining für Führungskräfte teil, in dem Grundlagenwissen vermittelt wird.

Im Coaching stehen in der Regel die Fragen des Könnens, das heißt der Umsetzung von Know-how und häufig auch des Wollens stärker im Vordergrund. Mit »Wollen« ist dabei die Reflexion und teilweise Änderung von Ansichten und Überzeugungen gemeint. In den folgenden Abschnitten sind beispielhaft – sicherlich nicht erschöpfend – typische Fragestellungen neuer Führungskräfte auf den Ebenen des Könnens und Wollens dargestellt und das entsprechende Vorgehen im Coaching geschildert.

»Wie sage ich's meinem Kinde?« Mitarbeitern kritisches Feedback geben – Typische Fragestellungen zum Können

Eine der ersten Feuerproben, die jede neue Führungskraft bestehen muss, ist, einem Mitarbeiter Rückmeldung über ein problematisches Verhalten zu geben. Ziel eines derartigen Feedbacks ist es, das Verhalten des Mitarbeiters zu verändern. Neue Führungskräfte fragen sich dabei häufig: »Wie packe ich das am besten an?« Da kritische Feedbacks viel dazu beitragen, dass und ob eine Führungskraft sich im Chefsessel erfolgreich positioniert, sollte sie sich auf ein entsprechendes Gespräch gut vorbereiten. Dies kann im Rahmen eines Basis-Führungstrainings erfolgen, das sich mit der Thematik beschäftigt. Schneller und flexibler einsetzbar ist jedoch ein kurzes Einzel-Coaching.

Praxisbeispiel:
Herr W. ist relativ neu im Unternehmen und führt seit sechs Monaten ein Team von fünf Mitarbeitern. Es handelt sich um seine erste Führungsposition. Mit vier seiner Mitarbeiter kommt er sehr gut zurecht. Der fünfte Mitarbeiter ist jedoch sein »Problemfall«. Herr S. ist ein sehr erfahrener Mitarbeiter, der sich, so vermutet Herr W., selbst Hoffnung auf diesen Posten gemacht hatte. Herr S. arbeitet völlig selbstständig und liefert sehr gute Arbeitsergebnisse ab. Jedoch beklagt Herr W., dass Herr S. ihn nicht oder

zu spät über seine Aktivitäten informiert. Folglich konnte Herr W. gegenüber seinem eigenen Vorgesetzten über die Arbeit von Herrn S. wiederholt keine korrekte Auskunft geben.

Herr W. ist darüber verständlicherweise verärgert, da er vor seinem eigenen Chef nicht als jemand dastehen möchte, der nicht weiß, was seine Mitarbeiter tun. Deswegen ist es Herrn W. wichtig, das Verhalten von Herrn S. in seinem Sinne zu beeinflussen. Er befürchtet jedoch, dass ein zu hartes Feedback dazu führt, dass Herr S. blockiert. Dies würde für den neuen Teamleiter nämlich ein noch größeres Problem darstellen. Schließlich handelt es sich bei Herrn S. um den am besten qualifizierten Mitarbeiter im Team, auf dessen Unterstützung er angewiesen ist.

Das Kritikgespräch sollte sehr schnell erfolgen. Der nächste Führungsgrundkurs im Unternehmen findet jedoch erst in einem halben Jahr statt und das dreitägige Programm beinhaltet noch eine Vielzahl von anderen Themen, die für Herrn W. aktuell nicht relevant sind. Deswegen sucht er die Unterstützung eines professionellen Coachs.

Ein gutes Feedbackgespräch sollte einer bestimmten Struktur folgen:

1. Erfragen Sie die Sichtweise Ihres Mitarbeiters
2. Erläutern Sie Ihre Sichtweise
3. Erarbeiten Sie Maßnahmen

Es hat natürlich einen bestimmten Sinn, warum das Erfragen der Sichtweise des Mitarbeiters an erster Stelle steht. Besonders konfliktreich und damit schwierig wird ein Feedback immer dann, wenn der Mitarbeiter sich seines Fehlverhaltens nicht bewusst ist oder sein eigenes Verhalten, im Gegensatz zu seinem Vorgesetzten, sogar positiv einschätzt. Wenn dann die Führungskraft bereits zu Beginn des Gespräches ihr kritisches Feedback zu einer Verhaltensweise gibt, die der Mitarbeiter als eine absolute Stärke betrachtet, trägt dies wohl kaum zu einem konstruktiven Gesprächsverlauf bei. Hat sich die Führungskraft zu Beginn des Feedbackgesprächs einen Eindruck von der Sichtweise ihres Mitarbeiters verschafft, kann sie die eigene Gesprächsstrategie gut darauf ausrichten.

Das bedeutet umgekehrt, dass die Führungskraft mit Mitarbeitern, die ihr Verhalten ähnlich wie sie selbst bewerten, schneller und leichter über

Lösungsvorschläge sprechen und verabschieden kann. Bei einer stärkeren Diskrepanz zwischen der Einschätzung des Mitarbeiters und der Führungskraft muss die Führungskraft zunächst sehr viel mehr daran arbeiten, dass der Mitarbeiter die negativen Konsequenzen seines Verhaltens erkennt, um darüber eine echte Bereitschaft zu erzielen, sein Verhalten entsprechend zu ändern. Erst dann macht es Sinn, über Maßnahmen nachzudenken und zu diskutieren.

Praxisbeispiel:
Der Coach erläutert Herrn W. die Gesprächsstruktur für das bevorstehende Kritikgespräch. Der Teamleiter zeigt sich überrascht über diese Struktur des Gesprächs. Er selbst hatte sich vorgenommen, das Gespräch zunächst mit einem Lob zu beginnen, um Herrn S. positiv einzustimmen. Danach wollte er die Kritik äußern und sich am Ende des Gespräches über seinen Mitarbeiter nochmals anerkennend äußern, damit dieser nicht demotiviert würde. Diese Vorgehensweise hatte Herr W. in einem Artikel einer renommierten Personalzeitschrift als »Sandwichtechnik« empfohlen bekommen.

Der Coach simuliert im Rollenspiel, wie sich diese Sandwichtechnik beim Mitarbeiter auswirkt. Dabei nimmt er zunächst selbst die Rolle der Führungskraft ein, Herr W. versetzt sich in die Rolle seines Mitarbeiters:

Coach als Führungskraft: »Herr S., ich bin ja mit Ihrer Arbeit in hohem Maße zufrieden. Sie sind fachlich der beste Mitarbeiter im Team. Ich schätze Ihre Fachkompetenz überaus. Und wie Sie mit bestimmten Kunden zurechtkommen, finde ich wirklich gut. Nur müssen Sie lernen, mich frühzeitig zu informieren.«
Herr W. in der Rolle des Mitarbeiters in einem recht barschen Ton: »Was soll das denn heißen?«
Coach: »Na ja, es ist ja nicht dramatisch. Ich wollte Sie nur darauf hinweisen, dass ich damit nicht ganz so zufrieden bin. Aber ansonsten, wie gesagt, machen Sie Ihren Job sehr gut! Beenden wir das Rollenspiel hier. Würden Sie in etwa das Gespräch so führen?«
Herr W.: »In etwa. Ich würde am Anfang vielleicht nicht so dick auftragen.«
Coach: »Und was ging Ihnen als Mitarbeiter durch den Kopf?«

Herr W.: »Ich dachte am Anfang, was kommt denn jetzt, weil er mir gar so viel Honig um den Bart schmiert? Und als dann ›der Hammer kam‹, habe ich schnell zurückgeschlagen. Daraufhin haben Sie als Chef ja alles sehr relativiert. Da dachte ich mir, was will er denn eigentlich jetzt? Und dann kam ich zu der Schlussfolgerung, dass das Ganze so schlimm gar nicht sein kann, weil Sie ja als Chef gesagt haben, dass es nicht so dramatisch ist.«

Durch diese kurze Rollenspielsequenz hat der Coach Herrn W. schnell von der Idee abgebracht, die »Sandwichtechnik« einzusetzen. Herr W. konnte gut nachvollziehen, dass ein positives Feedback, dem stets eine Kritik folgt, dazu führt, dass das Lob zu Beginn des Gespräches entwertet wird. Darüber hinaus führt es dazu, dass der Mitarbeiter seine Führungskraft und ihr Verhalten bald klar berechnen kann, wenn solche Gespräche immer nach Schema F ablaufen. Herr W. erkannte für sich auch, dass es ihm das Gespräch sehr erleichtern würde, wenn er zunächst einmal die Sichtweise seines Mitarbeiters erfragt, um dann entsprechend sensibler vorgehen zu können. Somit hatte er eine Struktur für das Gespräch erhalten. Jedoch ist damit noch nicht die Frage beantwortet, wie man das Feedback denn nun »richtig« gibt. Dies wird in der zweiten Rollenspielsequenz des Coachings eingeübt.

Praxisbeispiel:
Herr W. macht einen ersten Versuch, seinem Mitarbeiter Herrn S. ein Feedback zu geben. Weil er seine Aufgabe als Führungskraft ernst nimmt, hat er sich im Vorfeld mit Hilfe eines Buches schlau gemacht. Darin wurde ihm der Rat gegeben, stets »Ich-Botschaften« zu senden.

Herr W.: »Ich finde Ihr Informationsverhalten nicht in Ordnung.«
Coach: »Was soll das heißen?«
Herr W.: »Sie machen das doch mit Absicht, dass Sie mich nicht rechtzeitig informieren. Dann stehe ich vor meinem Chef dumm da. Das finde ich nicht akzeptabel.«
Coach: »Das sind doch Unterstellungen!«

Herr W. wundert sich, dass das Gespräch eskaliert, obwohl das gerade nicht passieren sollte und er doch sogar zweimal das Wort »ich« verwendet hat. Der Coach erläutert ihm, dass Herr W. die prinzipiell sinnvolle Idee der Ich-Botschaften nicht korrekt umgesetzt hat. Er erklärt deswegen die Feedback-Regeln:

1. Schildern Sie konkretes Verhalten Ihres Mitarbeiters. Verwenden Sie dazu Verben. Wenn Ihr Feedback für den Mitarbeiter nicht auf den ersten Blick akzeptabel oder nachvollziehbar ist, liefern Sie möglichst konkrete Beispiele aus der jüngsten Vergangenheit.
2. Beschreiben Sie Konsequenzen dieses Verhaltens bzw. wie dieses Verhalten auf Sie wirkt. Achten Sie dabei darauf, dass die negativen Konsequenzen auch für den Mitarbeiter relevant sind.
3. Erarbeiten Sie Verhaltensalternativen. Und zwar gemeinsam mit dem Mitarbeiter. Vielleicht hat er ja gute Ideen. Bedenken Sie dabei immer, dass der Mitarbeiter die vereinbarten Veränderungen umsetzen und die alternative Vorgehensweise daher in erster Linie zu ihm passen muss. Für Sie muss die Lösung vor allem akzeptabel sein, auch wenn Sie selbst einen anderen Weg gewählt hätten.

So einfach diese Regeln auch scheinen mögen, sie einzuüben erweist sich oft als unerlässlich. Viele Führungskräfte beherrschen zwar Feedback-Regeln theoretisch aus dem »Effeff«, was aber nicht zwangsläufig heißt, dass sie diese in einem Mitarbeitergespräch auch erfolgreich umsetzen können. Bei Herrn W. funktionierte dies jedoch bereits beim nächsten Rollenspiel sehr gut.

Praxisbeispiel:
Herr W.: »Ich möchte gern mit Ihnen über unseren Informationsaustausch sprechen. Sie haben beim letzten Projekt den Fragebogen an die Abteilungsleiter geschickt und mich erst danach darüber informiert. Das hat ein negatives Bild auf unsere Abteilung geworfen, da ich unserem gemeinsamen Chef über Ihre Aktivitäten keine Auskunft erteilen konnte.«
Coach: »Aber das habe ich doch nicht mit Absicht getan.«

Herr W.: »Davon gehe ich auch aus. Ich möchte Sie aber dafür sensibilisieren, dass Sie mich in Zukunft insbesondere dann informieren, wenn Sie Aufgaben übernehmen, von denen auch andere Abteilungen betroffen sind. Welche Vorgehensweise schlagen Sie vor, damit ich ab heute sicher sein kann, immer über Ihre Aktivitäten auf dem Laufenden zu sein?«

Durch dieses kurze, aber intensive Coaching fühlte sich Herr W. gut gestärkt, um ein Gespräch mit Herrn S. in Angriff zu nehmen.

Kritisches Feedback geben zu können, kann, wie bereits oben angemerkt, auch gut im Rahmen eines Trainings erlernt werden. Jedoch bietet ein Einzel-Coaching die Möglichkeit, ganz gezielt und fokussiert an einem spezifischen Thema zu arbeiten. Durch Rollenspiele kann sich der Coachee besser in die Sichtweise seiner Mitarbeiter hineinversetzen. Er hat auch die Möglichkeit, selbst neue Verhaltensweisen auf eine diskrete Art und Weise mit einem Sparringspartner einzuüben. Deswegen ist in diesem Falle ein kurzes Coaching häufig von durchschlagendem Erfolg gekrönt und äußerst effizient.

Jetzt soll ich auch noch Ziele vereinbaren

Neben den verschiedenen unbekannten Situationen, denen die neue Führungskraft begegnet, sieht sie sich häufig mit der Herausforderung konfrontiert, standardisierte Tools der Mitarbeiterführung und Teamsteuerung anzuwenden. Hierzu gehören formalisierte Mitarbeitergespräche, eventuell Führungsfeedbacks, in denen sie selbst Feedback von ihren Mitarbeitern erhält und sehr häufig auch Zielvereinbarungen. Zumeist hat die neue Führungskraft diese Instrumente in der Rolle des Mitarbeiters bereits kennen gelernt. Neu ist jedoch die Anforderung, selbst verantwortlich für das Prozedere zu sein, das Gespräch zu führen etc. Gerade in der Vereinbarung von Zielen mit den Mitarbeitern haben neue Führungskräfte häufig Unterstützungsbedarf.

Praxisbeispiel:
Frau P. ist seit einem halben Jahr verantwortlich für die Abteilung Vertriebsunterstützung in einem kleinen Versicherungsunternehmen. Zu den Aufgaben der Abteilung gehört die Organisation von fachlichen Schulungen der Vertriebsmitarbeiter, die Erstellung von Materialien zur Vertriebsunterstützung (z. B. Argumentationsleitfäden) sowie die Organisation und Durchführung von Veranstaltungen (z. B. für freie Versicherungsmakler).

Bei der Übernahme ihres neuen Teams ist Frau P. aufgrund der sehr schwierigen Teamkonstellation von einem Coach begleitet worden. Gemeinsam haben sie ihre ersten Schritte als neue Abteilungsleiterin geplant und reflektiert. Frau P. hat sich mittlerweile als Abteilungsleiterin gut etabliert und sieht sich nun zum ersten Mal mit der Herausforderung konfrontiert, Zielvereinbarungsgespräche mit ihren Mitarbeitern zu führen. Sie spricht ihren Coach darauf an, sie nun gegen Ende ihres Coachings auch in der Vorbereitung der Zielvereinbarungsgespräche zu unterstützen.

Coach: »Sie hatten erwähnt, dass Sie mit mir die bevorstehenden Zielvereinbarungsgespräche vorbereiten wollen.«
Frau P.: »Ja, jetzt muss ich auch noch diese Zielvereinbarungsgespräche führen. Das hat mir gerade noch gefehlt. Mit allen zehn Mitarbeitern soll ich im Lauf des nächsten Monats die Ziele vereinbaren. Dabei weiß doch jeder, was er hier zu tun hat.«
Coach: »Sie sind skeptisch, was den Nutzen der Zielvereinbarungen angeht?«
Frau P.: »So, wie ich es in der Vergangenheit erlebt habe, waren sie nicht sehr sinnvoll. Ich konnte mich jedenfalls kaum damit identifizieren. Mein Chef hat das wohl auch immer eher als Pflichtübung gesehen.«
Coach: »Worin sehen Sie denn die Vorteile der Zielvereinbarung – und was wollen Sie Ihren Mitarbeitern sagen, wenn die Sie fragen, worin der Sinn dieser Vereinbarungen liegt?«
Frau P.: »Nun, prinzipiell ist es ja gut, wenn man weiß, woran man gemessen wird und worauf man sich im Laufe des Jahres konzentrieren soll. Das schafft Transparenz – und ich kann natürlich so auch klarer steuern.«

Coach: »Gut, dann haben Sie ja auch Argumente, die Sie gegenüber Ihren Mitarbeitern vertreten können. Was macht Ihnen denn Bauchschmerzen?«
Frau P.: »Es geht mir weniger um die Gespräche selbst. Ich komme mit den Kollegen ja gut zurecht. Ich tu mich jedoch schwer damit, wirklich gute Ziele zu finden und die so zu formulieren, dass ich keine Pflichtübung veranstalte und meine Argumente für die Zielvereinbarung ehrlich vertreten kann.«

Gute Ziele zu definieren, ist tatsächlich nicht trivial. Wenn man nicht gerade im Vertrieb arbeitet, wo sich Ziele häufig auf die Festlegung von Umsatzgrößen beschränken, ist eine systematische Ableitung von Zielen erforderlich. Dabei sollten drei verschiedene Perspektiven eingenommen werden:

1. Welche Ziele sind uns als Gesamtteam vorgegeben bzw. welche Ziele habe ich als Führungskraft selbst mit meinem Vorgesetzten vereinbart?
2. Welchen Herausforderungen wird das Team im betreffenden Zeitraum noch begegnen oder woran sollten wir unabhängig von den bereits vorgegebenen Zielen arbeiten?
3. Was kann ein bestimmter Mitarbeiter aufgrund seiner Aufgabe und Qualifikation zu einem übergeordneten Ziel beitragen?

Praxisbeispiel:
Coach: »Welche Ziele haben Sie denn mit Ihrem Chef vereinbart?«
Frau P.: »Es sind in diesem Jahr nur zwei Ziele, die es aber in sich haben. Zum einen geht es um die Unterstützung der Einführung des neuen Krankenversicherungsproduktes K+. Es gibt hierzu einen Zeitplan, bis wann welche Maßnahme durchgeführt sein soll. Außerdem sollen wir gemeinsam mit der EDV ein mobiles Informationssystem für unsere Vertriebsmitarbeiter einführen. Wir sollen das Projekt leiten und auch die Schulung für die Mitarbeiter organisieren.«
Coach: »Was wollen Sie persönlich im nächsten Jahr mit Ihrem Team noch angehen?«
Frau P.: »Wir müssen dringend die Qualität unserer Maklerveranstaltun-

gen verbessern. Aus meiner Sicht haben wir weder die richtigen Teilnehmer, noch ist das Programm wirklich innovativ und überzeugend.«
Coach: »O. K. Dann haben wir nun insgesamt drei große Ziele, die Sie gemeinsam mit Ihren Mitarbeitern erreichen wollen. Im nächsten Schritt sollten wir eine Matrix anlegen, in denen die drei Ziele und Ihre zehn Mitarbeiter aufgeführt sind, so dass wir eintragen können, was welcher Mitarbeiter aufgrund seiner regulären Aufgaben und seiner Kompetenzen beitragen kann. So haben wir einen guten Überblick und die Ziele sind alle sinnvoll, da sie direkt aus den übergeordneten Zielen abgeleitet sind.«
Frau P.: »Das finde ich gut, denn so kann ich auch gut darauf achten, dass die Belastung gerecht verteilt ist. Würden Sie so eine Matrix auch mit dem Team besprechen?«
Coach: »Absolut! Es fördert die Auseinandersetzung mit den Zielen des Gesamtteams und schafft Transparenz darüber, wer was tut und wo sich der Einzelne einbringt. Sie vermeiden so auch, dass sich jeder irgendwie ungerecht behandelt fühlt, weil angeblich die anderen im Zielvereinbarungsgespräch bestimmt wieder besser verhandelt haben.«

Gemeinsam erstellen der Coach und Frau P. die Matrix mit der Zielübersicht, die die Diskussionsgrundlage für ein Teammeeting darstellen wird.

Frau P.: »Aber das ist natürlich jetzt alles noch relativ grob formuliert. Müssen Ziele nicht messbar sein?«

Der Coach stellt daraufhin das SMART-Konzept vor.

Gute Ziele werden SMART formuliert. Die einzelnen Buchstaben des Wortes SMART stehen dabei für verschiedene Kriterien gut formulierter Ziele. Das »S« steht für spezifisch. Dies bedeutet, dass Ziele spezifisch auf den Mitarbeiter, seine Aufgaben und Kompetenzen zugeschnitten sein sollen. Das »M« steht für messbar, also dafür, dass möglichst eindeutig am Ende eines bestimmten Zeitraums bestimmbar sein soll, ob das Ziel erreicht ist oder nicht. Der Buchstabe »A« steht für abgestimmt. Die Zielematrix bietet eine gute Möglichkeit, zu überblicken, wo eventuelle Zielkonflikte oder Abhängigkeiten zwischen Kollegen oder Abteilungen bestehen könnten. Das »R« steht für realistische Ziele, also Ziele, die der Mitarbeiter tatsächlich erreichen kann, wenn er sich anstrengt, und die durch ihn selbst beeinflussbar sind. Das »T« schließlich steht für terminiert. Jedes Ziel sollte mit einem eindeutigen Endtermin bzw. der Benennung eines Messzeitraums versehen sein.

Praxisbeispiel:

Coach: »Spielen wir doch einmal ein Ziel exemplarisch durch und überprüfen, ob es SMART ist.«

Frau P.: »O. K. Da ist Herr O. Als Hauptverantwortlicher für die Maklerveranstaltungen soll er gemäß Matrix dafür sorgen, dass wir nur noch Top-Makler auf unseren Veranstaltungen haben. Das Ziel ist spezifisch, denn es passt zu seinem Aufgabenbereich. Das haben wir ja schon über die Matrix sichergestellt. Aber wie macht man das messbar?«

Coach: »Lösen Sie sich einfach von dem Begriff ›messen‹ und fragen Sie: Woran können Sie und der Mitarbeiter am Ende des Jahres zweifelsfrei feststellen, ob das Ziel erreicht ist?«

Frau P.: »Ich würde erwarten, dass neunzig Prozent der Teilnehmer unserer Veranstaltungen Top-Makler sind – also mindestens x Millionen € Umsatz mit uns machen.«

Coach: »Gut. Ist das Ziel gut abgestimmt? Könnte es zu Zielkonflikten kommen oder bestehen Abhängigkeiten?«

Frau P.: »Zielkonflikte gibt es nicht. Aber Herr O. ist abhängig davon, dass die Vertriebsmitarbeiter auch tatsächlich die richtigen Makler informieren. Aber da könnte ich mit den Vertriebsleitern sprechen. Vielleicht könnten die das dann auch in die Zielvereinbarungen mit aufnehmen.«

Coach: »Ist das Ziel dann für Herrn O. realistisch?«

Frau P.: »Wenn ich es recht überlege, dann habe ich mit den neunzig Prozent etwas hoch gegriffen. Wir liegen im Moment sicherlich nicht höher als vierzig Prozent. Also, wenn er geschickt mit den Kollegen aus dem Vertrieb zusammenarbeitet, kann er im Laufe des Jahres aber sicherlich achtzig Prozent schaffen.«

Coach: »Prima, dann ist nur noch zu klären, über welchen Zeitraum wir reden.«

Frau P.: »Am sinnvollsten wäre es, einen Durchschnitt über das ganze Jahr zu berechnen.«
Coach: »Dann haben wir bereits ein Ziel gründlich formuliert. Fühlen Sie sich jetzt sicher, um die anderen Ziele zu formulieren?«
Frau P.: »Ich würde gern noch eins oder zwei mit Ihnen durchsprechen, bei denen ich mir unsicher bin.«

Nachdem Frau P. gemeinsam mit ihrem Coach exemplarisch einige Ziele für ihre Mitarbeiter erarbeitet hat, fühlt sie sich sicher in der Auswahl und Formulierung von Zielen. Im nächsten Teammeeting präsentiert sie überzeugend ihre Vorschläge und kommt leicht zu Vereinbarungen mit den Mitarbeitern in den darauf folgenden Einzelgesprächen.

Vom Kuschelkurs zum autoritären Knochen? Typische Fragestellungen zum Wollen

Befragt man Mitarbeiter, warum sie gern Führungskraft werden wollen, beschreiben sie meist äußerst schöne und harmonische Bilder des Führungsalltags: »gemeinsam Ziele erreichen«, »ein Team formen«, »für andere da sein und sie unterstützen«. Kaum ein Mitarbeiter setzt sich mit den schwierigen Aufgaben einer Führungskraft auseinander. Dazu gehören Konflikte, aber auch Ziele, die man als Führungskraft gegen den Wunsch der Mitarbeiter durchsetzen muss, weil es die Unternehmensstrategie erfordert. Jeder gewährt gern Gehaltserhöhungen. Niemand fühlt sich per se wohl dabei, einem Mitarbeiter zu erläutern, dass es auch dieses Jahr mit der versprochenen Gehaltserhöhung nichts wird, vor allem wenn dies darin begründet ist, dass der Mitarbeiter nicht die erforderliche Leistung erbracht hat.

Besonders spannend wird die Situation, wenn die Führungskraft selbst zuvor als Mitarbeiter im Team gearbeitet hat und dann ihren Kollegen vorgesetzt wird. In dieser Situation stellt sich meist sehr schnell heraus, ob eine Führungskraft tatsächlich den Anforderungen an ihre Rolle gerecht werden kann und vor allem will. Deswegen fragen Mitarbeiter aus den Personalabteilungen, aber auch Führungskräfte, häufig nach einem Coaching, um Neulinge darin zu unterstützen, sich als Chef zu etablieren.

Praxisbeispiel:
Dirk leitet seit einigen Wochen ein anspruchsvolles Projekt mit vier Projektmitarbeitern. Er kommt mit ihnen auf der persönlichen Ebene sehr gut zurecht. In den letzten Wochen kam es im Projekt wiederholt zu Problemen. Die Mitarbeiter erstellten Arbeitsergebnisse nicht rechtzeitig oder nicht in der erforderlichen Qualität. In der Lenkungsausschusssitzung vergangene Woche eskalierte die Situation schließlich, da Dirk eine Präsentation vorstellte, die falsche Daten enthielt und die vor formellen Fehlern nur so wimmelte. Die Präsentation war von den Teamkollegen erstellt worden. Sein Chef fragte ein Coaching an, da Dirk lernen sollte, im Projekt härter durchzugreifen. Er habe ihm schon mehrfach gesagt, er solle sich die Mitarbeiter zur Brust nehmen. Allerdings habe dies bislang nicht die gewünschten Erfolge gezeigt.

Der Wunsch, Führungskräfte mögen stärker auf das Verhalten ihrer Mitarbeiter Einfluss nehmen, ist oft Bestandteil eines Coachings bei neuen Führungskräften. Häufig appellieren Vorgesetzte an ihre neuen Führungskräfte, sie mögen doch ein ernstes Wort mit ihren Mitarbeitern reden. Insbesondere Führungskräfte, die vorher selbst als Mitarbeiter in diesem Team gearbeitet haben, tun sich damit jedoch schwer, weil sie es sich nicht mit ihrem Team verscherzen wollen.

Darüber hinaus passt hartes Durchgreifen ja auch augenscheinlich nicht zu einem kooperativen Führungsstil, wie er allseits propagiert wird. Gegen die Hemmungen einer Führungskraft, Leistung bei ihren Mitarbeitern offensiver einzufordern, lediglich anzurennen, ist meist nicht von Erfolg gekrönt. Es führt vielmehr dazu, dass der Coachee dem Coach gegenüber seine Einstellung verteidigt. Häufig fallen dann Aussagen wie: »Wenn ich das mache, bin ich genauso wie mein Ex-Chef. Und ich habe mir geschworen, nie so zu werden.« Deswegen setzt sich der Coach zunächst mit den Werten und Einstellungen seines Coachees auseinander. Wenn er diese verstanden hat, kann er sie nutzen, um eine Einstellungsänderung beim Coachee hervorzurufen. In der Fachsprache wird dies als »Reframing« bezeichnet.

Praxisbeispiel:
Dirk schildert die Situation wie folgt: »Mich ärgert es ja selber maßlos, dass die Präsentation beim Lenkungsausschuss so schief gelaufen ist. Aber was soll ich denn tun? Das sind alles studierte Leute. Ich kann es nicht verstehen, dass die dermaßen schlechte Arbeitsergebnisse abliefern. Ich meine, wenn man einen Job wie unseren macht, dann muss doch klar sein, dass der Kunde Qualität erwartet! Ich finde es merkwürdig, dass mein Chef sagt, ich solle dieses Qualitätsbewusstsein bei den Mitarbeitern einfordern. Entweder man bringt es mit, oder man hat in dieser Branche nichts zu suchen.«
Coach: »Was haben Sie denn bislang unternommen, um das Qualitätsbewusstsein bei Ihren Mitarbeitern zu stärken?«
Dirk: »Ich weiß, ich sollte mit ihnen reden. Aber das ist ja wie im Kindergarten, wenn man über solche Selbstverständlichkeiten mit den Mitarbeitern diskutieren muss.«

Spätestens an dieser Stelle hätte der Vorgesetzte Dirk aufgefordert, genau dies einfach zu tun: Mit den Mitarbeitern zu sprechen und eine entsprechende Leistung einzufordern. Schließlich sind sie sich ja einig, gute Qualität hat höchste Priorität. Es scheint jedoch etwas zu geben, das Dirk davon abhält, mit seinen Mitarbeitern Klartext zu reden. Dies arbeitet der Coach nun im nächsten Schritt heraus.

Coach: »Ich denke schon, dass es ein guter Weg ist, bei den Mitarbeitern die entsprechende Qualität einzufordern. Aber Sie scheuen vor diesem Schritt zurück. Was lässt Sie denn zögern?«
Dirk: »Dann komme ich mir vor wie der Oberlehrer! Das hat doch nichts mit einem kooperativen Führungsstil zu tun.«

Es wäre sinnlos, würde der Coach versuchen, Dirk diese Einstellung auszureden, frei nach dem Motto: »Nein, Sie sind doch kein Oberlehrer, nur weil Sie Ihre Mitarbeiter vernünftig führen! Das muss eine gute Führungskraft tun.« Zum einen hat Dirks Chef dies auch schon erfolglos versucht, zum anderen ist es nun einmal Dirks Einstellung, dass ihn ein rigideres Vorgehen zu einem Oberlehrer machen würde. Vielmehr arbeitet der Coach die Einstellung von Dirk klarer heraus. Dabei hofft er auf Werte zu stoßen, mit denen er weiter arbeiten kann.

Coach: »Was heißt das denn, ein kooperativer Führungsstil?«
Dirk: »Dass man für seine Mitarbeiter bei Problemen da ist und diese gemeinsam löst.«
Coach: »Was noch?«
Dirk: »Dass man sich mit Respekt behandelt und ehrlich ist.«

In diese Erlebniswelt steigt der Coach als Nächstes ein. Er vernetzt diese Werte von Dirk mit dem Dilemma, in dem er sich befindet.

Coach: »Sie befinden sich ja in einer ganz schönen Zwickmühle. Entweder Sie sprechen die schlechte Qualität bei Ihren Mitarbeitern an, dann werden Sie zum Oberlehrer. Oder Sie tun es nicht, dann werden Sie nicht die gewünschte Qualität in dem Projekt erreichen.«
Dirk: »Genau das ist das Problem.«
Coach: »Was passiert denn mittel- oder langfristig schlimmstenfalls, wenn Sie Ihre Qualitätsprobleme nicht mit Ihren Mitarbeitern in den Griff bekommen?«
Dirk: »Dann verlieren wir das Projekt und den Kunden.«
Coach: »Und wenn das häufiger passiert?«
Dirk: »Dann verlieren wir im Extremfall unsere Jobs.«
Coach: »Und dann werden Ihnen Ihre Mitarbeiter vorwerfen: ›Warum bist du das Problem nicht frühzeitig mit uns angegangen? Warum bist du nicht ehrlich zu uns gewesen? Da hast du uns als Führungskraft ganz schön allein gelassen.‹«
Dirk schweigt zunächst eine ganze Weile: »So habe ich das noch nicht gesehen. Ich denke, ich sollte doch mal mit ihnen reden!«

Bei Dirk hat die erste Sitzung bereits einen beträchtlichen Sinneswandel herbeigeführt. Er zeigte nach diesem Gespräch eine größere Bereitschaft, das Thema Qualität mit seinen Mitarbeitern anzusprechen. Nachdem der Coach mit ihm auch noch die Feedbackregeln eingeübt hatte, gelang es Dirk sehr viel besser, sich als Führungskraft zu positionieren.

Das Reframing zeigt oft eine verblüffende Wirkung. Es ist besonders bei Führungskräften hilfreich, die noch idealisierte Vorstellungen zum Thema Führung haben oder mit den negativen Aspekten der Führungsrolle hadern. Die gemeinsame Reflexion der Führungsrolle kann dabei ein guter Wegbereiter sein, um das Führungsverhalten substanziell zu verändern.

Endlich delegieren – oder doch lieber selber machen?

Einer der zentralen Unterschiede in der Arbeitsweise zur bisherigen Position besteht darin, dass die neue Führungskraft Aufgaben delegieren, anstatt alles selbst erledigen muss. Viele haben schon lange auf diese Möglichkeit gewartet, sich von unerfreulichen Standardaufgaben zu lösen und sich den für sie interessanteren, strategischen oder projektbezogenen Aufgaben zu widmen. Und dennoch beobachtet man immer wieder, dass Nachwuchsführungskräfte sich sehr schwer damit tun, Aufgaben abzugeben und sinnvoll zu delegieren.

Praxisbeispiel:
Frau K. ist seit zwei Monaten Teamleiterin im Team Customer Services, das für die Bearbeitung von Kundenanfragen, Beschwerden etc. verantwortlich ist. Sie hatte zuvor schon die Aufgabe der stellvertretenden Teamleiterin, kennt daher die verschiedenen Aufgabenbereiche sehr gut und hat bereits die Einarbeitung von Kollegen, Urlaubsvertretungen und Sonderaufgaben übernommen. Sie selbst bezeichnete sich damals als »Mädchen für alles«. Auf die neue Aufgabe hatte sie sich sehr gefreut, denn sie sah nun die Chance, einige Prozesse und Tools zu ändern, um im Team noch effizienter zu arbeiten, denn es kommt immer wieder zu gravierenden Engpässen.

Ihr Vorgesetzter ist nun umso mehr enttäuscht davon, dass Frau K. bisher noch kein Konzept zur Optimierung der Arbeitsweise im Team vorgelegt hat, obwohl es bereits nach einem Monat fertig gestellt sein sollte. Frau K. begründet dies damit, dass sie im Alltagsgeschäft untergehe. Tatsächlich arbeitet Frau K. seit der Übernahme der neuen Funktion noch länger als bisher. Sie wirkt überlastet und mit der Vielzahl der neuen Anforderungen überfordert. Ihr Vorgesetzter hat daraufhin mit ihr gesprochen und festgestellt, dass Frau K. weiterhin sehr viele ihrer bisherigen Aufgaben als Sachbearbeiterin erledigt. Er möchte durch ein individuelles Coaching erreichen, dass Frau K. mehr delegiert, um Freiräume für ihre eigentlichen Aufgaben als Teamleiterin zu erhalten.

Die Ursachen für geringe Bereitschaft zur Delegation von Aufgaben können ganz unterschiedlich sein. Dementsprechend besteht der erste Schritt im Coaching darin, die Ursachen und Beweggründe zu erfragen.

Praxisbeispiel:

Coach: »Wenn ich Sie richtig verstehe, dann finden Sie die aktuelle Situation selbst auch sehr unbefriedigend.«

Frau K.: »Richtig. Ich weiß einfach nicht mehr, wo mir der Kopf steht. Ich hatte mir so viel vorgenommen, was ich auch immer noch für absolut notwendig halte, aber ich kann einfach nicht mehr leisten, als ich es im Moment tue.«

Coach: »In unserem gemeinsamen Gespräch mit Ihrem Vorgesetzten hatte er ja erwähnt, dass Sie mehr delegieren sollten. Wie schätzen Sie Ihre Möglichkeiten ein?«

Frau K.: »Ja, das sagt sich immer so leicht. Dazu muss es erst einmal genug qualifizierte Mitarbeiter im Team geben, denen man auch schwierige Kunden übergeben kann. Wir haben nun einmal sehr viele junge Kollegen im Team.«

Coach: »Die Problematik kann ich gut nachvollziehen. Wie steht es denn mit den einfacheren Aufgaben, die Sie selbst noch übernehmen?«

Frau K.: »Ja, da gibt es auch noch einige. Aber ich muss ja auch selbst im Thema bleiben. Es geht doch nicht, dass ich meinen Mitarbeitern in einem Jahr nichts mehr erklären kann.«

Coach: »Mit welchen Ihrer Aufgaben fühlen Sie sich eigentlich im Moment wohl, mit welchen weniger?«
Frau K.: »Na, am wohlsten fühle ich mich natürlich mit den Aufgaben, die ich schon gut kenne. Wenn ich da was anpacke, klappt es gut. Und ich bekomme viele positive Rückmeldungen von Kunden. Spaß macht mir auch, den Kollegen bei Fragen zu helfen. Unangenehm sind die neuen Situationen, wie beispielsweise die Präsentation vor der Bereichsleitung, die ich in zwei Wochen halten muss. Das müsste ich jetzt auch mal endlich anpacken – ich weiß!«

Die Teamleiterin zeigt in diesem Coachinggespräch bereits einige typische Beweggründe von geringer Delegationsbereitschaft auf. Sie traut ihren Mitarbeitern derzeit noch nicht zu, schwierigere Aufgaben selbst zu übernehmen, fürchtet, dass sie ihr Fach-Know-how verliert und letztlich deutet sich auch an, dass sie ihre alten Aufgaben einfach gern ausführt, da sie sich darin sicher fühlt. Wer könnte ihr das verdenken? Es ist allzu menschlich, sich zunächst in Aufgaben zu flüchten, die man gut beherrscht und die mit unmittelbaren Erfolgserlebnissen verknüpft sind, anstatt sich mit neuen schwierigen Themen zu beschäftigen, die Angst bereiten. In der folgenden Tabelle sind diese und andere typische Gründe für »Nicht-Delegation« und Ideen zum Umgang mit den Problemen aufgeführt:

Grund für Nicht-Delegation	***Ideen zum Umgang damit***
Es gibt keinen, der die Kompetenz hat, die Aufgaben zu übernehmen.	► Erstellung eines Plans zur systematischen Übergabe von Aufgaben an bestimmte Mitarbeiter, inklusive Einarbeitung.
Ich verliere die Fach-Kompetenz.	► Aufbau neuer Kompetenzen in Bereichen wie Führung, Prozessoptimierung etc.
Ich fühle mich wohl mit der Aufgabe. Sie macht mir Spaß.	► Sich bewusst und kontrolliert ab und zu Lieblingsaufgaben »gönnen«. ► Falls dies nicht reicht, um zufrieden zu arbeiten, muss geprüft werden, ob die Führungsaufgabe tatsächlich die richtige Rolle ist.

Grund für Nicht-Delegation	*Ideen zum Umgang damit*
Es gibt keinen, der es so gut macht wie ich.	► Überprüfung der eigenen Maßstäbe. Muss es wirklich immer hundertprozentig so aussehen, wie ich es selbst gemacht hätte?
Bis ich das erklärt habe, habe ich es selbst schneller gemacht.	► Einmalige Investition in die Ausbildung der Mitarbeiter. Beim nächsten Mal muss man es nicht mehr erklären.
Es ist zu spät, um es zu delegieren.	► So früh wie möglich delegieren. ► Von anderen Stellen im Unternehmen frühzeitige Delegation einfordern.
Alle sind überlastet. Das kann ich denen doch nicht auch noch geben.	► Prioritäten überprüfen. ► Überprüfung der Effizienz der Arbeitsweise. ► Mutig »nein« sagen oder Ressourcen einfordern, wenn Kapazitäten ausgeschöpft sind.
Die Aufgabe ist vertraulich / soll explizit von mir erledigt werden.	► Nicht delegieren.

Praxisbeispiel:
Nachdem der Coach die Hintergründe der geringen Delegationsbereitschaft gemeinsam mit Frau K. reflektiert hat und diese die Ursachen bestätigt, erarbeiten sie zusammen verschiedene Maßnahmen. Zum einen greifen der Coach und Frau K. zu einem Motivationstrick, denn Frau K. berichtet, es falle ihr immer sehr schwer, sich zu Aufgaben wie der Vorbereitung ihrer Präsentation für den Bereichsleiterkreis zu motivieren. Frau K. will von nun an morgens, wenn im Büro noch alles ruhig ist, ihre Arbeit direkt mit solchen Aufgaben beginnen. Danach »belohnt« sie sich mit einer kleinen Aufgabe, die ihr Spaß macht, auch wenn diese nicht unbedingt immer von ihr selbst erledigt werden muss.

Darüber hinaus erarbeiten Frau K. und ihr Coach einen Plan, in welche Aufgaben Frau K. nach und nach bestimmte Mitarbeiter einarbeiten möchte. Sie erstellen hierfür einen Zeitplan und planen bereits für den nächsten Monat, welche konkreten Aufgabenpakete und aktuellen Anfragen sich für die Einarbeitung eignen. Nach drei Monaten soll die Übergabe abgeschlossen sein.

Danach will Frau K. einen Kurs »Betriebswirtschaftliche Grundkenntnisse für Führungskräfte«, der über einen Zeitraum von mehreren Monaten geht, besuchen, um ihr Grundlagenwissen für die neuen Aufgaben auszubauen, denn hier fühlte sie sich bislang immer unsicher. Im Vordergrund steht dabei, dass Frau K. sich darauf konzentriert, neue Kompetenzen aufzubauen, und sich von dem Gedanken löst, Kompetenz als beste Sachbearbeiterin besitzen zu müssen.

Frau K. und ihr Coach treffen sich über einen Zeitraum von vier Monaten jeweils einmal monatlich und überprüfen gemeinsam, ob der Einarbeitungsplan eingehalten wird und ob die anderen Vereinbarungen Früchte tragen.

Dabei vermittelt der Coach noch ergänzendes Know-how zur effektiven Delegation mit Zwischenterminen, da auffällt, dass Frau K. zuweilen zu spät erkennt, dass Mitarbeiter in eine falsche Richtung gesteuert sind. Nach Abschluss des Coachings hat Frau K. einen Großteil ihrer früheren Aufgaben als Sachbearbeiterin an ihre Mitarbeiter übertragen, fühlt sich deutlich weniger gestresst und überfordert und befindet sich mitten im Projekt »Prozessoptimierung im Customer Service«.

Coaching für Nachwuchsführungskräfte? Ein Fazit

Es gibt viele Themenkomplexe, bei denen sich das Coaching einer neuen Führungskraft lohnt, auch wenn normalerweise bei dieser Zielgruppe zunächst andere Methoden wie Führungskräftetrainings oder Literaturstudium zum Einsatz kommen. Die Effekte eines Coachings sind dabei häufig noch intensiver als bei erfahrenen Führungskräften. Dies liegt zum einen daran, dass sehr gezielt und effizient neue Kompetenzen (= Können) aufgebaut und eingeübt werden können. Zum anderen bietet die gezielte

Selbstreflexion (= Auseinandersetzung mit dem Wollen) die Chance, sich schnell in einer neuen Rolle zurechtzufinden.

Die Tatsache, dass beim Coaching von neuen Führungskräften oft schnell erstaunliche Ergebnisse erzielt werden können, ist für den Coachee wie für den Coach sehr zufrieden stellend. Es sei an dieser Stelle jedoch auch nicht verschwiegen, dass ein Effekt eintreten kann, der bei der Anfrage für ein Coaching so nicht beabsichtigt ist: Manche Coachees erfahren für sich bei der Auseinandersetzung mit dem »Wollen«, dass sie gar nicht Führungskraft sein wollen. Nach dem Motto: »Wenn ich gewusst hätte, dass Führung das bedeutet ...« In diesem Fall kann es vereinzelt dazu kommen, dass die Nachwuchsführungskraft zurück in ihre Rolle als Mitarbeiter strebt. Dann kann es Aufgabe des Coachs sein, gemeinsam mit Coachee und Auftraggeber auch diesen Schritt vorzubereiten.

Der Pechvogel

Innere Grenzen überwinden

Maren Reuter

Dieter Thomas begegnete mir zum ersten Mal in einem Assessment Center (AC) eines Automobilherstellers. Die mehrmonatige Ausbildung zum geprüften Automobilverkäufer endet mit diesem Prüfungs-AC oder eben nicht, wie im Falle dieses jungen Mannes. Am Ende des AC-Tages (er wusste noch nicht, dass er die Prüfung nicht bestanden hatte) fiel er mir auf, weil er sich besonders herzlich für die Unterstützung bedankte, die er während seiner Ausbildung von seinen Trainern erhalten habe. Er stellte heraus, wie dankbar er seinen Kollegen sei, die ihm geholfen hätten, »zum ersten Mal in seinem Leben« etwas zu Ende zu bringen.

In der Abschlussbesprechung des AC verwendete sich sein Ausbilder für Herrn Thomas: »Klar, ist er durchgefallen. Aber man muss auch mal die Situation sehen, in der er steckt. Das Autohaus hat ihm die Betreuung einer prominenten Eishockeymannschaft übertragen. Diese Aufgabe hat so viel Zeit und Energie in Anspruch genommen, dass er sich ja gar nicht richtig vorbereiten konnte!«

Im Rückmeldegespräch am nächsten Morgen überraschte es mich nicht, dass Herr Thomas genau diese Begründung heranzog, um sein Scheitern zu erklären: »Ich konnte nicht üben – die viele Arbeit mit der Mannschaft – schließlich war das ein Auftrag der Geschäftsleitung!«

Der Auftrag

Einige Tage später erhielt ich den Auftrag, ihn zu coachen, und zusätzlich eine Information: Am Abend nach unserem AC-Rückmeldegespräch ging

Herr Thomas mit seiner Ausbildungsgruppe in eine In-Disko, wo er auf den Namen des Eishockeyteams einen Tisch reserviert hatte. Dort traf er einen Kollegen, dem er prompt erzählte, dass er die Prüfung natürlich bestanden habe.

Als ich den Verkaufsleiter von Dieter Thomas, Herrn Seifert, anrief, um das Coaching vorab mit ihm zu besprechen, hörte ich noch mehrere solcher Geschichten:

Dieter Thomas hatte tatsächlich den Auftrag erhalten, die Mannschaft zu betreuen. Allerdings konnte keine Rede davon sein, dass er deswegen seine Ausbildung oder den Verkauf von Fahrzeugen an »normale« Kunden vernachlässigen durfte. Sein Chef erklärte: »In den Monaten, in denen Herr Thomas bei uns im Autohaus arbeitete, hat er sich nicht gerade als Shooting Star gezeigt.«

Herr Seifert beschrieb den jungen Mann als smart und charmant, aber unzuverlässig und wenig teamorientiert. Seinen Arbeitsplatz im Schauraum des Autohauses nutze er hauptsächlich für Telefonate mit den Eishockeyspielern. Wenn Besucher hereinkommen, dreht er sich weg und zeigt klar, dass er nicht angesprochen werden möchte.

Auf meine Frage, wie er damit umgehe, antwortete mir der Verkaufsleiter: »In meinen Augen nimmt der das alles überhaupt nicht ernst. Man sagt ihm was und der strahlt einen nur an! Wenn ich dann zu härteren Maßnahmen (Suspendierung) greife, reagiert er völlig verständnislos und ist beleidigt. Insgesamt könnte man meinen, er sei selber einer von den Spielern, so wie er sich aufführt – besonders gegenüber seinen Kollegen.«

Seltsam! Weshalb nimmt das Autohaus bei so wenig Leistung so viel Ärger in Kauf? Auf meine Frage antwortete Herr Seifert: »Tja, mein Chef meint, der Herr Thomas sei ein Rohdiamant. Ich bin ein bisschen skeptischer – aber dass er kann, wenn er will, weiß ich. Wir hatten vor einiger Zeit einen Testkäufer im Schauraum. Dieter Thomas hat ihn beraten und ein Superergebnis erzielt.

»Also liegt es eher am Wollen als am Können?«

»Scheint so – ich glaube, durch den Job mit dem Eishockeyteam hat er total abgehoben. Er geht richtig auf in dieser Welt und macht auch wirklich einen guten Marketingjob dort. Nur verkauft er leider keine Autos dabei, was ja eigentlich der Zweck der Übung war. Wir haben auch schon angeboten, ihm die Betreuung des Teams abzunehmen, damit er sich aufs Verkaufen konzentrieren kann, aber das wollte er auf keinen Fall.«

Sein Scheitern in der Prüfung begründete Herr Thomas gegenüber seinen Vorgesetzten – genau wie im Feedback-Gespräch zuvor – mit der intensiven Betreuungsaufgabe. Es gab ein ernstes Gespräch (wie waren die vorherigen?) zwischen Herrn Thomas und seinen Vorgesetzten, in dem man ihm klarmachte, dass das Coaching und das Bestehen der Prüfung seine letzte Chance sei, in diesem Autohaus zu bleiben.

Umgehend präsentierte Herr Thomas eine Liste mit Maßnahmen, um seine Leistung zu verbessern. Herr Seifert unterstützt ihn seitdem intensiv. Jeden Abend bespricht er mit ihm, was er den Tag über geleistet hat und hilft ihm bei offenen Fragen. Ganz wohl ist Herrn Seifert dabei offensichtlich nicht – diese Aktion kostet viel Zeit, und er ist sich nicht sicher, ob die positive Veränderung von Herrn Thomas auf Dauer anhält.

Sein Fazit: »Ich glaube, der braucht immer richtig Druck, um zu merken, was los ist – und dann redet er uns nach dem Mund. Den muss man ständig treten und kontrollieren. Insgesamt fühlt sich Herr Thomas als der Pechvogel und schuld sind immer die anderen. Eigentlich glaube ich schon, dass er ein Verkäufer werden kann, aber ich verliere allmählich die Lust und die Geduld. Für mich ist das jetzt der allerletzte Versuch.« Aus Sicht von Herrn Seifert ist das Coaching dann erfolgreich, wenn Herr Thomas die Prüfung besteht und als Verkäufer selbstständig wird, das heißt sich erkennbar selbst steuert.

Erste (Fern-)Diagnose

Mein Eindruck ist, dass wir es hier mit einem geübten Opferspieler zu tun haben. Er fühlt sich oft als Pechvogel und hat eigentlich keine Möglichkeit, erfolgreich zu sein, weil »andere« oder »widrige Umstände« ihn daran hindern. Dennoch gelingt es ihm mit seinem Charme, sich aus vielen unangenehmen Situationen herauszulavieren. Wenn er merkt, dass diese Taktik nicht funktioniert, ändert er sein Verhalten und zeigt sich kooperativ.

Mir drängt sich ein Vergleich aus der Tierwelt auf – ein Hund, der Unterlegenheit signalisiert und seine Kehle präsentiert, wird nicht gebissen. Wenn Herr Thomas in Not kommt, bestätigt er seine Vorgesetzten in ihrer Überlegenheit, macht sich klein und sorgt so dafür, dass sie sich nicht mehr über ihn ärgern, sondern ihm helfen wollen. Mir scheint, dass er versucht, die Verantwortung für seine Misserfolge zu delegieren. Wenn die mit den Vorgesetzten besprochenen Maßnahmen nicht zum gewünschten Ziel führen, kann er ja eigentlich nichts dafür. Schließlich hat er sich von Experten beraten lassen und alles getan, was man ihm geraten hat.

Meine ersten Fragen an Dieter Thomas sind: Warum will er eigentlich Verkäufer sein? Weshalb ist es ihm so wichtig, in diesem Autohaus zu bleiben? Was bedeutet es für ihn, diese Prüfung zu bestehen? Mein Ziel für das Coaching: Ich will erreichen, dass Herr Thomas die Verantwortung für seine Ziele übernimmt und selbst aktiv wird, ohne dass man ihn dauernd treten muss.

Das Vorgespräch

Ich vereinbare mit Herrn Thomas ein Vorgespräch.

Der Termin kommt, ich bin zehn Minuten zu früh dran – aber Herr Thomas ist schon da! Er ist ein wenig nervös, entspannt sich aber im Laufe des Gesprächs und wirkt sympathisch und offen. Das Gespräch läuft in einer freundlichen Atmosphäre ab, ich stelle viele Fragen und Herr Thomas antwortet – sehr kooperativ.

Wie erwartet, versucht er mehrfach »seine Kehle zu bieten«, also mich dazu zu bringen, ihn als hilfebedürftig zu akzeptieren und aus seiner Misere zu »retten«. Mehrfach versucht er, mir klar zu machen, dass ich in seinen Augen der geeignete Retter sei. Diese Angebote sind natürlich verlockend, aber für den Erfolg des Coachings ist es entscheidend, darauf nicht einzugehen. Wenn ich jetzt »mitspiele«, wird er mich nicht mehr ernst nehmen können. Ich bleibe also standhaft und ignoriere die Schmeicheleien, reagiere eher skeptisch:

D. T.: »Wenn mir jemand helfen kann, die Prüfung beim nächsten Mal zu schaffen, dann Sie!«
M. R.: »Da bin ich mir gar nicht so sicher.«

Ein weiteres Manöver ist die Delegation der Schuld. Ich will erreichen, dass Herr Thomas seine Verantwortung (an)erkennt. Nur wenn er sich bewusst ist, dass er selbst derjenige ist, der für seinen Erfolg verantwortlich ist, kann ich mit ihm arbeiten.

D. T.: »Wenn die mich im Autohaus mehr unterstützen würden, dann hätte ich die Prüfung auch bestanden.«
M. R.: »Hm – da bin ich aber anderer Meinung. Die meisten Autohäuser, die ich kenne, hätten Sie schon lange entlassen – nach all den Vorkommnissen.«
D. T.: » – – «
M. R.: »Im Gegenteil – ich denke, Sie haben wirklich Glück mit Ihren Chefs. Wenn die sich mal für Sie entschieden haben, dann glauben die auch an Sie und unterstützen Sie – siehe das Coaching. Allerdings habe ich auch den Eindruck, dass Ihre Vorgesetzten allmählich die Geduld verlieren.«

Wehret den Anfängen! Herr Thomas ist jedoch noch lange nicht erschöpft.

D. T.: »Wenn ich nicht den Auftrag mit der Mannschaft gehabt hätte, wäre mir einfach mehr Zeit für die Vorbereitung geblieben. Das ist schon sehr viel Arbeit mit dem Team und meine Chefs waren auch sehr zufrieden mit mir. Mir wurde gesagt, dass ich mich hauptsächlich darum kümmern soll. Und das habe ich auch gemacht!«
M. R.: »Tja, dann weiß ich wirklich nicht, ob ich Sie unter diesen Umständen coachen kann. Ich kann schließlich nicht gegen die Geschäftsleitung ›ancoachen‹, oder?«

An diesem Punkt verändert sich das Gespräch deutlich. Herr Thomas bemüht sich jetzt, mich von der Sinnhaftigkeit des Coachings zu überzeugen. Er erklärt: »Die Prüfung zu bestehen heißt für mich, zu beweisen, dass ich auch was kann. Ich will in diesem Autohaus bleiben, weil ich mich dort akzeptiert fühle. Verkaufen und das damit verbundene Gefühl des Gemochtwerdens macht mir Spaß. Natürlich möchte ich gern auch weiterhin die Eishockeymannschaft betreuen. Es ist mir klar, dass ich mich jetzt beweisen muss. Und ich will das auch.«

Das Coaching ist aus seiner Sicht erfolgreich, wenn er, als äußeres Zeichen, die Prüfung besteht und seine Verkaufszahlen steigen – er sich also sicher und erfolgreich als Verkäufer fühlen kann. Zur Vorbereitung des ersten Termins gebe ich Herrn Thomas die Aufgabe, ein Stärken/Schwächen-Profil von sich als Verkäufer anzulegen, daraus seine Ziele abzuleiten und sich passende Maßnahmen zu überlegen – schriftlich.

Nach diesem Gespräch sieht mein Fazit so aus: Dieter Thomas fühlt sich in Krisensituationen oft als hilfloses Opfer, das »gerettet« werden muss; alle anderen sind O.K., nur er nicht. Er scheint zu glauben, dass er nur gemocht wird, wenn er tut, was andere gut finden. Bei einem Versagen des von ihm erwählten Retters kann das scheinbar hilflose Opfer aber auch ziemlich angriffslustig werden. Seine Haltung ist dann: »Ich bin nicht O.K. – aber du auch nicht!« Er legt sehr viel Wert auf soziale Anerkennung und baut darauf, dass er mit seinem Charme und seiner Überzeugungskraft schon irgendwie durchkommen wird.

Er bemüht sich scheinbar um Erfolg, kriegt es aber letztendlich immer hin, irgendwie zu scheitern. Eigentlich weiß er schon zu Anfang, dass er es nicht schaffen wird, versucht es aber trotzdem. Scheitern scheint ihm noch akzeptabler als Passivität. Es ist ihm wichtig, gemocht zu werden. Am liebsten möchte er es allen recht machen – das führt bisweilen bei anderen zu dem Gefühl, dass er ihnen »nach dem Mund redet«, also jedem das sagt, was er hören möchte.

Wenn Herr Thomas in Bedrängnis gerät, bemüht er sich, sein Versagen zu »entschuldigen«, also die Schuld von sich weg weiterzureichen. (Wenn die anderen nicht wären ...) Wenn er in Not gerät und sich als das hilflose Opfer fühlt, ist es nur folgerichtig, dass er sich nach kompetenter Rettung umsieht. Der Motivation der auserkorenen Retter hilft er dann auch schon mal mit Schmeicheleien nach.

Meine Ziele und Strategien im Coaching sind:

- Herrn Thomas aus seiner Opferrolle holen, indem ich ihm ständig die Botschaft »Du bist O. K.« vermittle und auf keinen Fall seine scheinbare Unterlegenheit anerkenne.
- Die Programmierung »Schaff's nicht« widerlegen – durch besondere Betonung von Erfolgen und Leistungen.
- Ihm vermitteln, dass ich ihn auch dann mag, wenn er mal nicht meiner Meinung ist. Widerstand akzeptieren und eigene Haltung fördern.
- Auf keines seiner Spiele eingehen, sondern klar machen, dass er sowohl die Verantwortung wie auch die Mittel für seinen Erfolg bei sich findet.

Der erste Coaching-Termin

Wir sind für 10 Uhr verabredet. Dieter Thomas kommt etwas zu spät und erklärt mir, dass der Verkehr mal wieder mörderisch war. Ich lasse es einfach so stehen, obwohl – schließlich bin ich ja auch pünktlich gekommen?! Wir setzen uns und sprechen über seine Arbeit in den letzten zwei Wochen. Er berichtet stolz von Verkäufen und Kontakten und scheint sehr zufrieden zu sein mit sich. Doch leider hatte er aufgrund seiner vielfältigen Verkaufsaktivitäten nicht genügend Zeit, die vereinbarte Vorbereitung zu erledigen.

Ich habe schon fast mit so etwas gerechnet und mir vorher überlegt, wie ich damit umgehen will. Weil die Methode etwas drastisch erscheint, habe ich vorab mit dem Verkaufsleiter mein Vorgehen für diesen Fall besprochen und sein Einverständnis eingeholt.

Meine Reaktion ist freundlich, aber eindeutig. Ich erkläre ihm, dass ich im Coaching zwar ***mit*** ihm, aber nicht ***an seiner Stelle*** arbeiten kann. Wenn er seinen Teil der Vereinbarung nicht einhalte, könne ich leider meinen Teil auch nicht einhalten, und damit fange ich an, meine Sachen einzupacken. Herr Thomas reagiert völlig fassungslos – unser Dialog läuft in etwa so ab:

D. T.: »Ja, wie meinen Sie das denn, wollen Sie jetzt wirklich gehen? Was ist denn mit dem Coaching, ich habe doch den ganzen Tag eingeplant?«

M. R.: »Ich find's auch nicht gut, auch ich habe den ganzen Tag für Sie freigehalten. Aber ohne die Vorarbeit können wir nicht arbeiten. Wenn Sie nicht für sich arbeiten – ich kann's Ihnen nicht abnehmen.«
D. T.: »Was soll ich denn jetzt im Autohaus sagen, wenn ich so früh zurückkomme?«
M. R.: »Na vielleicht, dass Sie in der letzten Zeit so viel arbeiten mussten, dass Sie keine Zeit hatten, sich vorzubereiten und dass dies geändert werden muss?«
D. T.: » – – «
M. R.: »Ich schlage vor, Sie melden sich einfach wieder bei mir, wenn Sie die Zeit gefunden haben? Dann werde ich wirklich gerne mit Ihnen arbeiten.«
D. T.: »Kann ich denn das nicht jetzt schnell machen? Eigentlich muss ich's ja nur noch aufschreiben – Gedanken habe ich mir ja schon gemacht. Es tut mir wirklich Leid, ich wusste nicht, dass das so wichtig ist. Ich wollte Sie echt nicht ärgern – ich hatte einfach keine Ruhe dazu.«

An diesem Punkt setze ich mich wieder und erkläre ihm, dass es natürlich auch um den Inhalt der Vereinbarung geht, aber in erster Linie doch um seinen Umgang damit. Ich mache ihm deutlich, wie symptomatisch dieses Verhalten für seinen Umgang mit Vereinbarung, Zielen etc. ist. Ganz oft geschieht scheinbar etwas um ihn herum, das ihn daran hindert, sein Ziel zu erreichen. »Wenn nicht das und jenes wäre, hätte ich bestimmt …« Und da ich als Coach leider die äußeren Umstände überhaupt nicht beeinflussen kann, ist es wohl nicht zielführend, auf dieser Basis zu arbeiten.

Hier beende ich die Sitzung und wiederhole, dass ich gern mit ihm arbeiten möchte. Er solle sich wieder bei mir melden, wenn er entsprechend vorbereitet sei. Herr Thomas wirkt frustriert, beleidigt und verwirrt, als er den Raum verlässt. Auch für mich ist das Gespräch nicht einfach – Herr Thomas ist völlig perplex und wirkt sehr hilflos, trotzdem (oder gerade deshalb!) scheint es mir wichtig, ***nicht*** auf sein Friedensangebot einzugehen.

Wenn ich jetzt einlenke, werde ich als Coach für ihn manipulierbar – und verliere somit an Bedeutung für ihn. Die Verweigerung der »allerletzten« Chance (an die er wohl bis zu diesem Moment immer noch geglaubt hatte) scheint Herrn Thomas aus dem Konzept zu bringen. Ich hoffe, dass sein Bezugsrahmen genügend erschüttert ist, um ein konstruktives Arbeiten zu ermöglichen.

Der Verkaufsleiter hilft mit

Am nächsten Tag ruft mich Herr Seifert an und berichtet von einem Gespräch mit Dieter Thomas. Der junge Mann sei sehr geknickt ins Autohaus zurückgekommen und habe um ein Gespräch gebeten. Herr Seifert – vorab von mir gebrieft – fragte nach den Ergebnissen des Coachings.

Herr Thomas erklärte ihm, dass Frau Reuter ihn heimgeschickt habe, weil er sich nicht auf den Termin vorbereiten konnte. Hier hakte Herr Seifert sofort nach und erfuhr – genau wie ich –, dass Herr Thomas mit seinen Verkaufsaktivitäten so sehr beschäftigt gewesen sei, dass ihm keine Zeit geblieben sei, sich vorzubereiten.

Herr Seifert erklärte ihm jedoch ungerührt, dass es seine eigene Entscheidung sei, wie er sich seine Zeit einteile. Wenn ihm das Coaching, die Prüfung und letztendlich seine Stelle im Autohaus wichtig genug seien, würde er wohl schon dafür sorgen, dass er ausreichend Zeit zur Vorbereitung habe. Letztendlich sei er und nur er selbst für das Ergebnis verantwortlich. Der Verkaufsleiter berichtete leicht verunsichert, Herr Thomas sei nun vollends geknickt, weil man ihm auch hier Trost und Verständnis vorenthalten habe.

Drei Tage später (ich fange gerade an, mir Sorgen zu machen) ruft mich Herr Thomas an – freundlich und kooperativ wie immer. Er habe sich jetzt Zeit genommen und sei gründlich vorbereitet. Wann wir uns wieder treffen könnten? Ich freue mich und sage ihm das auch ganz deutlich – und vereinbare einen weiteren Termin mit ihm.

Das Gespräch

Diesmal kommt Herr Thomas zehn Minuten vor der vereinbarten Zeit. Er kann es kaum erwarten, mir seine Vorbereitung zu präsentieren. Ich lobe sein Engagement, frage nach seinen Erlebnissen und erfahre, dass er viel Erfolg im Verkauf hat und auch mit seinen Kollegen viel besser zurechtkommt in letzter Zeit. Ich freue mich für ihn und lobe seine gewinnende Art und seine Überzeugungsfähigkeit, die ihm diese Erfolge ermöglicht.

Herr Thomas will dann mit mir über die Situation beim letzten Termin sprechen. Er berichtet mir vom Gespräch mit Herrn Seifert und wie fassungslos er danach an seinen Arbeitsplatz gegangen sei. Er sei furchtbar sauer auf mich und seinen Verkaufsleiter gewesen und hätte sich im Stich gelassen gefühlt. Tagelang habe er auf dem herumgekaut, was wir ihm gesagt hatten. Bisher habe er immer andere für seine Missgeschicke und sein Scheitern verantwortlich gemacht. Doch jetzt sei ihm klar, dass er dies dringend ändern müsse.

Zunächst besprechen wir seine Hausaufgabe. Er hat für sich selbst ein Stärken/Schwächen-Profil erstellt, daraus Ziele und Maßnahmen abgeleitet. Herr Thomas beschreibt ein Problem beim Gespräch mit Fremden. Ein Gespräch mit ihm unbekannten Menschen zu beginnen, fällt ihm sehr schwer. Er weiß oft nicht, was er sagen soll, und fürchtet, sich zu blamieren. Daher verhält er sich sehr zurückhaltend, was wiederum dazu führt, dass er mit diesen Menschen (die zum Beispiel zu seiner Zielgruppe im Verkauf gehören) nicht ins Gespräch kommt. Ich lasse mir von ihm beschreiben, was in solchen Situationen in ihm vorgeht.

D. T.: »Bis mir was einfällt, was zum Thema passt, dauert es schon mal ein bisschen und wenn ich es dann sagen will, denke ich: Sag lieber nix, die sind schon lange wieder beim nächsten Thema. Wenn ich jetzt was sage und das passt nicht, denken die bestimmt ›was für ein Depp‹ – da blamiere ich mich unsterblich. Das sind alles gestandene Leute, die in ihrem Leben schon was erreicht haben. Wer bin ich denn, dass ich mich da einmische. Die wollen doch gar nicht hören, was ich zu sagen habe.«

Er erklärt mir, dass ihm dies sehr häufig passiere, bei gesellschaftlichen Anlässen, Veranstaltungen und Parties, aber auch in Situationen, in denen er Besucher im Schauraum ansprechen soll. Eigentlich immer dann, wenn er einen besonders guten und professionellen Eindruck machen möchte. Dies sei die Ursache, warum es ihm bis heute nicht gelungen sei, Interessenten aus dem Umfeld der Eishockeymannschaft zu gewinnen. Zur Bearbeitung dieses Problems wende ich eine Technik von Ulrich Dehner an: »Check your mind«, in der der Klient seinen inneren Dialog aufdeckt und bearbeitet (siehe dazu den Beitrag von Ulrich und Renate Dehner).

Bisher kommt ja ausschließlich der »Bremser« bei Herrn Thomas zu Wort, das heißt, es handelt sich mehr um einen Monolog. Wir machen gemeinsam daraus einen Dialog und überlegen, welche Einwände es auf die Bedenken gibt, und halten sie schriftlich fest. Dann übernehme ich den Part des »Bremsers« und Herr Thomas den Part des »Gasgebers«, das heißt, ich wiederhole die genannten Bedenken und Herr Thomas hält mit den erarbeiteten Argumenten dagegen. Am Anfang muss er die Einwände noch ablesen, aber je mehr wir üben, desto überzeugender und standhafter wirkt er.

Danach erklärt er: »Super, das fühlt sich echt stark an, am liebsten würde ich mich gleich irgendwo dazustellen.« Ich nehme ihn beim Wort und fordere ihn auf, sich einen Gesprächspartner im Hotel zu suchen. Als er nach fünfzehn Minuten wiederkommt, ist er sehr zufrieden mit sich und erzählt mir, er habe ein sehr nettes Gespräch mit einem Rezeptionisten geführt und sich dabei sehr sicher und wohl gefühlt.

Es wird Zeit, mit der Vorbereitung auf die Prüfung zu beginnen: Herr Thomas will ein Assessment Center bestehen. Dazu muss er vier Rollenspiele aus dem Verkäuferalltag durchführen:

1. Kaltakquise
2. Verkaufsgespräch im Schauraum
3. Telefonakquise
4. Reklamation

Das Thema Kaltakquise ist für Herrn Thomas besonders schwierig – damit fangen wir an. Wir besprechen ein Rollenspiel, in dem er als Verkäufer ein Juweliergeschäft besucht und den Inhaber für seine Automarke interessieren möchte. Herr Thomas erklärt mir »lehrbuchmäßig« sein Ziel: Eine Probefahrt, vorher möchte er den Bedarf ermitteln, mit Kundennutzen argumentieren und einen verbindlichen Termin vereinbaren.

Und so läuft sein Rollenspiel ab: Er kommt in das Geschäft und plaudert nett mit dem Inhaber. Dabei stellt er einige Fragen und ermittelt das zurzeit gefahrene Modell. Dann bietet er einen Termin für eine Probefahrt an, kann aber auf die Frage, mit welchem Fahrzeug, nur raten. Der Gesprächspartner bittet um Kataloge über alle Modelle und verabschiedet Herrn Thomas.

Bei der Videoauswertung bitte ich ihn, sich in der Verkäuferrolle auf dem Video wie eine fremde Person zu betrachten und diesem Fremden Feedback zu geben. Herr Thomas notiert sich einige Punkte und kritisiert die Leistung des Verkäufers heftig:

- zu viel drum herum geredet
- viele Fragen hintereinander gestellt
- viele geschlossene Fragen gestellt
- sehr durcheinander gefragt
- keine Argumentation
- kein Modell genannt
- keinen verbindlichen Termin vereinbart
- schlechte, zusammengesunkene Haltung

Ich bitte ihn, ein zweites Blatt zu nehmen und auf diesem festzuhalten, was er stattdessen von dem Verkäufer sehen möchte. Er notiert:

- das Anliegen klar darstellen
- gerade, aufrechte Haltung
- offene Fragen stellen und Antworten abwarten
- strukturiert fragen
- konkretes Modell (Typ, Motorisierung, Getriebe) anbieten und argumentieren
- verbindlichen Termin vereinbaren

Im zweiten Durchgang setzt er all diese Dinge auf Anhieb um und führt ein ausgesprochen gutes Gespräch. Er wirkt sehr souverän und überzeugend –

ein kompetenter Verkäufer. Bei der Videoauswertung freut er sich sichtlich über seinen Erfolg, kritisiert einige Punkte – und beginnt sofort mit der Entwicklung alternativer Verhaltensweisen. An diesem Punkt will ich die Sitzung beenden und steige aus, indem ich ihn lobe für seinen Fortschritt und seine professionelle Haltung.

Aber er hat noch ein Thema, das er mit mir besprechen möchte: Sein Verkaufsleiter hat ihn gebeten, sich doch einmal zu überlegen, ob er nicht in den Außendienstverkauf möchte. Auf meine Frage, wie er dazu stehe, meint Herr Thomas, nach dieser Sitzung ginge es ihm deutlich besser mit dem Thema, aber man hätte ihm mal in einem AC gesagt, »dafür sei er nicht der Typ«!

M. R.: »Wollen Sie Autos verkaufen?«
D. T.: (irritiert) »Ja sicher!«
M. R.: »Wen brauchen Sie dazu unbedingt?«
D. T.: »Na, Kunden natürlich!«
M. R.: »Genau! Und da ist es doch eigentlich völlig egal, wo Sie die treffen, oder?«
D. T.: »Ja – so gesehen stimmt schon.«
M. R.: »Sie können im Laden sitzen, bis Sie blau anlaufen, wenn niemand reinkommt, können Sie auch niemandem ein Auto verkaufen!«
D. T.: »Na ja, ich hatte mir ohnehin schon überlegt, mal fünf Tage zum Üben rauszugehen – ich kann's ja mal probieren?«
M. R.: »Was fehlt Ihnen noch dazu?«
D. T.: »Nichts – ich kläre das mit meinem Verkaufsleiter und plane das direkt ein.«

Wir besprechen noch, wie er sich möglichst professionell darauf vorbereiten kann, wann und wie er seinen Plan dem Verkaufsleiter nahe bringen will, vereinbaren einen neuen Termin und verabschieden uns zufrieden voneinander.

Fazit

Herr Thomas hat sich bis dato in seinem Leben immer irgendwie durchlaviert und sich darauf verlassen, dass es immer noch eine »allerletzte Chance« für ihn geben würde. Wenn er sich Schwierigkeiten gegenübersah, zog er es vor, diesen auszuweichen. Sein Scheitern war Pech, falschem Rat von falschen Freunden oder aber höherer Gewalt zu verdanken.

Für ein erfolgreiches Coaching war es daher unerlässlich, ihn mit dem »Ende der Fahnenstange« zu konfrontieren, ihm klar zu machen, dass es keine allerletzte Chance mehr für ihn gibt. Er musste sich der Tatsache stellen, dass am Ende niemand fragen würde, warum er scheitert, sondern dass nur sein Ergebnis zählt – und dass er ganz allein die Mittel in der Hand hält, seinen Erfolg herbeizuführen.

Die enge Abstimmung mit Herrn Thomas' Vorgesetzen war nicht nur hilfreich für mich, sondern für diesen speziellen Prozess sehr wichtig. In meiner Arbeit mit Herrn Thomas kam es mir besonders darauf an, wertschätzend mit ihm und seinem Verhalten umzugehen. Das heißt, es ging mir nicht darum, ihm etwas wegzunehmen (ein Verhalten abzustellen), denn je mehr man versucht, einem Menschen in Not etwas wegzunehmen, desto verzweifelter wird er sich daran klammern.

Ich fand es bedeutend wichtiger, ihn zu unterstützen bei der Vermeidung von Notsituationen – das heißt in diesem Fall: die Verantwortung für seine Ergebnisse zu übernehmen. Herr Thomas schöpft viel Stolz und Selbstbewusstsein aus der Tatsache, zum ersten Mal in seinem Leben einer Schwierigkeit nicht nur ***nicht*** ausgewichen zu sein, sondern diese Situation erfolgreich bestanden zu haben. Außerdem war es mir wichtig, sein Verhaltensrepertoire so zu erweitern, dass er auch in schwierigen Situationen nicht mehr auf seine »Lieblingsspiele« zurückgreifen muss.

Nach und nach entwickelte und probierte Herr Thomas alternative Strategien und konnte so seine Reaktionsmöglichkeiten erweitern. Ich habe noch eine ganze Weile mit Herrn Thomas gearbeitet. Er begann tatsächlich mit dem Außendienst und organisierte seinen Verkaufsalltag in einer Mischung aus Innen- und Außendienst. Seine Prüfung hat er bestanden und mich voller Stolz darüber informiert.

Coaching für Politikerinnen und Politiker

Heinz Ortner

Die Personengruppe, von der in diesem Beitrag die Rede ist, wird mehr als jede andere in der Öffentlichkeit wahrgenommen und beurteilt. Gerade deshalb besteht hier eine rege Nachfrage nach der Dienstleistung Coaching. Diese Tatsache wird manchmal verschämt verschwiegen, möchte man doch als Politiker von Natur aus souverän wirken und keinesfalls als das »Kunstprodukt« eines Coachs gelten. Die Tatsache, dass intensiv gecoacht, gebrieft und beraten wird, könnte ja vom Wahlvolk auch als ein Zeichen von Schwäche und Abhängigkeit interpretiert werden.

Hin und wieder werden Klienten aus der Politik auch durch eitle und indiskrete Berater geoutet. Unmittelbar nach schönen Wahlerfolgen oder wenn in den Hauptnachrichten Sätze fallen, die man kurz zuvor am Telefon besprochen hat, ist es sehr verführerisch, darauf hinzuweisen, dass das Ganze ohne Coach wohl kaum so gut gelungen wäre. Sofort rührt er damit die Werbetrommel für die nächsten Aufträge. Das Publikum verfolgt dann gespannt mit, welche Fortschritte die einzelne Person im Beratungsprozess macht, und unterhält sich darüber, ob im konkreten Fall zu wenig, zu viel oder falsch gecoacht wurde.

Coaching wird im Kontext der Politik meistens auf das Thema Medien-Coaching reduziert. Das ist verständlich: Politiker leben nicht zuletzt davon, via Medien von der Öffentlichkeit und ihren Zielgruppen wahrgenommen zu werden. Gilt es doch, das positive Image einer Person und ihre Themen und Anliegen regelmäßig zu kommunizieren. Von der speziellen

Herausforderung durch die ständige Begleitung der Medien soll hier nur am Rande die Rede sein. Genauer befassen sich in diesem Buch Regina Jankowitsch und Hannsjörg Dehner mit Fragen des Medien-Coachings.

Das Wirken von Politikern lässt sich meiner Ansicht nach nicht auf ihren durchaus wichtigen Umgang mit der öffentlichen Meinung reduzieren. Und weil ihre Tätigkeit deutlich umfangreicher ist, müssen wir auch beim Politiker-Coaching von einem viel umfassenderen Beratungsverständnis ausgehen.

Was Sie in diesem Kapitel erwartet

Auf den nächsten Seiten möchte ich anhand der typischen Phasen einer Politikerkarriere darstellen, welche Anforderungen in den einzelnen Situationen jeweils auf die Betroffenen zukommen und wo Coaching Unterstützung bieten kann.

Als Leiter einer regionalen politischen Akademie habe ich das mehr oder weniger erfolgreiche Agieren von Politikern und auch die unterschiedliche Qualität ihrer Berater aus nächster Nähe miterlebt. Ich war in verschiedenen Partei- und Beratungsgremien vertreten, referierte regelmäßig vor anderen Menschen auf Versammlungen und organisierte Veranstaltungen und Seminare. Hauptsächlich fungierte ich jedoch als Einkäufer von Trainings-, Beratungs- und Coaching-Leistungen, war manchmal als Vermittler und Mentor aktiv und später selber als Coach in der Politik im Einsatz.

Die intensive Arbeit mit Führungskräften aus der Wirtschaft in den letzten Jahren hat mir wertvolle Einblicke in Parallelen und Unterschiede zur Politikerrolle ermöglicht. Von diesen subjektiven Eindrücken und Erfahrungen ausgehend, möchte ich Ihnen einen praxisnahen Überblick zu den verschiedensten Möglichkeiten von Coaching in der Politik vermitteln.

Typisch Politiker

Welche Besonderheiten kennzeichnen nun das Politikerdasein? Was unterscheidet Politiker von »normalen« Menschen oder von anderen Führungskräften? Zuerst einmal treten wir ihnen mit zahlreichen Vorurteilen gegenüber, die täglich durch die Medien und manchmal auch durch persönliches Erleben bestätigt werden.

Ein österreichischer Bundeskanzler hat die Tätigkeit der Bundesregierung einmal mit einem Fußballspiel verglichen: Die vielen Leute, die zuschauen, wissen meistens viel besser, was zu tun ist, als die elf Spieler, die gerade auf dem Feld sind. Aus Umfragen zur Kommunalpolitik erfahren wir, dass sich viele Bürger in der Gemeinde jederzeit für fähig halten würden, selber das Bürgermeisteramt zu übernehmen, dies nur im Moment gerade nicht anstreben. In jedem Gasthaus wird täglich pointiert über politische Themen diskutiert. Manchmal scheinen wir auch eine Art Hassliebe zu Politik und Politikern anzutreffen: Wir haben genug von Politik, reden aber trotzdem ständig darüber und gehen regelmäßig zur Wahl. »Die da oben« scheinen auf Steuerzahlerkosten ein privilegiertes Leben zu führen und treffen dazu noch ständig Entscheidungen, die Auswirkungen auf viele Menschen haben. Wir halten unsere Politiker im Grunde für unfähige Hohlköpfe und verfallen dennoch in tiefe Ehrfurcht, wenn wir jemanden, den wir sonst nur aus den Medien kennen, persönlich zu Gesicht bekommen. Zumindest ist das bei uns in Österreich so.

Bei genauerem Hinsehen auf die Rolle von Politikern fällt aber etwas anderes auf – es gibt in Wirklichkeit zwischen Politik und Top-Management viele Parallelen:

- Die Grenze zwischen Beruf und Privatleben verschwindet bei beiden Gruppen, mit dem Unterschied, dass es für viele Politiker kein Privatleben im eigentlichen Sinn mehr gibt. Es ist immer schon in die politische Tätigkeit einzurechnen.
- Gleichzeitig bieten Politik und Top-Management zahlreiche Möglichkeiten der Ersatzbefriedigung und Kompensation: Macht, viele Gestaltungsmöglichkeiten, Applaus, hohe Bekanntheit, Kontakt mit interessanten Zeitgenossen, Einladungen zu tollen Veranstaltungen usw.

- Beide Personengruppen verfügen in der Regel über zahlreiche Ressourcen und Zuarbeit in ihrem Umfeld, auf die sie rasch zurückgreifen können.
- Ebenso wie im Top-Management bedeutet Politiker zu sein fast immer, wenig, kein oder höchstens ein verzerrtes Feedback zu erhalten!
- Die starke Personalisierung führt dazu, dass eine gute Öffentlichkeitsarbeit und die Pflege von Netzwerken für den Erfolg oft mindestens so wichtig sind wie die Sacharbeit – wobei der Druck auch dort stark zunimmt.
- Sind doch die Arbeitsgebiete an sich, die damit verbundenen Probleme und die anstehenden Entscheidungen meistens so komplex, dass deren Management allein einen absoluten Fulltimejob darstellen würde.

Dazu kommt in der Politik die noch stärkere Bedeutung der Kommunikation und der Medienarbeit. Vielen fällt es schwer, sich in mindestens zwei Wirklichkeiten zu bewegen: in ihrer täglichen Sacharbeit und in der Realität ihrer Kommunikation mit der Öffentlichkeit. Beide müssen regelmäßig bedient werden, beides ist »part of the job«!

Ein ehemaliger amerikanischer Präsident wurde einmal gefragt, wie es funktionieren kann, dass ein Schauspieler Präsident der USA wird. Er antwortete, dass er nicht wüsste, wie jemand diesen Job aushält, der vorher nicht Schauspieler gewesen ist. Wie weit nun eine Schauspielausbildung für das Überleben in der Politik einen wertvollen Beitrag leisten könnte, soll hier allerdings nicht näher untersucht werden.

Die Situation von Berufspolitikern auf Gemeinde-, Landes- und erst recht auf Bundesebene bedeutet jedenfalls,

- so gut wie kein Feedback zu erhalten,
- einem enormen Druck ausgesetzt zu sein,
- an immer schwierigeren Aufgaben zu arbeiten und
- professionell mit allen relevanten Gruppen kommunizieren zu müssen.

Ein letzter Vergleich mit dem Fußball sei daher erlaubt: Politik als Hauptberuf ist heute vollends zur Profiliga geworden. Amateure werden sich in Zukunft sehr schwer tun. Profis bauen sich ein Unterstützungssystem auf, um nicht unter die Räder zu kommen. Coaching kann hier ein wichtiges

Element sein. Die Beratung in der Vier-Augen-Situation gewährleistet ein individuelles Eingehen auf die speziellen Bedürfnisse von Politikern. Wobei hier in den einzelnen Abschnitten einer Politikerlaufbahn auch unterschiedliche Anforderungen an das Coaching gestellt werden.

Aller Anfang ist schwer – oder auch nicht?

Haben Sie jemals versucht, sich politisch zu engagieren? Wollten Sie das auch noch in einer der großen Parteien tun? Dann waren Ihre ersten Erfahrungen womöglich nicht allzu viel versprechend. Vielleicht haben Sie Politik als eine geschlossene Gesellschaft erlebt, in der jeder Neuankömmling unerwünscht ist. Die alten Funktionäre sprechen ihre eigene Sprache, beherrschen die Spielregeln und lassen niemanden durch, vor allem dann nicht, wenn es sich um interessante Funktionen handelt. Auch der zeitaufwändigere Weg über eine Jugendorganisation erscheint nicht sonderlich attraktiv: Flugblätter verteilen, Plakate kleben, stundenlange Diskussionen über Themen, die keinen normalen Menschen interessieren würden, schließlich wenig attraktive Ehrenämter übernehmen usw. Später geht es langsam bergauf – zumindest dann, wenn die Partei es will.

Den eben beschriebenen Beginn einer politischen Karriere findet man immer noch, in der Zwischenzeit sieht die Realität allerdings vielfach anders aus: Die großen politischen Parteien lechzen nach Jugend und nach engagierten Leuten aus unterschiedlichen gesellschaftlichen Bereichen. Ist jemand unter vierzig und gleichzeitig in der Lage, engagiert über politische Anliegen zu sprechen, wird er nach anfänglicher Skepsis bald mit offenen Armen aufgenommen.

Der Druck der Medien und das Bedürfnis nach Persönlichkeiten, die authentisch und unterscheidbar sind, hat hier zu einem Umdenken geführt. Menschen, die sich bereits in anderen Bereichen engagiert haben oder aufgefallen sind, werden gern für die Politik angeworben. Alteingesessene Politiker treten dabei zunehmend als Mentoren und Förderer auf, manchmal auch, um andere Personen in bestimmten Ämtern zu verhindern – frei nach Reinhard K. Sprenger: Schmidt sucht Schmidtchen, also jemanden, der einem möglichst ähnlich sieht, jedoch um einen Kopf kleiner ist als man selber.

Manchmal kann es sehr schnell gehen und Sie erhalten eine Funktion in einer Partei, ein Mandat in der Gemeinde oder ein Amt auf regionaler Ebene. Voller Idealismus stürzen Sie sich ins politische Geschehen, lernen neue Freunde kennen, nehmen mit Begeisterung die zahlreichen Termine wahr und investieren Stunden Ihrer Freizeit in die Politik.

Jetzt ist der Moment gekommen, in dem es zum ersten Mal Sinn macht, kurz innezuhalten, sich Zeit für Reflexion zu nehmen und die nächsten Ziele zu klären.

Coaching in der Anfangsphase

Meiner Erfahrung nach nehmen angehende Politikerinnen und Politiker am Beginn ihrer Karriere eher selten Coaching in Anspruch. Meistens sind es Frauen, die schon relativ früh nach einer externen Unterstützung Ausschau halten. Wer sich bereits auf einer unteren Ebene der Hierarchie in puncto Beratung ein positives Umfeld aufbaut, wird später im Vorteil sein und nicht unter großem Zeitdruck auf falsche Einflüsterer hören. Wie läuft nun in dieser ersten Phase der Coaching-Prozess ab?

Grundsätzlich funktioniert Coaching in der Politik ähnlich wie mit Klienten aus anderen Berufsgruppen: Der Coach arbeitet in einer Vier-Augen-Situation und bietet in der Einzelberatung eine qualifizierte Hilfe zur Selbsthilfe an. So verstanden ist Coaching stets eine Begleitung auf Zeit und keine Dauereinrichtung. Der Coach bleibt Experte für Fragen, Hinterfragen und Nachfragen – der Politiker ist Experte für die Umsetzung und für die Inhalte seiner Politik.

In mehreren Coaching-Einheiten mit einer Politikerin, die kurzfristig das Mandat ihres zurückgetretenen Vorgängers übernommen hat, haben wir an den folgenden Themen gearbeitet:

- Zum Einstieg frage ich ganz wertfrei nach ihren ***Erfahrungen*** seit der Übernahme des politischen Amtes, nach dem bisherigen ***Werdegang*** und nach den ersten ***Vorhaben*** in der neuen Rolle.

► Danach besprechen wir einige konkrete ***positive Situationen*** in ihrer Arbeit als Politikerin aus dem letzten Monat. Diese Frage macht ihr bewusst, welche Erfolgserlebnisse in der Politik möglich sind.

► Hier frage ich nach, worin aus heutiger Sicht ihre ***größte Motivation*** für ihr politisches Engagement besteht, welche Dinge ihr besonders viel Freude bereiten oder Kraft geben.

► Als Nächstes besprechen wir mehrere ***negative Erlebnisse*** und Situationen, die erste Dämpfer für die anfängliche Begeisterung, für Idealismus und Motivation waren. Obwohl ich als Coach zu einer Stärkung meiner Klientin beitragen möchte, halte ich es für ebenso wichtig, mit ihr eine möglichst realistische Erwartungshaltung an Politik und politische Ämter zu entwickeln: Die besten Leute, die voller Euphorie eine Funktion übernehmen, verzweifeln manchmal an den Frustrationen des Politikalltages und scheiden aus Enttäuschung oft früh wieder aus.

► In diesem Moment verlasse ich als Coach auch manchmal die Rolle des neutralen Fragestellers und bringe eigene Erfahrungen und Überlegungen aus meiner Arbeit mit Politikern ein. Gemeinsam prüfen wir, welche Möglichkeiten und welche Grenzen das System Politik und das System Partei derzeit aufweisen: Wie lauten die ***Spielregeln***, und wie kann die Politikerin damit umgehen? Wir sprechen einige Themen konkret an: Fraktionsdisziplin, vorhandene Eitelkeiten, raue Umgangsformen, Konkurrenz in der eigenen Partei statt Hilfestellung in der schwierigen Startphase usw.

► Wir reden aber auch über ***Freunde***, ***Partner*** und mögliche ***Förderer*** ebenso wie über erste Gegner, über Leute, die vielleicht übergangen worden sind. Damit möchte ich meine Klientin für ihr Umfeld sensibilisieren und sie gleichzeitig darauf aufmerksam machen, dass sie einen Einfluss darauf hat, wie sich dieses weiterentwickelt.

► Unabhängig vom Umgang mit den handelnden Personen frage ich noch genauer nach den ***Zielen*** ihrer politischen Arbeit. Was möchte meine Klientin erreichen? Welche – vielleicht auch noch geheimen – Erwartungen hat sie an ihre Zukunft als Politikerin?

► Ein besonders wichtiges Thema spreche ich in einem der letzten Coachings an: Wie viel Zeit, Energie und Einsatz möchte sie in die Politik investieren? Was bedeutet das für andere Lebensbereiche, für das ***Privatleben***, für die ***Familie*** und für ganz ***persönliche Bedürfnisse***? Diese Fragen sind ungefähr so leicht zu beantworten wie jene nach dem Sinn des Lebens. Dennoch halte ich es für wichtig, gerade Politiker immer wieder damit zu konfrontieren, was sie genau erreichen möchten, welchen Preis sie dafür zu zahlen bereit sind und welche Alternativen vorhanden sind.

In der ersten Phase einer Politikerlaufbahn besteht die Gefahr, von der Tretmühle Politik in einem hohen Maß fremdbestimmt zu werden. Coaching kann hier vor allem einen Beitrag zur Klärung der eigenen Rolle leisten. Auf diese Weise entwickelt der Klient Bewusstsein für sein Umfeld, für mögliche Schwierigkeiten und vor allem für die eigenen Anliegen. Er erhält damit eine Chance, das Gesetz des Handelns selber zu bestimmen, bevor andere das tun.

Wem Gott ein Amt gibt

Nun ist es soweit: Sie übernehmen eine neue wichtige politische Aufgabe, erreichen eine andere Ebene der Hierarchie oder erhalten eine Führungsfunktion. Sie sind nicht mehr eine von vielen Personen, die sich in der Szene tummeln, sondern Sie tragen plötzlich Verantwortung in einer Regierungsfunktion: Stadtrat, Mitglied einer Landesregierung oder eine andere Rolle in der Exekutive. So unangenehm die Mehrheitsbildung in der Fraktion manchmal war, man konnte hinter den Beschlüssen einer Mehrheit auch ganz gut in Deckung gehen, wenn die Pfeile einmal sehr tief geflogen sind. Jetzt ist das anders – Sie stehen im Rampenlicht, werden bewundert, beneidet, gehört, kontrolliert und kritisiert.

Vorweg halte ich es für wichtig, dass Sie sich von der gestiegenen Verantwortung nicht gleich erschlagen lassen, unter dem Motto: »Hoffentlich merkt niemand, dass ich restlos überfordert bin!« Ein altes Sprichwort zum Trost: Wem Gott ein Amt gibt, dem gibt er auch den Verstand! Vielleicht haben Sie auch den amerikanischen Film *Dave* gesehen, in dem ein Double nach dem plötzlichen Tod des Präsidenten dessen Rolle übernimmt und es überhaupt niemandem auffällt – mit Ausnahme der Präsidentengattin. Einfach »so tun als ob« könnte daher ebenfalls funktionieren.

In meiner bisherigen Arbeit ist mir in diesem Zusammenhang wieder ein Unterschied zwischen den Geschlechtern aufgefallen: Männer werden weniger häufig von Selbstzweifeln geplagt als Frauen, wenn sie ein wichtiges Amt übernehmen. So gesehen ist Politik eben doch ein Spiegelbild unserer Gesellschaft.

In aller Regel stellt ein Karrieresprung in der Politik die Betroffenen vor große Herausforderungen: Eine politische Führungsfunktion bedeutet Führungsverantwortung. Unmittelbar nach der Angelobung ist man Vorgesetzter einer bestimmten Zahl von Beamten, die einem entweder loyal und kooperativ oder mit Skepsis gegenübertreten. Zusätzlich müssen Sie rasch Ihren engsten Mitarbeiterstab auswählen, bevor Sie noch beurteilen können, welche Kompetenzen im Umfeld besonders wichtig sind.

Verschärft wird die Situation oft dadurch, dass Sie sich in eine unübersichtliche Materie, in neue Aufgaben und Zuständigkeiten einarbeiten müssen und bereits unter Druck die ersten Entscheidungen zu treffen haben.

Bevor man in der Sacharbeit nur halbwegs sattelfest ist, verlangen die Medien erste Stellungnahmen, Aussagen zu künftigen Plänen im Ressort und möchten den frisch gebackenen Funktionsträger interviewen, fotografieren und über Zeitung, Funk und Fernsehen einem breiten Publikum vorstellen. Sie müssen Reden halten – oft in Vertretung eines Spitzenpolitikers, über Dinge referieren, von denen Sie wenig Ahnung haben, und mit Leuten in Kontakt treten, deren Interessen und Einstellungen Ihnen noch fremd sind.

Vom ersten Tag an werden Sie aber auch mit einer Flut an Einladungen, Terminen, Sitzungen und Einzelanliegen von Bürgern konfrontiert. Viele neue Freunde finden sich mit Ratschlägen ein, die nicht immer nur gut gemeint sind.

Dazu kommt, dass durch den Karrieresprung die Luft zum Atmen etwas dünner geworden ist. Vom ersten Tag an werden Sie beobachtet und stehen in Konkurrenz – nicht nur zum politischen Gegner, sondern vor allem zu Personen aus der eigenen Gruppe. Früher hat man sich die eigene Partei oft als eine Gemeinschaft von engagierten Menschen vorgestellt, die an einem Strang ziehen, um miteinander ambitionierte Ziele zu erreichen. Prämisse des Handelns ist der Einsatz für jene, von denen man gewählt wurde. Die Realität ist etwas anders: Ein Großteil an Energie und Zeit verpufft in internen Grabenkämpfen, Diskussionen und ständigem Ausgleichen von Interessen.

Der erste Eindruck zählt. Stimmt. Das Problem ist nur, dass Sie monatelang fast überall, wo Sie hinkommen, einen positiven ersten Eindruck hinterlassen sollten! Viele Gründe also, warum Sie in dieser Phase unter Hochdruck stehen. Bereits bei der Übernahme Ihrer neuen Aufgabe, noch besser einige Wochen vorher, sollten Sie daher auf professionelle Beratung zurückgreifen.

Coaching beim Start in eine Führungsfunktion

Auch in der Wirtschaft kommt es ständig vor, dass Leute aus dem Team plötzlich zu Vorgesetzten werden. Auch dort ist dieser Übergang und die Bewährung in der neuen Rolle alles andere als einfach. In der Politik wird diese ohnehin schwierige Situation durch die Vielzahl der eben beschriebenen Anforderungen noch verschärft. Welche Unterstützung kann Coaching hier bieten? Vor einiger Zeit habe ich als Coach mit einem Regionalpolitiker gearbeitet, zunächst bevor er eine leitende Funktion übernahm, dann in den ersten Monaten danach. Dabei haben wir uns hauptsächlich mit den hier angeführten Fragen beschäftigt:

- Am Anfang will sich mein Klient möglichst ***schnell*** in seinen Zuständigkeitsbereich ***einarbeiten***. Als Neuankömmling mit gut informierten Beamten zusammenzuarbeiten, gleichzeitig deren Vorgesetzter zu sein und gemeinsame Entscheidungen nach außen kommunizieren und vertreten zu müssen, wird als besonders belastend empfunden. Hier arbeiten wir sehr intensiv am Rollenverständnis: Ist ein Politiker oberster Sachbearbeiter oder besteht seine Aufgabe nicht eher darin, einen Informationsfluss sicherzustellen, der eine gute Grundlage für nachvollziehbare und weitgehend richtige Entscheidungen gewährleistet? Welche organisatorischen Vorkehrungen können dafür getroffen werden, welche Gesprächspartner und Informationsquellen tragen dazu bei, in kurzer Zeit einen guten Überblick zu bekommen? Welche Personen können diese wichtige Zuarbeit für ihren Chef organisieren? Welche wiederkehrenden Rituale wären dabei hilfreich?

► Abzuklären ist auch die Frage nach einem gut organisierten ***Netzwerk*** an Unterstützung in der neuen Aufgabe: Welche Personen bilden den harten Kern im persönlichen Umfeld, mit wem möchte man durch dick und dünn gehen? Wo sind weitere Partner, mit denen man positiv zusammenarbeiten kann? Welches persönliche Netzwerk ist bereits vorhanden, wie kann es ausgebaut und gepflegt werden?

► Eine dominante Rolle spielt die Frage der ***Öffentlichkeitsarbeit.*** Wo sind beim Klienten Stärken, wo sind Schwächen vorhanden? Hier versuche ich, immer wieder das Bewusstsein dafür zu schärfen, dass die Kommunikationsarbeit einen wichtigen und zeitintensiven Kernbereich der neuen Funktion darstellt. Was sind die Hauptanliegen meines Klienten? Für welche Inhalte steht er? Wen möchte er besonders ansprechen? Auf welche Hilfe, Beratung und Zuarbeit kann er hier jederzeit zurückgreifen?

► ***Der erste Eindruck zählt:*** Welche klar erkennbaren Botschaften sollen vermittelt werden? Welche ersten Aha-Erlebnisse werden der Öffentlichkeit geboten, welche symbolischen Handlungen könnten ein positives Image meines Klienten unterstreichen?

► Die optimale Organisation seines Büros, das Management der Termine oder welcher Mitarbeiter eine bestimmte Aufgabe übernehmen soll, gehört für mich nicht unbedingt zum Inhalt eines Coaching-Gesprächs. Allerdings frage ich meinen Klienten schon danach, wie für ihn ***bestmögliche Rahmenbedingungen*** aussehen, was er alles unternommen hat oder unternehmen wird, um sie im eigenen Interesse zu schaffen.

► Ich appelliere an seinen ***gesunden Egoismus***: Wenn seine »Batterie« leer ist, wird es ihm kaum gelingen, andere zu motivieren oder überzeugend nach außen aufzutreten. Die Verantwortung für eine volle Batterie trägt er in einer Führungsfunktion meistens selber. Im Coaching suchen wir gemeinsam nach Möglichkeiten, ein regelmäßiges »Aufladen« sicherzustellen: Wie schafft er Platz für Auszeiten, für ein Minimum an Privat- und Familienleben, aber auch für konzeptionelles und strategisches Arbeiten?

► Am Ende besprechen wir noch ein zentrales Thema: Wie kann sich mein Klient ständiges ***Feedback*** organisieren? Der Mangel an Feedback ist für mich eines der größten Defizite, die das Politikerdasein mit sich bringt. Hier gilt es, rechtzeitig vorzubeugen – eine Hilfestellung dazu bietet der Coach. Von welchen anderen Personen kann der Politiker positive und kritische Rückmeldungen annehmen? Wer würde dafür regelmäßig zur Verfügung stehen, welche anderen Meinungen sollen noch gehört werden?

Übernimmt ein Politiker eine Führungsfunktion, sehe ich meine Aufgabe als Coach in erster Linie darin, ihn zu ermuntern, sich ein wirksames Unterstützungssystem aufzubauen. Nur so kann er auch langfristig in seiner neuen Rolle bestehen und durchhalten. Die Bandbreite dieser Unterstützung umfasst das rasche Einarbeiten in die Materie ebenso wie ein positives persönliches Umfeld, eine gute Öffentlichkeitsarbeit, die ersten Auftritte, ein regelmäßiges Feedback und das Batterie-Aufladen. Wenn es gelingt, diese Selbstorganisation nachhaltig zu fördern, hat das Coaching sein Ziel erreicht.

Eine Wahl steht bevor

Politiker müssen sich nach einigen Jahren wieder einer Wahl stellen. Dem Agieren der Kandidaten im Wahlkampf kommt daher eine besondere Bedeutung zu, auch wenn es vom Publikum oft als Belästigung empfunden wird. Das Wahlergebnis und seine Folgen entscheiden über den weiteren Verlauf der politischen Karriere. Glänzende Erfolge und bittere Niederlagen liegen oft knapp nebeneinander. Kein Wunder, dass die Phase des Wahlkampfs die Betroffenen voll fordert und vor große Belastungen stellt.

Wahlkampf ist eine Ausnahmesituation, die zwar regelmäßig wiederkehrt, sich aber vom Alltag in der Politik deutlich unterscheidet: Wahlkampfmanager und Werbeagenturen greifen rigide in die bisherigen Abläufe ein, täglich muss eine Flut von zusätzlichen Terminen bewältigt werden, Tempo, Druck und Fremdbestimmung nehmen stark zu. Freiräume und

Möglichkeiten, sich zu regenerieren, können nur noch in Stunden gemessen werden.

Manche Politiker blühen jetzt so richtig auf und genießen den intensiven Kontakt mit den Menschen. Andere würden lieber begonnene Projekte in Ruhe weiterführen, ihre zahlreichen Aufgaben abarbeiten, statt sich wie Stars aus der Volksmusikszene ständig lächelnd und händeschüttelnd unters Volk zu mischen.

Öffentlichkeitsarbeit und Kommunikation drängen die Sacharbeit ziemlich in den Hintergrund. Trotzdem dürfen gerade jetzt keine Fehler passieren, weil diese nur zu gern vom politischen Gegner verwertet werden.

Wahlkämpfe folgen einer eigenen Dynamik: Manche Entwicklungen, Stimmungen und Trends können von den Kandidaten beeinflusst werden, andere wieder gar nicht. Die eigene Rolle wird manchmal derart überschätzt, dass einige bis zum Burn-out an ihre physischen und psychischen Grenzen gehen. Andererseits eröffnet eine Wahlkampagne große Chancen zur Profilierung. Gerade jene, die nicht an der ersten Stelle kandidieren, können zeigen, was sie »draufhaben«, ihren Bekanntheitsgrad steigern und sich für die Zeit nach der Wahl geschickt in Position bringen.

»The half of the campaign is to keep the candidate happy.« Darum geht's. Wenn der Kandidat in Höchstform ist, ist ein wichtiger Grundstein für eine erfolgreiche Wahlauseinandersetzung gelegt.

Coaching im Wahlkampf

Viele Politiker nehmen unmittelbar vor einer Wahl überhaupt zum ersten Mal Coaching in Anspruch. Hauptsächlich geht es ihnen darum, die zahlreichen Auftritte bei Veranstaltungen und ihren Umgang mit den Medien zu verbessern. Völlig verständlich, weil hier der Schuh am meisten drückt. Der Coach ist gleich mehrfach gefordert:

In kurzer Zeit sollen gemeinsam rasche Ergebnisse erzielt werden. Eine stressfreie Anlaufzeit für die Zusammenarbeit zwischen Coach und Klient fällt weg, Letzterer steht unter einem enormen Druck. Die Coachings werden in einen bereits vollen Zeitplan hineingeschoben, so dass der Politiker oft mit seinen Gedanken schon wieder beim nächsten Termin ist. Trotz dieser schwierigen Ausgangssituation bringen die Klienten in dieser Phase eine hohe Bereitschaft zur Veränderung mit: Wenn sie sich schon mühsam für die Coaching-Sitzungen freimachen, dann möchten sie auch davon profitieren, was ein intensives Arbeiten ermöglicht.

Bei den letzten Bürgermeisterwahlen in meinem Bundesland habe ich etwa fünfzehn Kandidaten als Coach betreut. Wie sind diese Coachings abgelaufen?

- Am Beginn besprechen wir die ***Ausgangslage***, reden über die politische Situation in der Gemeinde, vorhandene Konkurrenten, Themen, die in der Bevölkerung eine Rolle spielen, erste Begebenheiten im Wahlkampf, Stärken und Schwächen aus der Sicht des Klienten usw.
- Danach machen wir eine kleine Übung in Form von ***Bewerbungsgesprächen*** oder ***Interviewfragen***: Wie war Ihr bisheriger Werdegang? Was würden Sie als Ihre Stärken bezeichnen? Welche Sorgen und Anliegen werden von den Leuten an Sie herangetragen? Was sind Ihre wichtigsten Vorhaben für die nächsten Jahre? Warum soll man Sie wählen, was unterscheidet Sie von der Konkurrenz? Diese Übung wird meistens mit der Kamera aufgenommen und dann gemeinsam analysiert. Dabei geht es mir weniger darum, eine Fernsehsituation nachzubauen, vielmehr möchte ich mit dem Klienten daran arbeiten, dass er seine Themen auf den Punkt bringen kann, sich daran gewöhnt, positiv über sich selber zu sprechen und in eigener Sache die Werbetrommel zu rühren.
- Danach stelle ich gezielte Fragen nach den vorhandenen ***Ressourcen*** in der Wahlkampfsituation: Wie sieht das eigene Umfeld aus, gibt es noch Verbesserungsmöglichkeiten? Wie ist die Kampagne insgesamt organisiert, wie sieht hier die eigene Rolle aus? Welche Auftritte laufen gut und machen Spaß? Was wäre verzichtbar? Wie lässt sich die eigene Batterie regelmäßig und rasch wieder »aufladen«, was führt zu einer erhöhten Selbstmotivation? Wo können zumindest kurze Auszeiten eingeplant werden? Wie kann man mit der Belastung im Privat- und Familienleben umgehen?
- Am Ende besprechen wir miteinander noch ***strategische Fragen***: Wie wirkt sich welches Wahlergebnis auf die künftige Karriere aus? Welche

Alternativen gibt es zum Politikerdasein, wenn es schief geht? Wie sollte die Positionierung für die Zeit nach der Wahl aussehen (worst case, best case)?

Ingesamt soll das Coaching im Wahlkampf trotz stressiger Rahmenbedingungen dem Politiker helfen, immer wieder rasch zu seiner körperlichen und mentalen Hochform zu finden. Er kann nur positiv nach außen wirken, wenn er jetzt fit ist.

Gleichzeitig versuche ich das Bewusstsein dafür zu schärfen, dass der Wahlabend nicht das Ende aller Tage ist und es sich daher lohnt, jetzt schon für die Zeit danach Überlegungen anzustellen. Andere tun das auch.

Wenn der Hut brennt

Die Politik verläuft manchmal wie eine Achterbahn. Eben noch oben, schon wieder unten, eben noch Jubel, plötzlich Anfeindungen; Applaus und Buhrufe, Liebe und Hass, die ganze Bandbreite menschlicher Gefühle kann man rasch hintereinander erleben. Innerhalb weniger Stunden kann sich die Situation ins Gegenteil verändern. Diese Abwechslung, die nie Langeweile aufkommen lässt, hat wohl auch ihren eigenen Reiz.

Das bedeutet aber ebenso, dass man viel schneller als erwartet mitten in eine tiefe Krise geraten kann, die zum jähen Ende der politischen Karriere führt: der klassische Fall einer Wahlniederlage, eine Fehlentscheidung, ein völlig verpatzter Medienauftritt, Anfeindungen und Angriffe von Gegnern aus anderen Parteien oder im schlimmsten Fall aus der eigenen Fraktion. Die Ereignisse überschlagen sich und erhalten in kurzer Zeit eine Dynamik, der man nur schwer entrinnen kann, frei nach dem Motto: Wenn man kein Glück hat, kommt meistens das Pech auch noch dazu. – Auch die beste Beratung stößt hier bald an ihre Grenzen. Und allein schafft man es erst recht nicht.

Coaching in der Krise

Über Krisenmanagement sind inzwischen zahlreiche gute Bücher geschrieben worden. Deren Inhalt soll hier nicht wiederholt werden. Ich möchte kurz darauf eingehen, was Coaching leisten kann, wenn sich ein Politiker in einer kritischen Situation befindet. Immer vorausgesetzt, dass die Lage noch nicht völlig ins Negative gekippt ist und noch ein wenig Zeit zum Gegensteuern bleibt, arbeite ich mit meinen Klienten an den folgenden Fragen:

- Die ***beste Art***, eine ***Krise zu bewältigen***, ist, sie schon im Vorfeld abzuwenden. Voraussetzung dafür: ein positives und professionelles Umfeld, loyale Mitarbeiter, die ihr Handwerk verstehen. Nächster Schritt: strategisch arbeiten, mögliche Krisenszenarien durchspielen, ihre Auswirkungen besprechen und geeignete Reaktionsweisen erarbeiten.
- Ist die Situation bereits eskaliert, kann Coaching zur ***Schadensbegrenzung*** beitragen: Zuerst klären wir, was überhaupt Sache ist, versuchen die aktuellen Fakten auf den Punkt zu bringen. Und dann zwei Fragen: Was passiert im schlimmsten Fall, mit welchen Konsequenzen müssten wir rechnen? Wie würde im Augenblick das bestmögliche Ergebnis ausschauen?
- Erst danach frage ich den Klienten, was er dazu beitragen kann, um einen oder mehrere ***Auswege*** zu finden. Was ist an der jetzigen Lage noch positiv? Welche ***Chancen*** bietet die Krise? Welche realistischen Ziele könnte er als Nächstes anstreben?
- Hält der Klient selber seine Situation für völlig ***aussichtslos*** – sieht er keine Lösung –, dann arbeite ich auch gerne provokativ. Er hat immer die Wahl, sich für oder gegen die derzeitige Konstellation zu entscheiden: Kein Mensch wird gezwungen, Politiker zu werden oder zu bleiben! Man kann im Leben zu jedem Zeitpunkt sagen: Punkt, Ende, Schluss – es reicht. Oder man kann kämpfen.

Manchmal hilft auch der altbekannte Stoßseufzer: »Herr, gib mir die Kraft, die Dinge zu ändern, die geändert werden müssen. Gib mir die Geduld, Dinge zu ertragen, die ich nicht ändern kann. Und gib mir vor allem die Weisheit, beides zu unterscheiden!«

Time to say goodbye

Clean entrance, clean exit. Ein Tipp, den ich meinen Klienten für ihre öffentlichen Auftritte gerne mitgebe. In einer Präsentation einen guten Start zu finden ist wichtig; ebenso wichtig ist es, zu einem sauberen Abschluss zu kommen. Dasselbe gilt für den Auftritt auf der Bühne Politik. Politiker sollten sich vor allem gegen Ende ihrer Karriere Gedanken über einen guten Abgang machen. Früher sind sie irgendwann nach ihrem sechzigsten Geburtstag mit allen Ehrungen in den Ruhestand getreten. Andere wurden und werden auch heute noch mit attraktiven Jobs in staatlichen oder halbstaatlichen Unternehmen versorgt.

Die meisten Politiker stehen heute jedoch vor einer völlig neuen Situation: Engagierte Leute erreichen relativ jung hohe Ämter und Funktionen. Auch an beliebten Repräsentanten haben sich die Wähler nach etwas mehr als zehn Jahren ziemlich satt gesehen. Das gesetzliche Pensionsalter erreichen meistens nur mehr sehr dickhäutige Politdinosaurier oder besonders charismatische Persönlichkeiten als aktive Berufspolitiker.

Die Personalisierung der Politik durch die Medien hat auch in Europa in den letzten zwanzig Jahren extrem zugenommen, und sie fordert ihre Opfer. Das Publikum möchte möglichst oft neue Gesichter sehen: jüngere Leute, Frauen, Krisenmanager, Visionäre, reife Landesväter oder dynamische Sunnyboys, Abwechslung muss sein. Heißt im Klartext, dass für jeden irgendwann die Zeit gekommen ist, wieder aus der Politik auszuscheiden, obwohl der Abschied nicht immer leicht fällt. Schließlich verzichtet man auf öffentliche Präsenz, auf so manche Annehmlichkeit und darauf, ganz vorne mitmischen zu können. Dass man sich als Politiker oft in einer Scheinwelt bewegt hat, merkt man erst später. Wenn der Freundeskreis wieder kleiner geworden ist, wenn man Politik wieder von außen mit verfolgen kann, oder wenn man erkennt, dass es noch andere Dinge gibt, die dem Leben Sinn und Inhalt geben.

Je früher Sie sich Gedanken über ein Leben nach der Politik machen, desto besser – und Sie sollten das durchaus mit Selbstbewusstsein tun. In der Politik erwirbt man Erfahrungen und Fähigkeiten, die auch in anderen Führungsfunktionen gefragt sind: Man lernt Grenzformen der Kommunikation kennen, steht im Rampenlicht, muss komplexe Entscheidungen kommunizieren, durchlebt Krisen, begegnet menschlichen Eitelkeiten und Intrigen. Alles Dinge, die man braucht, um sich in großen Organisationen sicher zu bewegen und dort als Chef überleben zu können. Nicht umsonst habe ich am Beginn dieses Beitrages Parallelen zum Top-Management hergestellt. Daher holen sich große Unternehmen auch gute Leute aus der Politik ins Management.

Die Chancen, dass dem Ausstieg aus der Politik ein positiver Neubeginn folgt, sind daher völlig intakt. Um sie optimal nutzen zu können, braucht man einen sauberen Abgang ohne negative Begleitmusik. Und der lässt sich vorbereiten.

Coaching für den Ausstieg

In dieser letzten Phase der politischen Tätigkeit kann der Coach für den Übergang in einen neuen Lebensabschnitt eine Hilfestellung leisten:

► Anfangs ***hinterfrage*** ich bei meinem Klienten nochmals seinen ***Entschluss***, aus der Politik auszusteigen. Wir sprechen über Vor- und Nachteile dieser Entscheidung. Sie kann später nicht mehr rückgängig gemacht werden: »The point of no return. And they never come back.«

► Ist das geklärt, reden wir über den eigentlichen ***Ausstieg***. Wie soll er ablaufen? Wer wird als Erstes in diese Entscheidung eingebunden? Wie soll sie kommuniziert werden? Wie könnte eine gute Inszenierung aussehen? Welches Ritual ist üblich, wie möchte mein Klient es in seinem Sinn gestalten? Welche Aktivitäten kann er unmittelbar nach seinem Abgang entfalten, um nicht in das berühmte schwarze Loch zu fallen, wenn die »Droge« Politik plötzlich abgesetzt wird? Wie kann er die angenehmen Seiten dieser Veränderung bewusst genießen?

► Am Ende beschäftigen wir uns intensiv mit der ***Zukunft***: Welche Personen werden auch nach der Politik als verlässliche Partner da sein? Welche Kontakte zu Unternehmen, Institutionen und Medien können jetzt schon für die Zeit danach aktiviert werden? Was bringt der Klient in seine neue Aufgabe mit, welche Kompetenzen, Erfahrungen und Beziehungen, welches Image? Was hat er in der Politik besonders gut und gern gemacht? In welchen Bereichen oder Funktionen könnte er seine Stärken in Zukunft am besten einsetzen?

Der passende Coach für Politikerinnen und Politiker

Sie haben in diesem Kapitel am Beispiel einiger typischer Stationen einer Politikerkarriere erfahren, wo Coaching in der Politik ansetzen kann und wie es abläuft. Selbstverständlich habe ich diese Dinge stets aus meiner Perspektive geschildert, aus der Sicht von jemandem, der mit Politikern gearbeitet hat und im Coaching Klienten aus unterschiedlichen Branchen erlebt hat. Ausgehend von diesem persönlichen Hintergrund – nun die Frage: Wer ist als Coach wirklich für die Arbeit mit Politikern geeignet?

- Aus Sicht des Kunden muss das nicht unbedingt eine einzige Person sein. In einer abwechslungsreichen Politikerkarriere können so unterschiedliche Beratungserfordernisse auftreten, dass es durchaus Sinn macht, auf verschiedene Coachs zurückzugreifen.
- Coaching ist eine Dienstleistung, bei der zwei Personen besonders intensiv zusammenarbeiten müssen. Dass die menschliche Ebene zwischen den beiden stimmt, ist eine Grundvoraussetzung. Der Politiker muss dem Coach absolut vertrauen können. Das erfordert auf Seiten des Coachs jedenfalls volle Diskretion, vor allem aber ein hohes Maß an Professionalität. Dazu gehören, neben einer guten Coaching-Ausbildung, Erfahrung in der Praxis, Flexibilität und Vielseitigkeit.
- Verfügt der Coach über PR-Know-how, Erfahrung mit Medien sowie einen guten Überblick über das politische System und das Funktionieren von Parteien, so ist das für den Kunden sicher ein Vorteil.
- Coaching ist meistens eine einsame Tätigkeit, weshalb Coachs oft typische Einzelkämpfer sind. In unserem Fall ist allerdings auch Arbeiten im Team gefragt: Der Coach muss sich mit anderen Politikberatern und dem Umfeld des Politikers abstimmen, um als ein Element aus dem Unterstützungs-System seines Klienten mit diesem individuell und zielgerichtet arbeiten zu können.

► Was ich vom Coach unbedingt einfordern würde, ist eine kritische Distanz zur Politik. Welche persönlichen politischen Vorstellungen der Berater auch immer haben mag, Coaching ist kein geeigneter Weg, um diese zu verwirklichen!

Trotz all seiner Vorteile warne ich davor, Coaching in der Politik zu überschätzen. Der Coach ersetzt keine Meinungsforscher, keine PR-Berater und keine Wahlkampfstrategen. Er kann vorhandene Trends und Stimmungen nicht umdrehen, weder ein negatives Umfeld ausgleichen, noch Wahlen gewinnen. Coaching kann aber bei halbwegs guten Rahmenbedingungen eine wirksame Hilfe zur Selbsthilfe bieten.

Zum Schluss

In meiner langjährigen Zusammenarbeit mit Frauen und Männern aus der Politik habe ich sehr unterschiedliche, manchmal sogar ziemlich exzentrische Persönlichkeiten kennen gelernt. Sie waren mehr oder weniger erfolgreich, mehr oder weniger angenehme Zeitgenossen, einfach Menschen wie du und ich.

Politik ist ein Spiel mit eigenen Regeln. Jeder muss für sich entscheiden, ob er da mitspielen, damit leben und danach handeln möchte. Sollte Coaching ein wenig dazu beitragen, hie und da die eine oder andere Regel positiv zu verändern, dann hätte es sich ausgezahlt. Um Politik für ihre Akteure und für die von ihren Entscheidungen Betroffenen ein Stück menschlicher zu machen.

Wenn Welten aufeinander stoßen

Coaching in cross-kulturellen Teams

Lara Keromosemito

Ein Dauerbrenner unter den Anfragen an Trainer und Berater ist: »Was kann man tun, um die Zusammenarbeit im Team zu verbessern?« Wenn es zwischen Teammitgliedern knistert und knallt, sind viele verzweifelte Vorgesetzte gern bereit, zu spektakulären Maßnahmen zu greifen. Da seilt man sich gemeinsam von Bergen ab und läuft kollektiv über heiße Kohlen. Der Fun-Faktor derartiger Maßnahmen ist unbestritten, wenn man keine ausgeprägte Höhenangst hat und der Feuermeister sein Handwerk beherrscht. Die Veranstaltungen beeindrucken jeden, der an ihnen teilnimmt, auf die eine oder andere Weise. Ob sie jedoch dazu beitragen, die Zusammenarbeit im Team nachhaltig zu verbessern, ist fraglich. Völlig ernüchtert stellt nämlich der Vorgesetzte wenige Wochen nach dem Feuerlauf fest, dass die Teammitglieder die Maßnahmen zwar überlebt haben, aber immer noch nicht besser zusammenarbeiten. Besonders häufig stellt sich der Wunsch nach Teambuilding-Maßnahmen in Teams, die aus Mitarbeitern mit unterschiedlichen kulturellen Hintergründen bestehen. Da heute verstärkt auf globaler Ebene zusammengearbeitet wird und Unternehmen mit den unterschiedlichsten (Unternehmens-)Kulturen fusionieren, müssen immer unterschiedlichere Mitarbeiter zwangsläufig miteinander auskommen. Was kann man dem engagierten Vorgesetzten empfehlen, damit aus seiner Truppe aus Individuen tatsächlich ein Team wird? Bei einer derartigen Fragestellung kann eine Kombination aus Einzel- und Team-Coachings angewendet werden. Wie das genau abläuft, wird anhand des folgenden Praxisbeispiels verdeutlicht:

Das Praxisbeispiel:
Ein Geschäftsführer sucht nach einer Teambuilding-Maßnahme, da sein Team, bestehend aus drei Bereichsleitern, »nicht richtig zusammenarbeitet«. Besonders zwischen zwei Bereichsleitern kommt es immer wieder zu Konflikten. Diverse vom Vorgesetzten einberufene Aussprachen führten weder zur Aussöhnung der beiden noch zur Verbesserung der Zusammenarbeit. Im Gegenteil, in den Sitzungen eskalierten die Konflikte sogar.

Die Persönlichkeiten der Bereichsleiter beschreibt ihr Vorgesetzter folgendermaßen: Einer der Bereichsleiter stammt aus Kalifornien, USA. Wir nennen ihn im weiteren Verlauf Mr. California. Er ist nach Angaben seines Chefs sehr positiv und konstruktiv, aber eben ein wenig »laid back, wie die Kalifornier so sind«. Mr. California kommt mit der deutschen Mentalität manchmal nicht so gut zurecht, gerade wenn es um die typisch deutschen Tugenden wie Pünktlichkeit und Genauigkeit geht. Den zweiten Bereichsleiter bezeichnet der Geschäftsführer als jemanden, der sehr korrekt ist, sich aber auch nicht »die Butter vom Brot nehmen lässt« und dabei »schon mal über das Ziel hinaus schießt«. Mit seiner sehr direkten Art »eckt er hin und wieder an«, auch bei anderen Gesprächspartnern, was sein Vorgesetzter aber nicht dramatisch findet. Mit einem milden Lächeln weist er sogar darauf hin, dass er sich durch diesen Bereichsleiter an sich selbst in jungen Jahren erinnert fühle. Beide stammen sie aus dem Westfälischen, weshalb der Bereichsleiter der Einfachheit halber auch Herr Westfale genannt wird. Die Westfalen zeichnen sich nach Ansicht des Geschäftsführers durch Geradlinigkeit aus, eine Eigenschaft, die von anderen aber auch gern als Sturheit interpretiert wird. Ab und zu habe der Vorgesetzte Herrn Westfale deswegen schon in die Schranken weisen müssen, was aber sein Verhalten nicht substanziell verändert habe. Der dritte Bereichsleiter ist ein Niederländer, im Folgenden Herr Holland genannt. Sein Vorgesetzter beschreibt ihn als ruhig und zurückhaltend. In vergangenen Sitzungen versuchte Herr Holland erfolglos den Streit zwischen seinen Kollegen zu schlichten. Inzwischen hält er sich nun so weit wie möglich aus den Konflikten zwischen Mr. California und Herrn Westfale heraus.

Der Geschäftsführer zeigt sich offen für alle Arten von Maßnahmen und versichert, dass alle seine Bereichsleiter ein hohes Interesse daran hätten, die Teamarbeit zu verbessern.

Methode / Vorgehensweise

Auffällig ist bei solchen Anfragen, dass die Führungskraft häufig bereits Partei bezogen hat und zwar für den Mitarbeiter, dem sie sich aufgrund ihres eigenen kulturellen Hintergrundes am nächsten fühlt. Der »fremdere« Mitarbeiter wird entsprechend als Hauptverantwortlicher für den bestehenden Konflikt ausgemacht. In ihm sieht man die Ursache dafür, dass die Zusammenarbeit nicht funktioniert. Oftmals ergeben sich in der Zusammenarbeit zusätzliche Konflikte dadurch, dass kulturelle Konventionen als gemeinsame Grundlage fehlen. Im Beispiel gab die gemeinsame Herkunft von Führungskraft und Herrn Westfale diesem den Vorzug. Dagegen wurde Mr. California, der sich im kulturellen Hintergrund deutlich vom Vorgesetzten unterschied, von diesem als »Problemmitarbeiter« beschrieben. Der Vorgesetzte sprach von Mr. California mit weniger Wertschätzung als es bei Herrn Westfale und auch Herrn Holland der Fall war. Es wird deutlich, dass der Vorgesetzte den Mitarbeiter als am problematischsten erlebt, der ihm am wenigsten vertraut ist. Es empfiehlt sich in dieser Situation für den Coach, zunächst Einzelgespräche mit den Beteiligten zu führen, um einen neutralen Eindruck von der Situation zu erlangen.

1. Die Situation wirklich verstehen – die neutrale Sicht des Coachs

Die Einzelgespräche mit den Mitarbeitern dauern jeweils ungefähr zwei bis drei Stunden. Der Coach möchte dabei erst einmal die Beteiligten kennen lernen und sich einen Eindruck davon verschaffen, wann und weshalb es im Team schwierig wird oder gar knallt. Darüber hinaus ist es ihm wichtig, Klarheit darüber zu erzielen, ob auch alle Beteiligten tatsächlich bereit sind, gegebenenfalls an sich selbst zu arbeiten. Lippenbekenntnisse wie:

»Klar ist es wichtig, dass wir gut miteinander auskommen«, sind keine hinreichende Bedingung für die Verbesserung der Teamarbeit. Weiterhin geht der Coach darauf ein, wie sich die Beteiligten normalerweise in Konflikten verhalten. Wir haben alle eine Vorstellung davon, dass sich ein unterkühlter Nordnorweger anders streitet als ein Süditaliener. Jedoch ist nichts gefährlicher, als bei diesen Aufträgen den gängigen Klischees zu verfallen. Es handelt sich schließlich bei allen Personen um Individuen, die ihre persönlichen Verhaltensstrategien für verschiedene Situationen haben. Häufig entpuppt sich der Skandinavier dann als überraschend temperamentvoll und der Sizilianer als erstaunlich ruhig. Es ist deswegen besonders wichtig, dass der Coach in den Einzelgesprächen die Aussagen der Beteiligten kritisch hinterfragt und möglichst wenig Raum zur freien Interpretation der Aussagen lässt.

Unterschiedliche Sicht der Dinge – erste Eindrücke aus Einzelgesprächen

Der Coach arbeitet in den Einzelgesprächen heraus, wie die verschiedenen Mitarbeiter die Situation im Team bewerten und wie es um ihre Bereitschaft steht, an der Situation etwas zu ändern. Hierfür stellt er folgende Fragen:

- Wie erleben Sie die Situation im Team?
- Wenn sich an der Situation im Team / an Ihrem Verhalten nichts ändert, was wird dann passieren?
- Warum macht es aus Ihrer Sicht Sinn, die Themen gerade jetzt anzugehen?
- Welche Voraussetzungen benötigen Sie, damit Sie die Themen angehen wollen? Unter welchen Voraussetzungen möchten Sie sich an weiteren Maßnahmen eher nicht beteiligen? An welcher Stelle kann / soll / darf sich der Vorgesetzte in den Prozess einbringen?
- Was müsste passieren, damit Sie nach einer Maßnahme das Gefühl haben, es hat Sie und das Team wirklich weitergebracht?

Das Praxisbeispiel:
Wie zu erwarten, wurde die Situation im Team von den Bereichsleitern sehr unterschiedlich bewertet. Mr. California empfand die Situation im Team als sehr belastend. Er wünschte sich mehr Austausch und Nähe im Team und ein freundlicheres Miteinander. Die Tatsache, dass es offene Streitgespräche gab und Herr Westfale bei den vom Geschäftsführer einberufenen Aussprachen sehr laut wurde, war in seinen Augen inakzeptabel. Weiterhin konnte er nicht verstehen, warum sein Chef das Verhalten seines Kollegen durchgehen ließ. Er hatte darüber mehrfach mit seinem Vorgesetzten gesprochen, der sich daraufhin seinerseits mit Herrn Westfale auseinander setzte, was jedoch nichts gebracht habe. Mr. California erläuterte, dass er sich aufgrund der schlechten Teamarbeit ernsthaft Gedanken mache, das Unternehmen zu verlassen. Er zeigte jedoch hohe Bereitschaft, das Thema »Zusammenarbeit im Team« anzugehen.

Herr Westfale präsentierte sich während des ersten Gespräches äußerst distanziert. Auch er bewertete die Zusammenarbeit im Team nicht positiv. Dies lag aber seiner Meinung nach vor allem daran, dass Mr. California Kritik nicht offen äußere, sondern ihn stattdessen bei dem Vorgesetzten »anschwärze«. Er erlebte die Situation im Team als nicht sonderlich kritisch, konnte im Gegenteil sehr gut damit leben. Er habe allerdings auch schon negatives Feedback über den Bereich von internen Kunden erhalten, was er als unbefriedigend bezeichnete. Deswegen zeigte er eine prinzipielle Bereitschaft, das Thema »Verbesserung der Zusammenarbeit im Team« anzugehen.

Herr Holland erlebte die Situation im Team als irritierend. Er konnte nicht nachvollziehen, warum sich seine beiden Kollegen immer wieder in die Haare bekamen. Er kam mit beiden individuell ganz gut zurecht. Er zeigte sich offen und interessiert gegenüber wie auch immer gestalteten Maßnahmen, auch wenn er die Notwendigkeit nicht als sehr groß einschätzte.

Ein Team ist ein Team?

Ein besonderes Augenmerk legt der Coach bei den Einzelgesprächen auf so genannte Worthülsen, Begriffe, deren Bedeutung man automatisch zu verstehen meint, die aber von verschiedenen Personen sehr unterschiedlich interpretiert werden können. Die erste Worthülse, die es dabei zu knacken gibt, ist das Wort »Team«. Dies ist sicherlich ein äußerst strapazierter Begriff. Niemand, der in einem Unternehmen Karriere machen möchte, würde ernsthaft offen anzweifeln, dass Teamarbeit überaus wichtig ist. Irgendwie arbeiten wir heutzutage alle in Teams, sind wahnsinnig teamorientiert und wissen, dass das auch wichtig ist, um Ziele zu erreichen. Was ist aber eigentlich ein Team? Als Team wird normalerweise der Zusammenschluss von mehreren Personen zur Lösung einer bestimmten Aufgabe bzw. zur Erreichung eines bestimmten Zieles bezeichnet. Der Coach sollte deswegen zunächst herausfinden, wie das Team bzw. die Teamarbeit für seine Coachees tatsächlich aussieht. Hierzu stellt er folgende Fragen:

- Bei welchen Aktivitäten arbeiten Sie eng mit Ihren Kollegen zusammen?
- Welche Aufgaben können Sie weitgehend unabhängig voneinander ausführen?

Das Praxisbeispiel:

Es stellte sich in den Einzelgesprächen heraus, dass in dem Beispiel nicht alle Kriterien für ein »echtes« Team gegeben waren. Gab es einen Zusammenschluss? Ja, in der Form, dass die Bereichsleiter derselben Führungskraft zugeordnet waren und sich einmal pro Woche in einem Meeting trafen. Die Distanz zwischen den Bereichsleitern war jedoch so groß, dass Herr Westfale spontan nicht beantworten konnte, wo genau sich das Büro von Mr. California befand und wie seine Telefondurchwahl lautete. Deswegen kommunizierte er mit ihm vorzugsweise per E-Mail. Gab es gemeinsame Aufgaben? Kaum. Die Beteiligten arbeiteten weitgehend unabhängig voneinander. Es gab sehr wenige gemeinsame Aktivitäten, bei einem Projekt war es prompt zum Streit zwischen den beiden Bereichsleitern gekommen. In den wöchentlichen Meetings, die nahezu die einzige gemeinsame Plattform des Teams darstellten, kam es regelmäßig zu Streitereien. Gab es gemeinsame Ziele? Nein, der Geschäftsführer hatte zwar »Team-Ziele« erarbeitet. Diese konnten jedoch von den einzelnen Bereichsleitern weitestgehend unabhängig voneinander erreicht werden.

Derartige »Team-Konstellationen« findet man häufig vor. Besonders in hierarchisch hoch angesiedelten Positionen findet man Führungskräfte, die ihre Aufgaben augenscheinlich unabhängig von ihren hierarchisch gleich gestellten Kollegen bearbeiten können. Es ist nun müßig, darüber zu diskutieren, ob es sich bei der vorgefundenen Konstellation im dargestellten Beispiel tatsächlich um ein Team im engeren Sinne handelt. Festzuhalten ist jedoch, dass die Aufgabe darin bestand, aus einer losen Truppe von Personen ein Team zu schaffen, das gemeinsame Aktivitäten ohne Streitereien meistern kann.

2. Konfliktverhalten in unterschiedlichen Kulturen – und wie man es anpasst

Als weiteren Themenblock der Einzelgespräche betrachtet der Coach deswegen das Konfliktverhalten der Bereichsleiter. Hierzu setzt er folgende Fragen ein:

- Schildern Sie einen typischen Konflikt, so wie er sich in letzter Zeit in Ihrem Team ereignet hat. Was an Ihrem Verhalten ist dabei für Sie typisch? Was daran, finden Sie, könnte sich verbessern?
- Welche Lösungsversuche gab es schon von Ihrer Seite? Woran sind diese Lösungsversuche gescheitert?

Mit Hilfe der Einzelgespräche verschafft sich der Coach ein klares Bild davon, wie Konflikte in dem Team entstehen und nach welchem Muster sie ablaufen. Hat er die Dynamiken, die den jeweiligen Konflikten innewohnen, erkannt, kann er Ansätze finden, diese zu durchbrechen. Folgende Erkenntnisse ergaben sich aus den Einzelgesprächen im Beispiel:

Das Praxisbeispiel:
Herr Holland beschreibt einen typischen Konflikt im Team folgendermaßen: »Die beiden machen immer aus einer Mücke einen Elefanten. Mr. California leitet zum Beipiel zurzeit ein bereichsübergreifendes Projekt. Einer seiner Mitarbeiter benötigt dafür Informationen von Mitarbeitern aus Herrn Westfales Bereich. Der Mitarbeiter geht direkt auf die

Kollegen aus dem Bereich von Herrn Westfale zu, was dieser nicht in Ordnung findet, da er darüber nicht im Vorfeld informiert worden ist. Das ist auch ziemlich ungeschickt von Mr. California. Warum gibt er seinem Kollegen nicht Bescheid? In einem Bereichsleitermeeting macht Herr Westfale seinem Unwillen über die Vorgehensweise von Mr. California Luft. Er weist ihn scharf zurecht, macht ihm eindringlich klar, dass dieser nicht frei über seine Mitarbeiter verfügen könne, und ermahnt ihn, nicht ohne seine Genehmigung auf ›seine Ressourcen zurückzugreifen‹. Dabei wird er ziemlich laut. Mr. California setzt sich jedoch nicht zur Wehr. Das kann ich nicht nachvollziehen. Man kann sich doch nicht alles bieten lassen. Unser Chef hat nun angeordnet, dass die beiden sich wöchentlich austauschen. Aber auch das hat nichts gebracht. Im Gegenteil, in den Montagmorgenroutinen kommt es immer wieder zu Eskalationen. Gott sei Dank muss ich nicht immer an den Sitzungen teilnehmen.«

Mr. California schildert die gleiche Situation aus seiner Perspektive: »Ich habe kein Verständnis dafür, dass mein Kollege mich bei einem für das Unternehmen sehr wichtigen Projekt nicht unterstützt. Ich kann nicht nachvollziehen, dass man sich dermaßen unprofessionell verhält. Aus solch einem Grund muss man doch nicht laut werden! Es ist inakzeptabel, dass man einen Kollegen vor versammelter Mannschaft kritisiert! Ich habe versucht, mit Herrn Westfale in unserer Montagmorgenroutine darüber zu reden, aber es hilft nichts. Er rastet immer wieder aus. Ich habe auch schon mit unserem Chef darüber gesprochen, aber auch er tut nichts. Das verstehe ich nicht. Meiner Meinung nach müsste er als Chef eingreifen. Mich machen diese Attacken immer wieder sprachlos. Was soll man denn mit so einem Psycho machen?«

Die Version von Herrn Westfale sieht wie folgt aus: »Mr. California denkt nur an seine eigene Karriere. Um seine Ziele zu erreichen, greift er sogar auf meine Leute zu, ohne mich zu fragen. Er macht immer einen auf kooperativ und dann kommt so etwas. Wenn ich versuche, das mit ihm in den Montagmorgenroutinen zu klären, sagt er immer ›ja, ja‹ und betont, dass wir als Team gut zusammenarbeiten müssen. Danach beschwert er sich aber beim Chef über mich. Das hat dazu geführt, dass dieser im jährlichen Beurteilungsgespräch meine Kooperationsfähigkeit als verbesserungswürdig bewertet hat. Ist das nicht unglaublich? Der Kollege schwärzt mich beim Chef an, und ich bin nicht kooperativ! Ich finde, Konflikte sollte man unter Kollegen klären. Aber der Kollege ist einfach nicht ehrlich mit mir. Das nenne ich alles andere als kooperativ. Wie sehen Sie das?«

Man sieht sehr deutlich, dass Mr. Calfornia und Herr Westfale sich in Konflikten sehr unterschiedlich verhalten. Anscheinend äußert Herr Westfale seine Kritik und Wünsche auf eine Art und Weise, die bei Mr. California nicht ankommt. Herr Westfale hingegen artikuliert seine Vorstellungen so, dass sein Verhalten von Mr. California als aggressiv und unprofessionell wahrgenommen wird. Diese recht verschiedenen Vorgehensweisen finden sicherlich ihre Begründung in dem kulturellen Hintergrund der Bereichsleiter. In US-amerikanischen Teams wird Kritik gemessen an deutschen Umgangsformen sehr positiv formuliert. Sie drückt immer auch Respekt für den anderen aus, womit man versucht, den anderen nicht zu demotivieren. Ein Mitarbeiter würde einen von ihm als nicht sinnvoll bewerteten Vorschlag etwa wie folgt kommentieren: »Das ist eine sehr gute Idee. Was wir aber auch noch bedenken sollten ...«, um dann seinerseits einen Vorschlag zu machen, der konträr zu dem seines Kollegen steht. Für einen Deutschen bedeutet dies auf den ersten Blick nicht unbedingt Kritik. Ein deutscher Kollege würde in etwa Folgendes sagen: »Dieser Vorschlag ist nicht sinnvoll! Das kann doch überhaupt nicht klappen. Wenn wir etwas machen, dann ...« Ein US-Amerikaner würde diese Aussage eher als Angriff auf seine Person statt als Kritik verstehen. Ähnliche Dynamiken fanden sich im Praxisbeispiel. Der Coach arbeitet deswegen in den Einzelgesprächen zunächst am Konfliktverhalten seiner Coachees. Er möchte ihnen einerseits vermitteln, wie ihr jeweiliges Verhalten vom Gegenüber wahrgenommen wird. Andererseits ist es auch das Ziel, durch Training das Verhalten der Coachees so zu modifizieren, dass dieses für seinen Gesprächspartner akzeptabel wird.

3. »Extremtraining« zum Erwerb neuer Verhaltensmuster

Der Coach setzte dazu die Methode des »Extremtrainings« ein. Diese Methode erweist sich immer dann als effizient, wenn eine seit langem verfestigte Verhaltensweise geändert werden soll. Sie dient dem Aufbau von neuen, unbekannten Verhaltensmustern. Der Coach erläutert dazu, dass jedes Verhalten auf einer Skala von eins bis zehn eingestuft werden kann. Eine »Eins« ist dabei eine sehr niedrige Ausprägung. Eine »Zehn« eine sehr hohe. Die beiden Extremwerte werden dann vom Coachee mit Eigenschaften belegt. Häufig sind die Extremwerte dabei mit negativen Begriffen assoziiert. Danach soll der Coachee sein eigenes Verhalten auf der Skala von eins bis zehn einschätzen. Meist stufen sich Coachees im mittleren Bereich zwischen vier und sechs ein und gelangen zu der Erkenntnis, dass sie ihr Verhalten nach »oben« oder nach »unten« modifizieren sollten, um in den kritischen Situationen besser zu bestehen. Im Rollenspiel mit dem Coach simuliert der Coachee eine typische Situation, in der das Verhalten auftritt. Zunächst soll der Coachee sich möglichst so verhalten, wie er es im Normalfall tut. Interessanterweise kann der Coach dann oft ein Verhalten beobachten, das er eher an einem der beiden Enden der Skala eingestuft hätte und nicht im Mittelbereich. Dies teilt er dem Coachee mit. Dadurch hat dieser den ersten Erkenntnisgewinn: »Wie bitte? So aggressiv stufen Sie das ein? Das hätte ich nicht gedacht.«

Danach fordert der Coach ihn auf, dieselbe Situation nochmals zu simulieren. Nun soll der Coachee aber ein Extremverhalten (entweder eins oder zehn auf der Skala) zeigen. Ziel ist dabei nicht, den Coachee zu einem extremen Verhalten zu bewegen, sondern durch dieses extreme Überzeichnen des Verhaltens das Verhaltensrepertoire des Coachees zu erweitern. Dies erläutert der Coach auch seinen Coachees. Üblicherweise reagieren diese nämlich recht irritiert auf die Aufforderung, sie sollten ein in ihren Augen nicht akzeptables oder falsches Verhalten an den Tag legen. Der Coach weist ganz klar darauf hin: »Probieren Sie nun mal eine ›Zehn‹ aus. Mir ist klar, dass Sie das in der Realität nie machen würden. Es geht aber um den Übungseffekt.« Der Coachee gibt sich im nächsten Rollenspiel dann meist alle Mühe, eine Zehn zu simulieren. Dies gelingt ihm jedoch in den meisten Fällen nicht auf Anhieb.

Jemand, der sich normalerweise in seinem Verhalten an einem Ende der Skala bewegt, verfügt meist gar nicht über die Mittel, das andere Ende der Skala zu erreichen. Das hängt auch damit zusammen, dass der Coachee das Extremverhalten als äußerst unangenehm und wenig erstrebenswert erlebt. Dennoch übt der Coach dieses Extremverhalten so lange mit dem Coachee ein, bis sich eine substanzielle Veränderung ergibt. Häufig finden Coachees es befreiend und unterhaltsam, in der Übungssituation ein Verhalten zu zeigen, das für sie im normalen Arbeitsalltag tabu wäre. Sie finden es nach einer ersten Überwindung meist schön oder zumindest äußerst interessant, mal richtig auf den Putz zu hauen oder ganz weich zu sein. Zum Abschluss der Coaching-Sitzung wird die Situation noch ein letztes Mal simuliert. Nun soll der Coachee das Verhalten so dosieren, dass er seine Ziele besser erreicht als mit seiner bisherigen Verhaltensweise. Durch dieses Extremtraining lassen sich beeindruckende Veränderungen bei den Coachees erzielen. So auch in unserem Praxisbeispiel:

Das Praxisbeispiel:
In unserem Beispiel betraf das zu verändernde Verhalten die Art Kritik zu äußern. Bei Mr. California lief das Extremtraining folgendermaßen ab:
Beschreibung der beiden Enden der Skala:
eins = harmoniesüchtig, vorsichtig
zehn = aggressiv, unprofessionell, psychopathisch

Typisches Verhalten nach Äußerung von Kritik durch Herrn Westfale: Schweigen und Hilflosigkeit. Er wünschte sich zunächst im Coaching, er möge nach einer Attacke seines Kollegen nicht mehr so sprachlos sein, sondern ihm in etwa Folgendes erwidern können: »Ich finde, wir sollten professioneller als Team zusammenarbeiten!«, wobei er dies mit einer Vier auf der Skala belegte. Der Coach teilte ihm mit, dass es insbesondere einem als sehr tough beschriebenen Deutschen nahezu unmöglich sei, diese Formulierung als Kritik zu verstehen. Der Coachee solle deswegen eine sehr drastische, für ihn normalerweise nicht vorstellbare Formulierung wählen.

Formulierung beim ersten Versuch, die »Zehn« zu erreichen: »Ich denke, es ist nicht akzeptabel, wenn du mich im Meeting anschreist.«
Formulierung der Kategorie »Zehn« nach einigen Simulationen: »Sprich nicht in diesem Ton mit mir!«
Wunschformulierung am Ende der Sitzung: »Kannst du bitte deine Kritik sachlich und ruhig äußern. So finden wir leichter eine Lösung. Was genau soll ich anders machen?«

Bei Herrn Westfale lief das Extremtraining wie folgt ab:
Beschreibung der beiden Enden der Skala:
eins = »Weichspüler«, unkonkret
zehn = tough, heftig, laut

Typische Wortwahl beim Äußern von Kritik: »Du gehst in Zukunft nicht mehr auf meine Mitarbeiter zu, ohne mich vorher zu informieren, ist das klar!«, wobei er dies mit einer »Sechs« auf der Skala belegte. Der Coach erläuterte ihm, dass diese Wortwahl auf einen US-Amerikaner extrem harsch wirke und als Angriff auf die eigene Person gewertet werde (vermutlich nicht nur von einem Amerikaner!). Nach diesem Feedback erklärte sich der Herr Westfale bereit, eine Position zwischen drei und vier anzustreben.
Formulierung beim ersten Versuch, die »Eins« zu erreichen: »Gehe nicht auf meine Mitarbeiter zu, wenn du das nicht mit mir abgesprochen hast.«
Formulierung der Kategorie »Eins« nach einigen Simulationen: »Ich fände es schöner, wenn wir besser miteinander auskämen!«
Wunschformulierung am Ende der Sitzung: »Kannst du mich bitte informieren, bevor du auf meine Mitarbeiter zugehst.«

Das Extremtraining führt der Coach vor der ersten Teamsitzung durch. So vorbereitet, erhalten die Coachees ein effizientes Rüstzeug, um Konflikte beim nächsten Mal besser zu bewältigen. Dieses »nächste Mal« kann aber in Teams, in denen echte Zusammenarbeit sehr selten ist, erst sehr lange nach dem Extremtraining sein. Ein neu erlerntes Verhalten festigt sich jedoch umso besser, je schneller und intensiver es Anwendung in der Praxis findet. Genauso wie sich Französischkenntnisse dann am besten entwickeln und erhalten, wenn man kurz nach Absolvieren des Sprachkurses viel Gelegenheit hat, Französisch zu sprechen. Entsprechend bietet der Coach dem Team Praxisübungen an: Er stellt eine gemeinsam zu lösende Aufgabe.

4. Gemeinsamkeit schaffen – die Teamaufgabe

Eine gemeinsame Aufgabe könnte natürlich das kollektive Abseilen von einem Berg im Rahmen eines Outdoor-events sein. Der Coach wählt jedoch eine Aufgabe, die einen stärkeren Praxisbezug hat. Er beruft eine Teamsitzung ein. Titel der Veranstaltung ist »Verbesserung der Zusammenarbeit im Team«. Dies ist eine sehr allgemeine Formulierung, die das Finden von Lösungen sehr schwer macht. Um eine tatsächliche Teamaufgabe herauszuarbeiten, setzt der Coach die so genannte Abstraktionsleiter ein. Hierbei handelt es sich um eine Methode, mit deren Hilfe man Themenfelder allgemein und/oder spezifischer betrachten kann. Sie funktioniert folgendermaßen: Die zu bearbeitende Aufgabe wird zunächst in Form einer Frage formuliert. Sie lautet: »Auf welche Art und Weise können wir die Zusammenarbeit im Team verbessern?« Wie oben dargestellt, zeichnet sich ein Team dadurch aus, dass es an einem gemeinsamen Ziel arbeitet.

Eine gute Zusammenarbeit an sich war jedoch in dem Praxisbeispiel nicht für alle Beteiligten ein tatsächlich erstrebenswertes Ziel. So empfand Herr Westfale die Auswirkungen der ungenügenden Zusammenarbeit, nämlich von internen Kunden und Nachbarabteilungen kritisch betrachtet zu werden, zwar als ungünstig, hatte sich aber mit der Situation arrangiert. Herr Holland hatte sich mit der Situation insgesamt recht gut abgefunden und versuchte lediglich, gemeinsame Aktivitäten auf ein Minimum zu reduzieren und sich dadurch aus der Schusslinie zu ziehen. Mr. California litt unter der Situation, hatte aber geistig schon die Koffer gepackt und wollte das Team verlassen. Da nun jedoch alle Beteiligten sich bereit erklärt hatten, an der Sitzung teilzunehmen, erfragte der Coach die eigentlichen Ziele, die die drei Bereichsleiter mit der Verbesserung der Zusammenarbeit im Team assoziierten. Der Coach versuchte also die übergeordneten Ziele jedes einzelnen Teammitgliedes herauszufinden.

Sinn und Zweck dieser Vorgehensweise ist es, ein Ziel zu finden, das alle Beteiligten gern erreichen möchten und für das sie folglich auch bereit wären, sich zu engagieren und nötigenfalls ihre eigenen Verhaltensweisen zu verändern. In der Abstraktionsleiter werden die Ziele mit Hilfe der folgenden Fragen herausgearbeitet: »Warum sollen wir die Zusammenarbeit im Team verbessern?« bzw. »Was wäre das Ergebnis einer verbesserten Zusammenarbeit?« Dies liefert eine Vielzahl von möglichen übergeordneten Zielen, an denen das Team potenziell arbeiten kann. Die so erarbeiteten Ziele kann man wiederum hinterfragen. Der Coach stellt also wieder die Frage, warum das erarbeitete Ziel denn lohnenswert erscheint, wodurch wieder eine übergeordnete Ebene eröffnet wird. Dies führt man so lange durch, bis man auf eine Ebene gelangt, auf der sich das Arbeiten nach Ansicht des Teams lohnt. Hat das Team diese Ebene erreicht, fragt der Coach als Nächstes nach Wegen, auf denen dieses Ziel realisiert werden kann. Diese Wege, die meist in Form von sehr konkreten Maßnahmen benannt werden, generiert der Coach gemeinsam mit dem Team in einem Brainstorming. Naturgemäß entwickeln Teams dabei eine Vielzahl von Ideen, von denen jedoch nur eine begrenzte Anzahl umsetzbar oder attraktiv erscheint. Aus diesen Ideen wählt das Team dann eine oder mehrere aus, die es im Weiteren bearbeiten möchte. Damit setzt sich das Team selbst ein Ziel, das alle Teammitglieder gemeinsam verfolgen wollen. Dadurch wird eine echte Zusammenarbeit möglich. Bezogen auf das Beispiel bedeutet dies:

Das Praxisbeispiel:
Die übergeordneten Ergebnisse einer verbesserten Zusammenarbeit waren für die Bereichsleiter:

- »Die schlechte Stimmung wäre dann weg.«
- »Wir würden uns besser fühlen.«
- »Wir könnten persönlich wachsen.«
- »Wir könnten unsere Position als Bereich stärken.«
- »Wir würden positives Feedback von außen bekommen.«
- »Wir könnten effizienter arbeiten.«
- »Wie könnten Synergieeffekte erzielen.«

- »Wir könnten schneller arbeiten.«
- »Wir könnten die Position des Unternehmens verstärken.«
- »Unsere Kunden würden uns mehr vertrauen.«
- »Wir könnten dadurch leichter unsere Ziele erreichen.«
- »Wir würden von außen professioneller wahrgenommen werden.«

Der Coach fasste diese Ergebnisse zusammen zu drei Clustern: »Wahrnehmung von außen«, »Effizienz und Zielerreichung« und »Persönliches Wohlbefinden«. Nach einer recht intensiven Diskussion entschied das Team, dass es den Bereich »Wahrnehmung von außen« am interessantesten fand. Folglich formulierte der Coach das Themenfeld des Teams folgendermaßen: »Auf welche Art und Weise können wir erreichen, dass wir von außen positiver wahrgenommen werden?« Die Bereichsleiter waren sich einig, dass sie gemeinsam an dieser Fragestellung arbeiten wollten. Sie stellten sich dabei vor, dass sie dieses Ziel in sechs bis neun Monaten erreichen wollten. Das Kriterium dafür, dass sie dieses Ziel auch tatsächlich erreicht hatten, sollte ein positives Feedback von einem (internen) Kunden sein, nach dem Motto: »Ohne Ihren Bereich wäre uns das nicht gelungen.« Es folgte nun die Konkretisierung »nach unten«. Dies bedeutet, der Coach fragte nach verschiedenen Wegen, die dazu führen würden, dass der Bereich von außen positiver wahrgenommen würde. Auch hier lieferten die Bereichsleiter eine Vielzahl an Ideen, darunter:

- »Wir könnten unsere Prozesse optimieren.«
- »Wir könnten besser Prioritäten setzen.«
- »Wir könnten die Qualität unserer Dienstleistung verbessern.«
- »Wir könnten mit gutem Vorbild vorangehen.«
- »Wir könnten den anderen dabei helfen, dass sie ihre Ziele erreichen.«
- »Wir könnten unsere Expertise gezielt an interne Kunden weitergeben.«
- »Wir könnten unsere Leistung besser verkaufen.«
- »Wir könnten unsere Erfolge offensiver darstellen.«
- »Wir könnten einheitlich nach außen kommunizieren.«

Die verschiedenen Ansätze fasste der Coach wieder zusammen in drei Oberkategorien: »Verbesserung der eigenen Dienstleistung«, »Hilfestellung für interne Kunden« und »Marketing«. Die drei Bereichsleiter kamen nach einer kurzen Diskussion schnell überein, dass für sie die interessantesten Ansätze im Bereich des Marketings der eigenen Leistung lagen. Sie waren nämlich der Meinung, dass die Qualität der Dienstleistung der Bereiche bereits einen sehr hohen Standard habe und dass die internen Kunden sich nur bedingt Hilfestellung von ihnen erwarten würden. Sie kamen zu dem Schluss, dass die Leistung der Bereiche jedoch im Unternehmen viel zu wenig bekannt sei. Deswegen wollten sie eine Reihe von Aktivitäten starten, um ihre Dienstleistung besser zu vermarkten. Hierfür erarbeiteten sie in der ersten Sitzung einen Marketingplan für ihren Bereich. Der umfasste Aktivitäten wie Präsentationen über den eigenen Bereich in Sitzungen von anderen Bereichen zu halten oder systematisch geplante, gemeinsame Mittagessen mit Bereichsleitern von anderen Bereichen, wobei während dieser Mittagessen die Leistungen des eigenen Bereiches eher beiläufig genannt und dadurch verkauft werden sollten. Die Bereichsleiter gingen dabei davon aus, dass nach Abarbeiten des Marketingplans das Ziel, von außen als Gesamtbereich positiver wahrgenommen zu werden, gut erreicht sein könnte.

Es ist bei dieser Vorgehensweise weniger von Bedeutung, was das Team als gemeinsame Aufgabe auswählt. Vielmehr ist es wichtig, dass durch die Teamsitzung eine Plattform für eine echte Teamarbeit geschaffen wird. Unternehmen haben dadurch den angenehmen Nebeneffekt, dass wichtige Themen aus dem Tagesgeschäft bearbeitet werden. Gleichzeitig bietet das gemeinsame Arbeiten des Teams dem Coach die Möglichkeit, das Konfliktverhalten der einzelnen Teammitglieder hervorzurufen, zu beobachten und zu bearbeiten.

5. *Nachbereitung in Einzelsitzungen*

Naturgemäß kommt es bei der Teamsitzung immer wieder zu inhaltlichen Auseinandersetzungen. Der Coach muss dann nicht sofort vor Ort moderierend oder schlichtend eingreifen, es sei denn, ein Konflikt droht zu eskalieren. Da die Coachees durch die vorher geführten Gespräche sich im

Hinblick auf ihr eigenes Konfliktverhalten sehr kritisch beobachten, sind emotionale Ausbrüche unwahrscheinlich. Dennoch sollte die Sitzung und das Konfliktverhalten der Coachees nachbereitet werden. Dies erfolgt in nachfolgenden Einzelsitzungen. Hier hat der Coachee gemeinsam mit dem Coach die Möglichkeit, das eigene Verhalten in der Teamsitzung Revue passieren zu lassen und das »neue« Konfliktverhalten zu festigen.

Das Praxisbeispiel:
Bei der Bearbeitung der Teamaufgabe kam es zum Beispiel zu einer Auseinandersetzung, als das Team sich zwischen den ersten drei Clustern entscheiden sollte. Mr. Califonia fand das Cluster »Persönliches Wohlbefinden« am wichtigsten. Er fragte seine Kollegen: »Wenn es das Ziel ist, die Zusammenarbeit zu verbessern, dann macht es doch Sinn, zunächst einmal die Stimmung im Team zu verbessern, was meint ihr?« Herr Westfale erwiderte daraufhin: »So ein Quatsch. Dienst bleibt Dienst. Und Schnaps bleibt Schnaps. Wenn ich gute Stimmung möchte, gehe ich nicht zur Arbeit. Die hole ich mir in der Freizeit.« Mr. California war daraufhin sprachlos. Das Team einigte sich im Anschluss darauf, ein anderes Thema zu bearbeiten. Der Coach notierte sich diese Sequenz jedoch, um sie mit den beiden Coachees in der nächsten Einzelsitzung zu thematisieren. Er gab dabei beiden Coachees Feedback zu ihrem Verhalten und konfrontierte sie mit ihren eigenen Zitaten. Das löste bei beiden Betroffenheit aus, aber auch den Wunsch, in Zukunft noch konsequenter in einer Sprache zu sprechen, die der andere auch verstehen konnte. Im weiteren Verlauf der Einzelsitzungen erarbeitete der Coach mit ihnen dann wiederum alternative Formulierungen. Nach zwei weiteren Sitzungen hatten die beiden Coachees gelernt, Kritik in einer dem anderen verständlichen Sprache zu äußern. Weitere Teamsitzungen, die notwendig waren, um die Teamaufgabe zu Ende zu führen, fanden ohne Anwesenheit des Coachs statt. Insgesamt konnte die Teamaufgabe konstruktiv und mit guten Ergebnissen gelöst werden. Der Effekt des verbesserten Konfliktverhaltens ließ sich auch problemlos auf den Arbeitsalltag übertragen.

6. Fazit

Die vorgestellte Methode kann dazu beitragen, folgende Ziele zu erreichen:

- Verbesserung der Zusammenarbeit im cross-kulturellen Team
- Bearbeitung einer konkreten Aufgabe durch das Team
- Veränderung des (Konflikt-)Verhaltens einzelner Coachees

Die Tatsache, dass die Coachees vor den Teamsitzungen »fit« für das Miteinander zwischen Kollegen aus unterschiedlichem kulturellen Hintergrund gemacht werden, führt dazu, dass schnell substanzielle Verbesserungen in der Zusammenarbeit erzielt werden können. Durch den offenen Ansatz, mit dem der Coach in der Teamsitzung arbeitet, können alle Beteiligten sich aktiv einbringen, ohne dass zu »heiße« Themen ohne die Zustimmung aller Beteiligten angegangen werden. Die Vorgehensweise lässt sich problemlos auf verschiedene Teamkonstellationen übertragen. Und der allerschönste Effekt: Im Gegensatz zum Feuerlauf hinterlässt das Ganze keine körperlichen Schäden und ist auch bei hundsmiserablem Wetter durchführbar!

Zwischen Panik und Pleite

Beratung in der Krise

Hannsjörg Dehner

Der Anruf kam morgens um 7.30 Uhr. Völlig ungewöhnlich für diesen Kunden. »Können Sie sofort kommen, es ist etwas passiert. Wir brauchen Ihren Rat.« Die Stimme des Mitinhabers einer großen mittelständischen Getränkefirma klang belegt, hektisch, nichts war zu hören von seiner sonstigen Selbstsicherheit.

Als ich eine Stunde nach dem Anruf im Unternehmen eintraf, erfuhr ich Folgendes: Ein neutrales Testinstitut in Süddeutschland hatte in einem der Getränke dieser Firma Reste von Pestiziden gefunden. Bei dem Produkt handelte es sich um ein in Halbliterflaschen abgefülltes Teegetränk für Kinder. Das Schlimmste: Das Institut hatte die Testergebnisse mit dem Namen der Getränkefirma bereits in einer Vorabmeldung an alle Nachrichtenagenturen und per E-Mail, Fax und schriftliche Pressemeldung an alle Redaktionen von Tagespresse, Wirtschafts- und Verbraucherpresse weitergegeben. Auch die Verbraucherberatungsstellen hatte das Institut bundesweit über die Befunde informiert.

Im großen Sitzungsraum der Geschäftsleitung herrschte Panik. Die beiden Inhaber, der kaufmännische Geschäftsführer, der Leiter des Labors, der Vertriebsleiter und der Marketing-Chef waren da. Alle redeten wild durcheinander. Allgemeiner Tenor: Das ist ganz und gar entsetzlich, das ist unser Untergang. Wenn die Verbraucher lesen, dass in unserem Kinderteegetränk Gift enthalten ist, wird keiner mehr kaufen, der Handel wird unsere Produkte sofort aus den Regalen werfen und die Presse wird uns in der Luft zerreißen.

Die Krise war aus heiterem Himmel über das Unternehmen hereingebrochen. Niemand hatte mit so etwas gerechnet, keiner hatte Notfallpläne ausgearbeitet. Keiner im Unternehmen wusste also, was zu tun sei. Die Situation wurde dadurch besonders erschwert, dass die Entscheider, vor allem die beiden Inhaber, offenbar nicht mehr in der Lage waren, überlegte Entschlüsse zu fassen.

Ich wiederum war weniger als Coach – diese Funktion übte ich von Zeit zu Zeit für die beiden Inhaber aus – denn als Fachmann für Public Relations geholt worden. Im Prinzip auch sinnvoll, weil hier vor allem mit professioneller Kommunikationsarbeit das Schlimmste abgewendet werden musste. Nur: Solange die Entscheider nicht in der Lage waren, zu entscheiden, war PR-Beratung nicht besonders hilfreich. Hier musste mit Hilfe von Coaching erst einmal die psychische Situation der Geschäftsleitung stabilisiert werden.

Exkurs:
Für den Berater eine schwierige Situation. Im klassischen Coaching ist der erste wichtige und oft mit entscheidende Schritt die Auftragsklärung. Der Coach prüft und diskutiert – oft in einem über einstündigen Gespräch –, was genau der Klient mit Hilfe von Coaching erreichen möchte. Wichtig dabei, die Ziele so genau wie möglich und auch für den Coach messbar zu beschreiben.

In diesem Falle jedoch bestand nur ein allgemeiner Rahmenvertrag für Kommunikationsberatung, Schwerpunkt Public Relations und Werbung. Der Berater war auch nicht explizit als Coach gerufen worden, sondern mit dem sehr allgemein formulierten Auftrag: »Wir brauchen Ihre Hilfe!« Vor allem aber: Der Kunde befand sich in einer bedrohlichen Krisensituation. Er hätte sicherlich keinerlei Verständnis für eine Auftragsklärung aufgebracht.

Der PR-Berater ohne zusätzliche Qualifikation für Coaching hätte in dieser Notsituation vermutlich das Heft in die Hand genommen und den Klienten gesagt, was jetzt zu tun sei. Sicher eine

Möglichkeit, die in Krisen auch funktionieren kann. Und für den Berater auch eine durchaus reizvolle Rolle: Ich allein weiß die Lösung für eure Schwierigkeit! Das Problem dabei: Gerade in der PR gibt es äußerst selten nur die eine richtige Lösung, sondern meist eine Fülle von Möglichkeiten, die aber häufig mit nicht geringem Erfolgsrisiko behaftet sind. Gerade in der Medienarbeit entscheidet nicht der PR-Fachmann, was die Medien veröffentlichen, sondern ausschließlich deren Redakteure – die PR-Leute machen nur Informationsangebote. Da es ja um die Existenz der Firma und damit der Manager ging, sollten sie auch aktiv in den Entscheidungsprozess eingebunden werden. Die PR bietet für solch eine Situation keinerlei Werkzeug, das Coaching jedoch sehr wohl. Ich entschied mich für eine Coaching-Arbeit ohne expliziten Coaching-Auftrag.

Der eine Inhaber, Franz M., 61 Jahre, saß apathisch in seinem Sessel. Sein Mitinhaber, Günter Josef K., 67 Jahre, lief dagegen hektisch in dem großen Sitzungssaal auf und ab. Mal beschimpfte er »diese Geier, diese Pseudowissenschaftler« des Instituts, die mit ihren schwachsinnigen Analysen noch die ganze Wirtschaft ruinieren würden. Dann wieder ging er den Marketingchef an: »Nun tun Sie doch endlich etwas!« Seinen ziemlich sprunghaften Äußerungen entnahm ich, dass er sich auch Sorgen um die Reaktion seiner Mitarbeiter machte: »Wenn die Belegschaft das erfährt – die packen doch sofort ihre Siebensachen und lassen uns allein im Regen stehen!«

Mein erstes Coaching-Ziel war, die Inhaber aus dieser sich selbst verstärkenden Schleife der Untergangsphantasien herauszubringen.

Im Fachjargon der Transaktionsanalyse (TA), einem psychologischen Erklärungsmodell, versuchte ich vor allem ihr »Erwachsenen-Ich« anzusprechen und zu aktivieren, kurz gesagt: sie wieder zum analytischen Denken zu bringen.

In der Transaktionsanalyse werden sechs Ich-Zustände unterschieden, in denen Menschen miteinander kommunizieren:

- Fürsorgliches Eltern-Ich
- Kontrollierendes Eltern-Ich
- Erwachsenen-Ich
- Angepasstes Kind-Ich
- rebellisches Kind-Ich
- Freies Kind-Ich.

Für den Kommunikationsprozess ist entscheidend, in welchem Ich-Zustand die Beteiligten sich befinden.

Ich hakte nach: »Um sinnvolle Lösungen zu finden und Ihnen raten zu können, wie Sie aus dieser überraschenden Situation gut herauskommen, muss ich erst genau wissen, was das Testinstitut herausgefunden hat, ob die Ergebnisse Ihrer Ansicht nach stimmen können und wie sie einzuordnen sind.« Bewusst vermied ich alle dramatisierenden und negativen Formulierungen. Ich wollte den inneren Fokus des Inhabers weg von der Problembetrachtung hin zu Lösungen lenken und ihn zu körperlicher Aktivität bringen. Schließlich fing er an, die wesentlichen Ergebnisse der Untersuchungen des Testinstituts aufzuschreiben. Um die gesamte Geschäftsleitung wieder zu ruhigem Denken zu bringen, schob ich eine Analysephase ein. Jede einzelne Information auf dem Flipchart gingen wir durch. Zu jeder Position wurden folgende Fragen geklärt:

- Haben wir alle die Information und ihre Bedeutung verstanden?
- Ist sie nach Einschätzung der hiesigen Fachleute korrekt und stimmig?
- Wie ist das Ergebnis einzuschätzen: besonders wichtig / schwerwiegend – wichtig – nicht so wichtig – unwichtig. Mit Hilfe dieser Skalierung wurde jeder einzelne Punkt gewichtet.
- Gibt es zu dem Punkt Gegenargumente?

Bei dieser Analyse meldete sich der Laborleiter mehrfach zu Wort. Er hatte einige vage Ideen zu den Testergebnissen, wollte diese Ideen aber erst überprüfen. Um Zeit zu sparen, einigten wir uns darauf, den Laborleiter in sein Büro zu entlassen, damit er seine Ideen mit Fakten untermauern konnte. Mit den beiden Inhabern, dem Vertriebsleiter und dem Marketingchef wollte ich in der Zwischenzeit an der weiteren Analyse arbeiten. Meine Idee dabei: Die Analyse zwingt die Beteiligten zum intensiven Nachdenken und lenkt sie von ihren Angstphantasien ab. Außerdem hoffte ich, auf der Inhaltsebene möglichst viele Anhaltspunkte für eine wirksame Strategie aus der Krise zu finden.

> Auch in dieser Phase des Coachings war mein wesentliches Ziel, die Manager möglichst schnell aus dem »Problemraum« – also der Betrachtung der Schwierigkeiten – in den »Lösungsraum« – die Betrachtung der Lösungswege – zu führen. Denn erfahrungsgemäß führt eine lange und intensive Problemanalyse meistens dazu, dass bei den Beteiligten das Gefühl der Ohnmacht noch wächst und die Hoffnung auf eine Lösung gegen null sinkt. Dennoch ist die Analyse der Probleme natürlich unverzichtbar, um im nächsten Schritt wirkungsvolle Gegenmaßnahmen, Lösungen entwickeln zu können. Die Zeit, welche man im »Problemraum« verbringt, sollte jedoch möglichst kurz sein.

Für die Entwicklung einer Kommunikationsstrategie war wichtig zu definieren, bei welchen Zielgruppen vermutlich die größte negative Wirkung zu erwarten war und wer voraussichtlich am schnellsten reagieren würde. Um eine zu starke Meinungsbildung durch die Inhaber zu vermeiden, sollte jeder im Raum für sich folgende Fragen schriftlich beantworten:

- Bei welcher Zielgruppe sind die stärksten Reaktionen zu erwarten? Mit welcher Art von Reaktion müssen wir dabei rechnen? Wie werden die voraussichtlichen Auswirkungen dieser Reaktionen sein?
- Welche Zielgruppe wird wohl zuerst reagieren, welche danach, welche eher zuletzt?

Die Zettel wurden ausgewertet. Im Ergebnis waren sich die Manager weitgehend einig: Die stärkste (negative) Reaktion erwarteten sie bei den Verbrauchern – vor allem bei den Müttern – und beim Handel. Am schnellsten würde ihrer Meinung nach der Handel reagieren, danach die Verbraucher und danach die Verbraucherverbände. Als wichtigste Auswirkung erwarteten alle Beteiligten einen massiven Umsatzeinbruch und Vertrauensverlust.

In einer intensiven Diskussionsrunde, an der sich jetzt auch beide Inhaber deutlich aktiver und sachlicher beteiligten, definierten wir weitere Zielgruppen, mit deren Reaktion man rechnen müsse:

- die Behörden (Lebensmittelkontrolle, Gewerbeaufsicht)
- die Medien
- die Politiker, die das Thema aufgreifen könnten, um schärfere Gesetze zu fordern
- der Gesetzgeber – sowohl in Deutschland als auch auf der europäischen Ebene
- der Lebensmittelgroßhandel
- Exporteure von Getränken
- die Konkurrenz, die das Thema dankbar und aggressiv aufgreifen würden, um ihre eigenen Produkte in den Vordergrund zu spielen
- unter Umständen Meinungsbildner aus dem Gesundheitsbereich wie Ärzte, Gesundheitsberater, Ökotrophologen, Apotheker

Zum Abschluss der Analysephase wurden all diese Zielgruppen danach gewichtet, wie wahrscheinlich und wie schwerwiegend in der Auswirkung auf die Geschäftstätigkeit und das Image der Firma ihre Reaktionen vermutlich sein würden.

Das Klima im Besprechungsraum hatte sich jetzt deutlich verändert. Die Panik der ersten Stunde war einer Atmosphäre von sachlichem Ernst gewichen. Er herrschte immer noch tiefe Betroffenheit und Besorgnis vor, doch die Gruppe war nun in der Lage, wieder klar zu denken und sinnvoll miteinander zu arbeiten. Vor allem: Sie klammerte sich nicht mehr allein an den Berater, sondern beteiligte sich aktiv und verantwortlich am Entscheidungsprozess.

Der erste zarte Hoffnungsschimmer tauchte mit dem Laborleiter auf. Er kam mit einigen wichtigen Informationen aus seinem Büro zurück in das »Krisenzentrum«:

1. Die vom Testinstitut veröffentlichten Werte für Pestizide lagen weit unter den gesetzlich vorgeschriebenen Mindestwerten.

2. Das Institut hatte offenbar ein völlig neues Messverfahren benutzt. Seiner Ansicht nach sei das so empfindlich, dass es Spurenelemente von Pestiziden messen könne, die man mit den bisherigen Messmethoden überhaupt nicht nachweisen konnte. Der Laborleiter hatte seinen Assistenten beauftragt, das genau zu recherchieren. Einen Freund, Leiter eines neutralen Forschungslabors, habe er außerdem gebeten, nach Möglichkeit die Tests nachzuvollziehen – den finanziellen Aufwand (»einen Freundschaftspreis«) müsse man allerdings bezahlen.

> Jetzt war der Zeitpunkt gekommen, aus dem »Problemraum« in den »Lösungsraum« zu gehen, das heißt, nicht mehr im Problembrei herumzurühren und damit die Existenzängste des Managements weiter anzuheizen, sondern den Fokus aller Beteiligten im Krisenzentrum nur noch auf die Lösungen zu richten. Die generelle Fragestellung hieß jetzt nicht mehr: Was ist Entsetzliches passiert?, sondern: Was können wir jetzt tun, um die befürchteten Auswirkungen so gering wie möglich zu halten und vielleicht sogar noch mit einem Imagegewinn aus der Krise hervorzugehen?

Auf der Basis der Analysebogen gingen wir nun jede einzelne Zielgruppe durch und entwickelten gemeinsam Vorschläge, mit welchen Inhalten und über welche Informationskanäle das Unternehmen kommunizieren wollte. Meine Aufgabe beschränkte sich in dieser Phase auf die Moderation des Prozesses, das Visualisieren der Diskussionsergebnisse und auf den fachlichen Input aus Sicht des PR-Beraters.

Atmosphärisch war ein deutlicher Wandel eingetreten: Statt hektisch oder passiv fatalistisch diskutierten die Inhaber jetzt mit Energie und Sachlichkeit. Sie waren auch psychisch wieder in die Führerrolle geschlüpft. Ich hatte den Eindruck, dass allmählich erste Hoffnung statt Verzweiflung einkehrte.

Schwierig wurde es erst wieder, als die Runde über die zu erwartenden Folgen zu diskutieren begann. Jetzt war wieder mehr der Coach als der PR-Berater gefordert. Das Problem: Die einzelnen Manager hatten sehr unterschiedliche Vorstellungen davon, was als Folge der Veröffentlichungen des Testinstituts passieren könnte – die Skala reichte von zwanzig Prozent Umsatzverlust bis zum totalen Markteinbruch. Und keiner konnte wirklich wissen, was die Zukunft bringen würde. Jeder aber versuchte zu »beweisen«, dass er mit seiner Meinung Recht habe. Die Diskussion begann sich völlig festzufahren.

Ich erinnerte mich an einen etwas drastischen Ausdruck meines Coaching-Ausbilders: »Wenn man mit jemandem schnell Krach bekommen möchte, muss man nur die Fragen erörtern: Wer hat Recht? Oder: Wer hat angefangen? Sofort ist man in einer heftigen und sich selbst blockierenden Diskussion, die selten zu einem konstruktiven Ende führt.«

> Eine von mehreren Coaching-Techniken, um solche Blockaden zu vermeiden oder aufzulösen, ist die so genannte Szenariotechnik. Statt entscheiden zu wollen, wer mit seiner Meinung Recht haben könnte, wird jede diskutierte Möglichkeit einfach gedanklich durchgespielt: Angenommen, Ihre Meinung träfe zu, was hätte das für Auswirkungen?

Über diese Fragestellung kamen die Manager zu einer realistischeren Einschätzung, mit welchen Folgen im schlimmsten Fall zu rechnen sei und was im günstigsten Fall eintreten würde. Nun konnten sie sich eher von den diffusen Panikphantasien lösen und sich mit konkreten Folgen beschäftigen. Selbst beim Szenario »totaler Markteinbruch« stellte sich heraus, dass die Geschäftsleitung das jetzt keinesfalls mehr als existenzbedrohend für das Unternehmen einschätzte. »Notfalls nehmen wir das Produkt aus freien

Stücken ganz aus dem Markt und konzentrieren uns auf den Abverkauf unserer übrigen Produktpalette.«

Bei der Beschäftigung der Manager mit der Frage, wie wahrscheinlich ihrer Meinung nach der Eintritt jedes einzelnen Szenarios sei, wurde deutlich, dass nur einer in der Runde mit dem worst case rechnete. Da aber auch deutlich geworden war, dass dieser Fall nicht gleichzeitig den Untergang bedeuten würde, war der Punkt damit erst einmal erledigt. Über diese beiden Schritte – Szenariotechnik und Gewichtung nach Wahrscheinlichkeit – hatte die Geschäftsleitung sich aus der Diskussionsblockade befreit.

Noch vor der Mittagspause stand der Krisenaktionsplan in wesentlichen Punkten. Alle hatten daran mitgewirkt, alle waren mit den Sofortmaßnahmen einverstanden. Nur bei meinem Vorschlag, die Presse noch am selben Tag zu einem Gespräch zu bitten, gab es noch einmal heftige Diskussion. Der Senior, Günter Josef K., war strikt dagegen. Die »Pressefuzzis« würden das doch nur aufbauschen und eine Skandalstory darüber schreiben, die wolle er jetzt nicht auch noch von sich aus auf das Thema stoßen.

> Der PR-Berater in mir ist versucht, jetzt die Fülle seines profunden Expertenwissens auf den Tisch zu legen, um den Senior von der Richtigkeit der Maßnahme zu überzeugen. Schließlich sprechen alle Argumente (meine Argumente) schlagend für die Richtigkeit des Vorschlags. Der Coach in mir dagegen weiß aus seiner Ausbildung und aus seiner Erfahrung, dass es oft viel wirksamer ist, mit indirekten Methoden zu arbeiten, statt sich selbst als den Pächter der Weisheit in den Vordergrund zu spielen. Eitelkeit versus Einsicht – dieses Mal siegt die Einsicht. Ich erzähle eine Geschichte.

»Wenn ich mir durch Ihre Brille die Presselandschaft betrachte, kann ich Ihre Haltung gut verstehen. Manchmal ist es wirklich schlimm, was einzelne Journalisten aus einer Information machen. Doch wenn ich mich an meine Zeit als Tageszeitungsredakteur zurückerinnere, sieht die Welt zum

Teil auch anders aus. Ich erinnere mich noch gut daran, wie ich reagierte, als ich durch einen Zufall von einer bevorstehenden Massenentlassung bei einer örtlichen Maschinenfabrik erfuhr, das Management aber das Thema unbedingt aus den Medien heraushalten wollte. Als Journalist fand ich das damals empörend. Also recherchierte ich auf eigene Faust, interviewte die halbe Belegschaft – vom Pförtner bis zu einer Vorstandssekretärin –, natürlich außerhalb des Werkes. Am nächsten Tag stand ein flammender Artikel in der Zeitung. Mit deftigen Zitaten wütender Mitarbeiter – aber ohne eine einzige Stellungnahme des Managements. Die Wirkung war verheerend. Kommunal- und Landespolitiker geißelten öffentlich die ›menschenverachtende Haltung der Geschäftsführung‹. Dem Betriebsrat und den Gewerkschaften wurde in den Medien breiter Raum für ihre Stellungnahmen gegeben. Die verzweifelt nachgeschobene Presseinformation des Managements wurde dagegen kaum noch zur Kenntnis genommen.«

Exkurs:

Es ist nur scheinbar ein banaler Unterschied, ob ich als Berater sage, Sie müssen das so machen, weil andernfalls folgende Konsequenzen auftreten, oder ob ich eine Geschichte erzähle. Im ersten Fall arbeite ich direktiv, was gerade bei starken, selbstbewussten Menschen fast automatisch Widerspruch auslöst – schon sind wir in der Diskussion, wer denn nun Recht hat. Bei einer Geschichte biete ich völlig unverbindlich eine Lösungsmöglichkeit an. Ich richte den inneren Scheinwerfer meines Gegenübers auf einen neuen Lösungsaspekt und überlasse es völlig ihm, ob er diese neue Sicht übernehmen und damit seinen Bezugsrahmen erweitern will. Ein Streit, wer Recht hat, kann daraus nicht entstehen. Die Veränderung des eigenen Bezugsrahmens ermöglicht jedoch neue Sichtweisen, Verständnis für die Haltung anderer und damit auch neue Lösungsmöglichkeiten.

Mehr brauchte ich nicht zu erzählen. Der Senior entschied kurz und knapp: »In Ordnung. Wir machen die Pressekonferenz. Heute Nachmittag um 15.30 Uhr im großen Konferenzsaal. Und Sie, Herr Dehner, machen uns in der Mittagspause fit für diesen Auftritt!«

Innerlich seufzend stellte ich fest: Das ist wieder ganz der alte Seniorchef, wie ich ihn vor der Krise kannte. Mit dem Laborleiter und dem Marketingchef erarbeitete ich eine Liste kritischer Fragen und guter Antworten. Dann spielten wir im Konferenzraum Pressegespräch – ich in der Rolle kritischer Journalisten, die beiden Inhaber und der Laborchef als die Sprecher der Firma. Das alles in Zeitnot und ohne Kamera. Doch als die Journalisten eintrafen, fühlten sich die drei Herren einigermaßen gewappnet, auch mit schwierigen »Pressefuzzis« fertig zu werden.

Der nächste Anruf kam morgens um 8.30 Uhr – am Tag darauf. Die Stimme des Seniorchefs überraschte mich: Sie klang selbstsicher und direkt wie immer; von der Panik des Anrufs am Vortag war nichts mehr zu hören. »Ich habe die Presse gelesen. War ja ganz ordentlich. Na ja, gute Vorbereitung ist eben alles.«

Schlussbetrachtung

Das Wort Krise kommt vom griechischen »krisis« und heißt eigentlich Entscheidung, Wendepunkt. Im Chinesischen setzt sich das Schriftzeichen für Krise aus den beiden Zeichen für »Gefahr« und für »Chance« zusammen. Als Krisenberater vor allem in der Krisenprophylaxe hat mir dieses Wissen manchmal in der Präsentation geholfen. In der akuten Krise jedoch können die Betroffenen aus dieser Weisheit wenig Trost schöpfen. Sie werden vielmehr von existenziellen Ängsten geschüttelt und versuchen verzweifelt, den Kopf im Wasserstrudel möglichst lange oben zu behalten.

Diese Panik der ersten Stunden ist auch für den externen Berater oft ein großes Problem. Interventionstechniken des Coachings können helfen, diese kritische Phase schnell zu überwinden und die Basis für überlegtes Entscheiden und Handeln zu legen.

Manchmal – wie im geschilderten Fall – stellt sich im Nachhinein heraus, dass die Auswirkungen der Krise viel harmloser sind, als zunächst befürchtet. Der Handel zeigte sich beeindruckt, dass er als Erster und sofort informiert und mit Argumenten für die Kunden versorgt wurde. Die noch am selben Tag eingerichtete Hotline beim Unternehmen klingelte an den ersten drei Tagen fast ununterbrochen, an den nächsten Tagen nur noch selten. Die meisten Anruferinnen – es riefen fast ausschließlich besorgte Mütter an – waren mit den Informationen, die sie bekamen, zufrieden. Der Umsatzrückgang bei diesem Produkt betrug unterm Strich ganze fünf Prozent.

Das Presseecho war erstaunlich positiv, vor allem weil das Unternehmen sich sehr sachlich mit den Testergebnissen auseinander gesetzt hatte, ohne etwas beschönigen zu wollen.

Die Firmeninhaber bekamen aufgrund dieser Erfahrung Mut, jährlich zu einer Pressekonferenz einzuladen.

Einen Wendepunkt zum Guten kann eine Krise vor allem dann bringen, wenn nach dem ersten Schock die Einsicht reift, dass Krisenvorbeugung besser und letztlich billiger und nervenschonender ist, als auf die nächste Krise zu warten. Doch meistens bringt erst eine richtige Krise diese Einsicht.

Meet the press – Medien-Coaching

Regina Jankowitsch

Kopfschmerzen, Schüttelfrost und Brechreiz werden mit dem Genuss von Mineralwasser der frei erfundenen Marke »Alpensee« in Verbindung gebracht. Konsumentenschützer bevölkern die aktuellen Fernsehsendungen und fordern eine sofortige Rücknahme des Produkts aus sämtlichen Handelsbetrieben. Die erste Klage einer Familie, deren Kinder mit diesen einschlägigen Symptomen ins Krankenhaus eingeliefert wurden, wird am folgenden Vormittag eingereicht und anschließend in einer Pressekonferenz kommuniziert. Fachärzte für Innere Medizin äußern sich gefragter- und ungefragterweise zu den möglichen Ursachen dieser Fälle, Journalisten schießen sich ein auf den Konzern, den Mineralwasserhersteller – und das betroffene Unternehmen macht in Sachen Krisen-PR gar keine gute Figur.

In einer ersten Reaktion hatte man den Leiter der Abteilung für Öffentlichkeitsarbeit vorgeschickt, der zu beschwichtigen versucht und als mögliche Ursache der Krankheit einen grassierenden Virus gesehen hatte. »Wir halten das Problem für nicht so groß« und »Mein Gott, da gibt es doch wirklich auch andere Gründe«, hatte er in eines der unzähligen Mikrophone gesprochen. Aufheulen unter Journalisten und Bürgern gleichermaßen und unter dem Druck der Öffentlichkeit muss zwei Tage später auch der Inhaber von »Alpensee« vor die Kamera treten.

Dieser, nennen wir ihn Udo Huber, ist sichtlich entrüstet ob der Vorwürfe an seine Firma. Immerhin hat schon sein Großvater die höchsten Qualitätsansprüche seiner Zeit übererfüllt. »Unglaublich, was die Medien hier tun«, sagt er immer wieder, mit Schweißperlen auf der Stirn, finsterem

Blick und fest zusammengepressten Lippen. Er kündigt aber – angespannt und voller Abwehr – eine Überprüfung des Produkts an. Einen Tag später ein wenig verbessertes Bild: Udo Huber sieht noch immer keinen Grund, das Produkt aus dem Regal zu nehmen, und verweist auf seine guten Beziehungen zum Bundesministerium für Konsumentenschutz. Huber fühlt sich persönlich angegriffen, seine Reaktionen sind stark emotional und von Aggressionen gekennzeichnet.

Endlich: Am fünften (!) Tag eine deutliche Kehrtwendung. Udo Huber beruft erstmals seit Ausbruch der Krise von sich aus eine Pressekonferenz ein, entschuldigt sich öffentlich für seine Fehleinschätzung der Situation, lässt alle Flaschen der in Verdacht stehenden Auslieferung zurückholen und fährt vor laufenden Kameras ins Spital, um die mittlerweile »Wasser-Patienten« genannten Erkrankten zu besuchen und ihnen – unabhängig vom Ergebnis der chemischen Analysen – Wiedergutmachung zu versprechen.

Am siebten Tag des Medienrummels: Die Laborbefunde beweisen, dass es tatsächlich ein Magenvirus in ungewöhnlicher Mutation war, der zu den beängstigenden Erscheinungen geführt hatte. »Alpensee« selbst steht in keinem direkten Zusammenhang damit.

Dennoch: Das Image der Marke, verkörpert durch Udo Huber, ist angeschlagen. Seine Rettungsmaßnahmen werden als nett, aber unehrlich abgetan. Das strahlende Bild, das Konsumenten, Geschäftspartner und Mitarbeiter bis dato vom Paradeunternehmen der Region hatten, bröckelt. Mit einem Schlag sind Jahre und Jahrzehnte intensiver und integrer Arbeit relativiert worden. Wie unnötig!

Udo Hubers Haltung zu Journalisten hat sich bitter gerächt: Bis hierher gehörte er zu jenen Top-Managern, die Journalisten einerseits für Gegner, andererseits für minderwertige Menschen gehalten hatten. Für Leute, die sowieso nur »das Eine« wollen, nämlich bad news verbreiten, unqualifiziert aus einer Mücke einen Elefanten machen, denen man ausweichen sollte, wo immer es möglich ist. Die doch zum Großteil abgehalfterte, halbgebildete Existenzen seien, die – bei allem Respekt vor der Pressefreiheit – in Wirklichkeit viel zu viel Einfluss und Macht haben.

Deshalb hat Udo Huber auch die Zusammenarbeit mit einem Medien-Trainer oder Medien-Coach immer abgelehnt. Er wollte sowieso nichts mit »denen« zu tun haben, seine PR- und Marketingleute waren dafür vorgesehen, Produkteinführungen in Interviews mit ausgewählten Journalisten zu kommunizieren. »Mich lasst in Ruhe mit diesen Dingen«, hat er immer wieder intern gesagt, wenn die Rede davon war, auch ihn in der Medienarbeit einzusetzen. Nachträglich betrachtet eine hyperriskante Entscheidung. Deshalb musste es auch zu diesem Debakel kommen. Seine negative Einstellung und die Tatsache, dass er im Umgang mit Medien völlig ungeübt war, ließen Huber scheitern.

In kürzester Zeit hatte man zwar noch einen Coach aufgetrieben, der in einer Hasardaktion Udo Huber präpariert hatte, ihm klar gemacht hatte, wie er sich zu verhalten habe, wie er bis dato medial »rübergekommen« sei und welche Initiativen er umgehend vorstellen müsste. Es war ein Rettungsmanöver in größter Not, das das Allerärgste abwenden konnte, aber keine strategisch geplante Handlung.

Das zeigt: Wer sich als Führungskraft nicht professionell auf den Umgang mit Medien vorbereitet, handelt grob fahrlässig! Wer sich als Politiker oder Manager nicht rechtzeitig klar wird, welche Botschaften über welche Zeitungen oder Fernsehstationen in welcher Form zu kommunizieren sind, beraubt sich selbst wichtiger Erfolgschancen. Und wer als Person an der Spitze einer Organisation die Spielregeln der Presse nicht beherrscht, tut sich selbst und den anderen nichts Gutes.

Unterschätzen Sie es nicht: Ihre Mitarbeiter, Kunden, Geschäftspartner, Behörden, Freunde oder Mitglieder werden massiv durch Medienberichte beeinflusst. Das Urteil über Sie und Ihr Unternehmen im Sinne von »Daumen rauf« oder »Daumen runter« hängt unmittelbar damit zusammen, wie Menschen Sie medial wahrnehmen – sympathisch, angriffslustig, verantwortungslos oder initiativ. Das ist die erste wichtige Erkenntnis für alle, die auf der ersten Ebene Leadership an den Tag legen (wollen).

Die zweite Erkenntnis ist beinahe noch banaler: Die Spielregeln der Medien und die Art, wie man diese auf sich selbst so anwenden kann, dass man im Interview nicht wie ein dressierter Affe wirkt, muss man lernen. Den Umgang mit einfachen und schwierigen Situationen vor Medienvertretern muss man üben – so wie Autofahren oder Golfspielen – und sich selbst immer wieder einer kritischen Überprüfung unterziehen.

Fazit: Spätestens in der Sekunde Ihrer Ernennung zum Vorstandsvorsitzenden, Geschäftsführer, Präsidenten, Direktor, Divisionsleiter oder Minister bzw. Ihrer Kandidatur zum Bundeskanzler, Abgeordneten oder Bürgermeister muss ein Medien-Coach für Sie aufgetrieben werden.

Wie suche und finde ich den passenden Medien-Coach?

Das Wichtigste bei der Suche nach jeder Art von externem Berater ist, sich vor Augen zu führen, was am Ende der Zusammenarbeit herauskommen soll. Es geht also darum, das Ziel zu bestimmen: Was will ich erreichen? Was soll durch oder nach der Kooperation mit einem Coach anders sein als vorher?

Diese grundsätzlichen Ziele werden in der Praxis am häufigsten genannt:
1. Sie wollen einen allgemeinen Überblick über die Dos & Don'ts der Medienlandschaft Ihres Landes oder Ihrer Region bekommen.
2. Einige Journalisten sehen Sie bereits als undurchsichtigen, einsilbigen Gesellen. Diesen hinderlichen Ruf wollen Sie loswerden und Ihre innere Einstellung zu Medienvertretern hinterfragen und verbessern.
3. Sie wollen eine bevorstehende Presseveranstaltung proben und durchspielen.
Für alle drei Fälle gilt als Ziel, dass Sie nach dem Coaching besser mit Medien umgehen können als vorher. Doch wie verläuft dieser Prozess im Detail?

Welchen Typ Coach brauche ich?

In jedem Fall einen, der selbst journalistische Erfahrung mitbringt. Vertrauen Sie sich nicht jemandem an, der die Welt der Medien selbst nur vom Erzählen oder von schlauen Büchern her kennt. »News« ist eine sehr spezielle Geschäftssparte – wer einmal dabei war, wird sich auch zukünftig der Sprache der Branche bedienen und Ihnen mit diesem Insiderwissen behilflich sein können. Ob Ihr neuer Coach aus der Welt der Print- oder der elektronischen Medien kommt oder in beiden Bereichen tätig war, kann wichtig werden. Vor allem dann, wenn Sie primär für den Umgang mit Tageszeitungs- und Magazinjournalisten oder aber für den Auftritt im Fernsehstudio vorbereitet werden wollen.

Eine ganz entscheidende Frage ist für viele willige Coachees auch, ob der Coach ein Mann oder eine Frau sein soll. Das ist letztlich ein sehr persönliches Thema, das jeder individuell für sich entscheiden sollte. Generell ist die Scheu der zumeist männlichen Klientel, sich vor einer Frau mit allen kommunikativen Schwächen zu zeigen, geringer als die vor einem Mann.

Wesentlich erscheint jedoch die Frage: Wollen Sie einen Trainer oder einen Coach? Das sind nämlich aus meiner Sicht unterschiedliche Qualifikationen. Der Trainer ist jemand, der Ihnen handwerkliche Fähigkeiten vermittelt. Der Coach hingegen ist jemand, der Sie in Ihrer Persönlichkeitsentwicklung unter besonderer Berücksichtigung Ihres beruflichen Umfelds unterstützt. Oder wollen Sie am besten beides in einer Person?

Lassen Sie mich das anhand der oben erwähnten drei Fälle deutlich machen:

Geht es darum, die allgemeinen Dos & Don'ts im Zuge von Journalistenkontakten zu erfahren und zu üben, handelt es sich um eine klassische Trainingsaufgabe. Es ist kein Thema für Coaching. Die Zahl Ihrer potenziellen Berater ist für diesen Fall am größten: Erfahrene Trainer, Praktiker wie aktive oder ehemalige Journalisten, aber auch PR-Berater können die Basisspielregeln der Medienkommunikation abdecken. Jeder wird ein entsprechendes Seminar dazu ein wenig anders gestalten, aber in der Summe wird es immer auf das Gleiche hinauslaufen. Die Botschaften sind überall dieselben:

- Betrachten Sie Journalisten als Geschäftspartner ähnlich einem sehr guten Kunden.
- Kommunizieren Sie proaktiv in guten wie in schlechten Tagen.

► Sprechen Sie so, dass Journalisten Ihre Worte eins zu eins für ihre Artikel und Beiträge verwenden könnten.

Im zweiten erwähnten Ziel – wie Sie Ihren abträglichen Ruf bei Journalisten korrigieren können – scheiden die oben genannten Experten aus, so sie nicht zusätzlich eine psychologische Ausbildung gemacht haben. Das Verändern von Perspektiven und das Hinterfragen des eigenen Verhaltens ist eine eindeutige Coaching-Materie, die auch nur ein Coach professionell mit Ihnen besprechen und bearbeiten kann.

Das umfassendste Know-how ist nötig für das dritte Ziel, die Vorbereitung auf einen bevorstehenden Medienauftritt. Denn hier sind sowohl Trainerfähigkeiten als auch Coach-Fähigkeiten gefragt. Hier sprechen wir tatsächlich vom Medien-Coach, von einem Berater, der beide Berufe vereint, der von der Besprechung und dem Training der kommunikativen Inhalte Ihres Interviews oder Ihrer Pressekonferenz direkt zum gemeinsamen Reflektieren über tief sitzende Ängste vor Journalisten oder mögliche Fallen überwechseln kann. Der auf technische, inhaltliche und psychologische Fragen gleichermaßen antworten und Sie effektiv unterstützen kann.

Mitten im Training zu einer Pressekonferenz anlässlich der Schließung eines Werks hat einer meiner Kunden plötzlich heftig zu weinen begonnen. Grund war der überdurchschnittliche emotionale Druck, vielen Menschen die Arbeit und damit die soziale Verankerung wegnehmen zu müssen. Ohne Coaching-Ausbildung hätte ich diese Situation sicher nicht bewältigt.

Oder als eine Kundin während der Vorbereitung zu einem Diskussionsauftritt im Fernsehen sich ihre ganze Frustration über die Situation, ihre Verzweiflung über Sackgassen und stecken gebliebene Initiativen von der Seele geredet hatte. Auch hier hätten rein handwerkliche Fähigkeiten aus dem Trainergeschäft völlig versagt.

Noch etwas: Aus meiner Erfahrung sind auch aktive Journalisten und PR-Berater wenig geeignet, Sie für den professionelleren Umgang mit Medienvertretern in der notwendigen Tiefe und Intensität zu unterstützen.

Journalisten haben im Training fast automatisch einen berufsbedingten Interessenskonflikt. Diskutieren Sie nämlich, wie Sie auf eventuelle heikle Fragen bei Ihrer Pressekonferenz oder Ihrem Interview reagieren sollten, dann könnte in der Vertraulichkeit des Trainings über Dinge gesprochen werden, die nicht für jedermanns Ohren gedacht sind. Der anwesende Journalist müsste aber de facto mit diesen Informationen in der Hand in seine Redaktion zurückeilen und eine Story daraus machen. Denn Sie haben News geliefert, und er/sie hätte damit einen Vorteil gegenüber den anderen Medien, wenn er/sie diese News veröffentlicht. Was steht jetzt näher? Der Hauptberuf als Journalist oder seine/ihre Funktion als Trainer/in heute für Sie? Bringen Sie professionelle Medienvertreter nicht in dieses Dilemma. Das zahlt sich für beide Teile nicht aus.

Die zweite Gruppe, die PR-Leute, haben hingegen nicht nur nicht gelernt, wie man Ihnen persönliches Feedback gibt und Ihnen zum Beispiel sagt, dass Sie bei der Generalprobe ziemlich unmöglich rübergekommen sind. Sie befürchten auch (zu Recht), dass ihre mangelnden didaktischen Fähigkeiten in dieser Situation Ihr bisher gutes Arbeitsverhältnis zueinander trüben und Sie sich eine andere Agentur oder einen anderen PR-Mitarbeiter suchen könnten.

Und dennoch: Alle Kompetenz ist graue Theorie, wenn Ihnen Ihr Medien-Coach unsympathisch ist. Wenn Sie keinen persönlichen Draht zu ihm finden. Wir lassen uns von niemandem etwas beibringen, den wir nicht mögen. Wir öffnen uns nicht vor jemandem, den wir nicht nahe an uns ranlassen wollen.

Wie gestaltet sich der Erstkontakt?

Professionelle Medien-Coachs stellen – wie Journalisten – gleich zu Beginn wesentliche Fragen:

- Warum machen Sie dieses Training?
- Was ist Ihr persönliches Ziel dabei?
- Haben Sie schon mal ein Medien-Coaching mitgemacht?
- Was halten Sie von Journalisten?

- Welche Erfahrungen hatten Sie diesbezüglich in der letzten Zeit?
- Was sind Ihre Stärken und Schwächen im Umgang mit den Medien?
- Wie schaut Ihre Medien- und PR-Politik in den nächsten Monaten aus?
- Was ist dabei für Sie besonders wichtig?
- Welche Situation würde sich für ein sinnvolles Rollenspiel eignen?

Nach den Fragen folgt das Angebot. Das oberste Kriterium zur Überprüfung eines Angebots ist auch hier: Verstehe ich die einzelnen Positionen und gibt das Angebot meine Angaben und Zielsetzungen wieder?

Ein guter Dienstleister – egal ob Medien-Coach oder jemand aus einem anderen Spezialgebiet – wird Sie immer schon im Voraus mündlich über Art und Ausmaß des Angebots informieren. Entweder sofort im Anschluss an das Briefing-Gespräch, in dem Ihr Anliegen besprochen wurde, oder bei einem eigens zur Erläuterung des Angebots vereinbarten Termin. Oder er/sie informiert Sie telefonisch vorab, bevor das schriftliche Angebot losgeschickt wird. Dieses Telefonat ist erfahrungsgemäß Gold wert – und zwar für beide Teile:

Sie als potenzieller Klient erhalten das Angebot in jedem Fall mündlich vorgestellt, selbst wenn Sie aus terminlichen oder logistischen Gründen nicht noch einmal persönlich zusammenkommen konnten. Sie können eventuelle Unklarheiten oder Widersprüchlichkeiten, spontan auftauchende Fragen oder Unsicherheiten sofort klären. Und dem Coach dient es umgekehrt als letzter Check, ob er/sie alles an der Aufgabenstellung verstanden hat, wie Sie als Klient emotional auf das Angebot reagieren, ob es noch Unklarheiten enthält. Das darauf folgende schriftliche Angebot wird dank dieses Vorgehens zu einer reinen formellen Bestätigung dessen, was besprochen und angekündigt wurde. Unangenehme Überraschungen mit ungewollten Folgen, die schriftliche Angebote häufig mit sich bringen können, fallen von vornherein aus.

Und in puncto Geld: Beachten Sie einmal, wie wenige Coachs ihre Honorare veröffentlichen. Warum tun sie das wohl? Weil es unterschiedliche Honorare gibt, je nachdem, wer anklopft? Weil die Honorare so hoch sind, dass man sich scheut, sie ins Netz zu stellen? (Was denken Sie über das Preisniveau eines Geschäfts, in dem in der Auslage keine Preise angegeben sind? Günstig?) Weil man meint, aufs Honorar kommt es nicht an? Fragen Sie Ihren zukünftigen Coach dazu und prüfen Sie, ob Sie mit der Antwort etwas anfangen können.

Wie soll sich Medien-Coaching abspielen?

Sie sehen, es hängt alles davon ab, was Sie wollen und was Sie brauchen.

Haben Sie wirklich nur oberflächlichen Klärungsbedarf in Richtung »Wie spreche ich mit Journalisten?«, dann reicht es, wenn Sie allein oder mit anderen zusammen einen guten Vortrag mit anschließender Diskussion hören, wenn Sie sich Fallbeispiele für gute und schlechte Interviews oder Medienauftritte präsentieren lassen und gegenseitig Erfahrungen austauschen. Das klappt und ist immer noch besser als nur ein Buch zu lesen.

Wenn Sie sich allerdings gezielt, intensiv und konkret vorbereiten wollen, ***müssen Sie***, damit das Ganze einen Sinn hat, ein Training vor der Kamera machen. Sie müssen sich selbst sehen. Das ist eine Conditio sine qua non, wenn Sie besser werden wollen. Denn sonst werden Sie a) immer schlechter sein als nötig, weil nicht geübt wurde, b) Ihre Fehler weniger rasch verstehen und ausmerzen können, weil Sie sich nicht selbst gesehen haben und c) das Feedback des Trainers bzw. des Medien-Coachs nicht akzeptieren oder weniger nachvollziehen können.

Ansonsten rate ich Ihnen, bei der Auswahl Ihres Medien-Coachs auf die Dramaturgie des Tagesablaufs zu achten. Hier ein paar Qualitätskriterien für ein professionelles Medien-Coaching:

Gehen Sie davon aus, dass auch Sie Themen besser verstehen und sich eher merken, wenn Sie auf möglichst unterschiedliche Art und Weise herangeführt werden. Wenn also der Medien-Coach den geplanten Coaching-Tag durchgehend mit Rollenspielen oder durchgehend mit Analysen von Fallbeispielen vollpflastert, dann lassen Sie besser gleich die Finger davon. Alles, was von 9 bis 18 Uhr durchgehend und mit der gleichen Methode präsentiert stattfindet, ist spätestens zu Mittag für Sie (und auch für den

Coach) ermüdend, langweilig und nicht dazu angetan, den höchstmöglichen Lerneffekt zu erzielen.

Abwechslung ist das Stichwort. Abwechslung zwischen den grundsätzlichen didaktischen Methoden: Fallbeispiele und deren Analyse (erfahrene Coachs verfügen über ansehnliche Archive mit gelungenen Fernsehinterviews in Deutsch und in Englisch), Präsentation von Spielregeln und anschließende Diskussion, workshopartiges Abfragen von Ängsten oder Krisenthemen, Rollenspiele und deren Analyse, Gruppenarbeiten, Gastreferenten aus dem Journalismus oder Übungen zum Thema Körpersprache.

Fast selbstverständlich ist: Maßgeschneiderte Medien-Coachings sind immer effektiver als Standardveranstaltungen, es sei denn, es geht Ihnen primär um Erfahrungsaustausch mit anderen, dann sind offene Seminare logischerweise besser.

Für die persönliche Weiterentwicklung ist allerdings im Gegensatz zu einem Seminar, in dem Sie mit fünf bis zehn anderen Menschen von anderen Organisationen sitzen, ein Coaching für sich allein oder für eine geschlossene interne Gruppe weitaus sinnvoller. Sowohl das Programm als auch die Intensität und Tiefe der Behandlung aller Inhalte ist bei einer maßgeschneiderten Veranstaltung um ein Vielfaches höher. Natürlich ist auch der Preis dafür um ein Vielfaches höher.

Was macht nun ein maßgeschneidertes Rollenspiel aus? Es muss der Realität möglichst nahe kommen. Das heißt:

- Der Coach muss sich in der Thematik auskennen. Sie dürfen erwarten, dass Ihr Coach sich wie ein Journalist für ein Interview im Rollenspiel eingelesen hat.
- Ihre internen Unterlagen, aber auch Recherchen vor allem im Internet, dienen dem Coach dabei zur Vorbereitung.
- Das Setting muss realistisch sein: Pressekonferenzen werden sitzend geübt (ausgenommen Ansprachen von Politikern, bei denen auch Journalisten dabei sind, wo häufig gestanden wird). Bei Telefoninterviews wird in der Analyse nur auf die Stimme geachtet – nur so kann man beurteilen, wie der Journalist Sie am anderen Ende der Leitung wahrnimmt.

- Vorbereitungszeit im Rahmen des Medien-Coachings entsprechend der Echtzeit ist wichtig: Da Sie nie spontan Interviews geben dürfen, sondern sich immer mindestens zehn Minuten Zeit bis zu Ihrem Rückruf herausschinden sollten, sind diese zehn Minuten das Minimum an Vorbereitungszeit vor dem Rollenspiel.
- Für Krisenfälle ist es angebracht, mit einer großen Fernsehkamera ins Rollenspiel zu gehen. Das nahezu körperlich Bedrohliche, das von solch einem Gerät ausgehen kann, sollte jeder einmal erlebt haben.

Das Feedback für das Rollenspiel sollte sich immer auf vier Ebenen abspielen:

- Körpersprachlich – Wirken Sie verkrampft, angespannt, abwehrend? Schauen Sie dem Journalisten in die Augen? Wackeln Sie mit dem Körper vor und zurück? Ist Ihre Stimme klein und schwach?
- Dramaturgisch – Sagen Sie das Wichtige am Anfang? Kommen Sie rasch auf den Punkt? Geben Sie Antwort auf die Fragen der Journalisten oder versuchen Sie, sie auszutricksen? Was sollten Sie hervorheben, was eher abschwächen?
- Rhetorisch – Sprechen Sie in einer Sprache, die ein »normaler« Mensch versteht? Verwenden Sie Sprachbilder, die Ihre Argumente gut verdeutlichen? Setzen Sie Beispiele aus der Welt der Journalisten ein? Bedienen Sie sich eines Journalistenjargons mit möglichst vielen Begriffen aus der Welt des Sports?
- Inhaltlich – Bringen Sie News oder sind Ihre Botschaften eigentlich für Medien völlig irrelevant? Haben Sie Ihren O-Ton knackig formuliert, so dass Sie gute Chancen haben, zitiert zu werden? Welche Argumente sind strategisch wichtig für Sie und Ihre Organisation? Was müssen Sie im Fall einer Krise unbedingt sagen?

In seltenen Fällen – etwa bei Bilanz-Pressekonferenzen – wird das eine oder andere PowerPoint-Chart verwendet. Dann muss das Feedback des Medien-Coachs auch darauf Bezug nehmen.

Ganz wichtig: Es muss bei alldem immer Raum sein, um über Ihre Befindlichkeit zu sprechen!

Ein guter Medien-Coach wird etwaige Unlustgefühle Ihrerseits aufgreifen und ansprechen. Das ist wichtig, denn wenn Sie mit Unbehagen in einen Journalistenkontakt treten, dann kann das sehr nachteilig für Sie sein. Unbehagen können Sie aus vielen Gründen haben: Weil Sie den Journalisten nicht mögen, einen unglaublich schlechten Tag hatten, aus privaten Gründen todunglücklich sind, das, was Sie hier erzählen, eigentlich selbst nicht für richtig halten, etc. Nutzen Sie das Medien-Coaching, um sich hier Luft zu verschaffen – es wird Ihnen nachher nicht nur viel besser gehen, sondern der Profi, der Journalist wird nicht unabsichtlich in eine falsche Richtung getrieben. Vergessen Sie nie, dass neunzig Prozent der Wirkung eines Menschen nonverbaler Natur sind – wenn es Ihnen nicht gut geht, dann wird man das sehen, hören und spüren. Da hilft Technik allein nur oberflächlich.

Wann, wo und wie teuer?

Brauchen Sie das Coaching sofort, weil es um die konkrete Behandlung einer akuten Aufgabenstellung geht? Oder sind Sie flexibel, weil Sie wissen, in drei Monaten übernehmen Sie den Posten des Geschäftsführers und irgendwann bis dahin sollten Sie die Basics kennen und können?

Im ersten Fall sind Sie – falls es noch keine bestehenden Kontakte zu einem Medien-Coach gibt – davon abhängig, wen Sie in der Kürze der Zeit finden. Im zweiten Fall haben Sie die Möglichkeit, sich tatsächlich jene Person auszusuchen, die Sie emotional und mental am meisten anspricht.

Wann in der Woche möchten Sie dieses Medien-Coaching machen? Nicht jeder arbeitet am Wochenende, falls Sie das im Kopf haben sollten.

Wie lange das ganze Prozedere dauert? Wenn Sie das erste Mal einen Medien-Coach aufsuchen, dann sollten Sie sich auf jeden Fall einen ganzen Tag dafür nehmen. Die Erfahrung zeigt, dass es sonst kaum möglich ist, die Basisspielregeln im Umgang mit Journalisten zu diskutieren und gleichzeitig ein oder mehrere Rollenspiele durchzuführen.

Immer außer Haus

Medien-Coachings sind wesentlich effektiver, wenn sie nicht bei Ihnen im Büro, sondern außer Haus – sei es beim Coach selbst oder in einem Seminarhotel – stattfinden. Nur wenn Sie sich außerhalb Ihrer beruflichen vier Wände bewegen, sind Sie

- unbefangen und frei im Kopf,
- ungestört von Sekretärinnen und Vorgesetzten.

Mit Coachs, die diese Unterschiede nicht als wichtig erachten, können Sie von vornherein nicht dasselbe Ergebnis erzielen wie mit denen, die bewusst außerhalb Ihres Büros mit Ihnen arbeiten.

Von 2000 € an aufwärts

Unter 2 000 € ohne Mehrwertsteuer pro Tag werden Sie im deutschsprachigen Raum keinen professionellen Medien-Coach finden. Medien-Coachs liegen mit ihrem Honorar im Vergleich zu anderen Trainern oder Coachs relativ hoch, nehmen oft das Doppelte eines herkömmlichen Coachs, und noch immer bis zu dreißig Prozent mehr als Präsentationstrainer. Warum? Vermutlich, weil der Markt richtig erkannt hat, dass der Umgang mit Medien und damit mit einem Massenpublikum wesentlich gravierendere Konsequenzen als der Vortrag vor einem beschränkten Auditorium haben kann – im Guten wie im Schlechten. Und das wird eben entsprechend in der Dotierung berücksichtigt.

Medien-Coachs werden, wie alle Kollegen dieser Branche, nach Stunden oder Tagen bezahlt. Und es ist bei den geschlossenen, maßgeschneiderten Coachings völlig egal, wie viele Teilnehmer Sie mitnehmen.

Udo Hubers Fall

Hätte »Alpensee« mich vor der großen Krise angerufen, in guten Zeiten sozusagen, hätte ich – nach einem persönlichen Vorgespräch mit Udo Huber und seinem PR-Verantwortlichen – folgendes Medien-Coaching vorgeschlagen:

Drei Tage insgesamt, wobei am ersten Tag Udo Huber zusammen mit seinem PR-Verantwortlichen zu mir käme, am zweiten Tag allerdings allein. Allein deshalb, um in der nunmehr schon etwas vertrauteren, aber durch das Vier-Augen-Prinzip ungleich intimeren Situation als am ersten Tag, persönliche Schwächen und Anliegen zu besprechen. Der dritte Tag sollte zeitversetzt stattfinden und sich ausschließlich mit potenziellen Krisen auseinander setzen.

1. Tag: Basics

Vormittag: Analyse der journalistischen Spielregeln durch die beiden Herren selbst und gemeinsame Besprechung der Dos & Don'ts;
Tipps und Erfahrungen zum Thema Vorbereitung;
Vorbereitungszeit für jeden der beiden Teilnehmer;
Rollenspiele der beiden: Die Pressekonferenz zu einem aktuellen Thema.

Nachmittag: Intensiv-Analyse von beiden Rollenspielen;
Spielregeln für Interviews;
Rollenspiele der Teilnehmer zu einem persönlichen und einem telefonischen Interview.

2. Tag: Elektronische Medien

Vormittag: Spezifische Guidelines für Radio und Fernsehen;
Vorbereitung für Rollenspiel;
Das TV-Interview in einer Verbrauchersendung;
Intensiv-Analysw;

Nachmittag: Reflexion: Was stört mich an Journalisten noch immer?

Das TV-Interview für eine Nachrichtensendung mit großem Kamera-Equipment;
Intensiv-Analyse;
Gemeinsame Besprechung eines perfekten Fallbeispiels auf Video.

3. Tag: Die Krise

Vormittag: Definition der potenziellen Krisenthemen;
Präsentation eines grundsätzlichen Kommunikationsablaufs im Fall der Krise;
Dos & Don'ts im Umgang mit Journalisten;
Vorbereitung für Rollenspiele.

Nachmittag: TV-Krisen-Interview stehend;
TV-Krisen-Interview im Nachrichtenstudio;
Detail-Analyse;
Das Ganze noch einmal.

Damit hätte sich Udo Huber jedenfalls viel erspart.

Wie evaluiere ich das Medien-Coaching?

Es gibt bis heute keine umfassende, wissenschaftlich anerkannte Methode, Coaching zu evaluieren. Selbst in den USA, im Mutterland der Persönlichkeitsentwicklung, kann man bis dato »nur« festhalten, dass sich Gecoachte – egal, um welches konkrete Coaching es sich gehandelt hat – signifikant besser fühlen und das Coaching in überwältigendem Ausmaß als weiterführend und hilfreich empfunden haben. Egal, ob diese Verbesserung nun objektiv stattgefunden hat oder nicht, wer mit deutlich gesteigertem Wohlbefinden und Selbstwertgefühl in seine neuen Herausforderungen geht, wird zweifellos ein anderes, seinen/ihren Zielen mehr entsprechendes Verhalten an den Tag legen.

Dennoch gibt es aus meiner Erfahrung fünf Punkte für Ihre allgemeine und neun für eine spezifische Evaluierungschecklist:

1. Sind mit dem Medien-Coach alle Ziele, die Sie zu Beginn definiert haben, abgearbeitet worden oder sind Punkte bzw. Bereiche offen geblieben?
2. Sind die erarbeiteten Lösungs- oder Reflexionsansätze auf die Realität übertragbar bzw. haben Sie schon ein Ergebnis aus dem Coaching erfolgreich implementieren können?
3. Entspricht die Resonanz Ihrer neuen Handlungsweisen Ihren Erwartungen? Was enthält das Feedback der betroffenen Personen?
4. Haben Sie nunmehr eine andere Perspektive zum Thema oder zu den involvierten Personen als vor dem Coaching?
5. Würden Sie noch einmal diese Form des Coachings mit diesem Coach wahrnehmen bzw. würden Sie diesen Coach jemandem, an dem/der Sie Interesse haben, weiterempfehlen?

Und konkret:
1. Sind Ihre Kontakte mit Medien anders/professioneller geworden?
2. Drückt sich das in Form von Artikeln oder Beiträgen in den diversen Medien aus, die Ihren Zielen besser entsprechen?
3. Sind Ihre Ängste und Hemmschwellen reduziert worden und wenn ja, in welcher Deutlichkeit?
4. Verstehen Sie die Welt der Journalisten jetzt anders, besser, intensiver?
5. Nehmen Sie Medienvertreter/Medienvertreterinnen anders wahr als vor dem Coaching?
6. Fällt es Ihnen leichter, sich auf einen Kontakt mit Medien vorzubereiten?
7. Suchen Sie den Kontakt zu Medien proaktiv?
8. Können Sie gutes und weniger gutes Verhalten anderer in Interviews erkennen und daraus lernen?
9. Macht es Ihnen Freude, Journalisten/Journalistinnen als Teil Ihres Beziehungsnetzwerks zu sehen?

Können Sie den Großteil dieser Frageliste eindeutig mit »Ja« beantworten, dann kann ich Ihnen nur herzlich gratulieren! Dann haben Sie ein erfolgreiches Medien-Coaching hinter sich.

Immer wieder

Hören Sie nie auf, höchste Ansprüche an sich selbst im Umgang mit Medien zu stellen: Zum einen, weil es rein technisch und fachlich notwendig ist. Medien gehören zu den sich am schnellsten ändernden Bereichen unserer Zivilisation. Was Sie im vorigen Jahrhundert einmal für die Kommunikation mit Journalisten gelernt haben, ist heute zum Teil schon überholt. War der durchschnittliche Beitrag in den TV-Nachrichtensendungen 1980 noch im Schnitt drei Minuten, so dauert er heute bestenfalls noch eineinhalb Minuten. Und hatten Sie seinerzeit noch eine gute Minute Zeit, eine sinnvolle Antwort zu geben, so dauern die Soundbites, wie die Amerikaner Ihren O-Ton nennen, heute nur noch zehn Sekunden.

Zum anderen ist es schlicht und einfach ein Zeichen Ihrer Professionalität, sich auch trotz viel Erfahrung dann und wann einen Medien-Coach zu nehmen. Oder wollen Sie vor besonders wichtigen Anlässen auf die neutrale Stimme von außen verzichten?

Und noch etwas: Wenn Sie versuchen, jeden Medienkontakt ernst zu nehmen und nach allen Regeln der Kunst zu nutzen, tun Sie sich noch einmal etwas Gutes. Natürlich gibt es Prioritäten in Ihrer Medienpolitik, aber letztlich ist kein Blatt völlig unwichtig für Sie und kein Journalist total vernachlässigbar – weder als Mensch noch als Meinungsmultiplikator. So bauen Sie sich nicht nur einen hervorragenden Ruf auf, sondern bleiben auch ständig im Training. Sie werden sehen: Es lohnt sich.

Anhang: Der Vorbereitungsfragebogen

Für proaktive Presse-Initiativen:

1. Was möchte ich konkret durch den Kontakt zu dem Medium/dem Journalisten erreichen? Was soll der Journalist konkret tun, nachdem das Interview, die Pressekonferenz beendet ist?

- Schreiben/nicht schreiben
- Mich zitieren/mich nicht oder nur indirekt zitieren
- Mich informativ und nicht tendenziös empfinden
- Mich sympathisch finden

2. Was sind diesbezüglich meine Hauptbotschaften?

- In Schlagzeilenform in der Vorbereitung ausarbeiten – maximal drei!
- Sollen jeweils nicht länger als eine handgeschriebene Zeile ausmachen
- Jargon aus dem Sport besonders beliebt (kupfern Sie von den Headlines der Sportredaktionen ab)
- Thema muss außergewöhnlich sein

3. Wie muss ich kommunizieren, damit ich dem Journalisten de facto seinen Text diktiere?

- Meine Ideal-Schlagzeile (siehe Punkt 2)
- Die Facts (Wer, Was, Wie, Wo und Wann)
- Bildhafte Beispiele – verbal und in Form von Presse-Illustrationen
- Mein Zitat – die emotional gefärbte, eine Zeile nicht überschreitende, mit starken Worten versehene Meinung/Bewertung des bisher Gesagten.

Motto: Sie sollen so kommunizieren, dass der Journalist Ihre Sprache direkt für seinen Artikel/Beitrag verwenden kann. Null Umarbeitungs- oder Dechiffrierungszeit für den Journalisten ist das Ziel!

4. Was wird mich der Journalist mit hoher Wahrscheinlichkeit fragen?

- Aktuelles aus meiner Branche,
- Vergangenes aus meinem Unternehmen,
- Persönliches zu meiner Zukunft,
- Vergleich meiner Aussagen mit denen anderer Experten,
- Verweise auf andere Medienberichte

Zusätzlich – ein Journalist ruft an und ersucht um ein Interview – falls er/sie es nicht von sich aus kommuniziert:

1. Wie schnell brauchen Sie meine Informationen? Ich möchte Sie gerne zurückrufen.
Wenn möglich: Was halten Sie davon, wenn wir uns treffen?
Damit ich die Informationen besser für Sie zusammenstellen kann:

- Welche Art von Story soll das werden?
- In welche Richtung soll die Story gehen?
- Mit wem haben Sie schon gesprochen?

2. Hätten Sie auch Interesse mit Herrn/Frau XYZ zu sprechen? Ich kann Ihnen gern die Telefonnummern geben.

3. Nach dem Interview:
Können Sie mit meinen Informationen etwas anfangen?
Passt das so für Sie?
Wenn Sie noch etwas brauchen, jederzeit und gern.

Kurswechsel mit fünfzig

Von der »sicheren« Abhängigkeit in die selbstbestimmte Zukunft

Wolfgang Filbert

Neben den Coaching-Aufträgen von Unternehmen und Organisationen nehmen Beratungsaufträge aus privater Initiative zu. Ein Hauptgrund, Coaching in Anspruch zu nehmen, ist der Mangel an fundiertem Feedback. Die Folgen zeigen sich in einem unrealistischen Selbstbild, beruflicher Orientierungslosigkeit und in allen daraus resultierenden Schwierigkeiten wie Führungsproblemen, Karrierestillstand, Perspektivlosigkeit, Motivationslosigkeit bis zur Resignation in beruflichen und privaten Alltagsbereichen.

Konstruktives Feedback fehlt, weil Mitarbeiter, Kollegen, Vorgesetzte in die jeweilige Problematik mehr oder weniger involviert sind, Ehepartner und Freunde meist überfordert sind, da ihnen für eine objektive und kompetente Hilfestellung das psychologische, das organisatorische und wirtschaftliche Fachwissen fehlt. Und selbst, wenn im Umfeld Gesprächspartner gefunden werden, wird deren Meinung selten konstruktiv aufgenommen und aufgrund der Beziehung als persönlicher Angriff missverstanden oder als nicht ganz ernst zu nehmendes Lob aufgefasst.

Selbstbestimmtes Coaching

Anlässe und Gelegenheiten für ein selbstbestimmtes Coaching sind vielfältig. Sie betreffen die Sachebene und die Beziehungsebene, zum Beispiel im Umgang mit Kollegen, Mitarbeitern und Vorgesetzten und wie im nachfolgenden Beispiel bei der Überlegung eines beruflichen Kurswechsels.

Die Gründe für den beruflichen Kurswechsel können dabei unterschiedlich motiviert sein. Oft ist es eine Gemengelage verschiedener Überlegungen. Äußere Umstände können zu einer Änderung zwingen, zum Beispiel aufgrund der Zusammenlegung von Unternehmen. Es wird zukünftig nur noch ein Geschäftsführer, Vertriebschef, Controller, Marketingchef etc. des gemeinsamen Unternehmens gebraucht. Oder die Geschäftspolitik, die Kultur hat sich in der Art geändert, dass man den Wandel nicht mit vollziehen will. Ein weiterer Grund kann ein neuer, vielleicht junger unerfahrener Vorgesetzter sein, mit dem man nicht zusammenarbeiten kann und will, was einem den Spaß an der Arbeit verleidet und bis in den privaten Bereich dringt und das allgemeine Wohlbefinden psychologisch und auch physisch belasten kann.

Vielleicht hat sich aber auch die Wertigkeit der verschiedenen Lebensbereiche – Beruf, Freizeit, Familie – geändert und man will künftig anders arbeiten. Ob nun der berufliche Kurswechsel darin besteht, sich im Unternehmen neu zu positionieren, sich am Markt neu zu bewerben oder sich selbstständig zu machen; mit einem Coaching zum beruflichen Kurswechsel, speziell in der Situation von best-agers 45+, werden Ziele schneller und bewusster erreicht. Die Qualität der Entscheidungen wird durch das Coaching verbessert, es werden verschiedene Aspekte und Sichtweisen deutlich. Die Umsetzung eigener Überlegungen wird einfacher. Botschaften nach außen – ob als Bewerbung oder Geschäftsidee – werden zu zielgerichteten Aktionen.

Karriere, Rückschläge, Abhängigkeiten

Frau P. ist fünfzig Jahre alt und hat zwei erwachsene Söhne, siebzehn und achtzehn Jahre alt. Seit vier Jahren lebt sie von ihrem Mann getrennt, seit zwei Jahren ist sie geschieden. Seit nunmehr fünfzehn Jahren arbeitet sie in einem mittelständischen Dienstleistungsunternehmen mit 240 Kolleginnen und Kollegen. Frau P. hat sich im Unternehmen beruflich entwickelt und Karriere gemacht.

Angefangen hat sie im Sekretariat. Der Kinder wegen arbeitete sie halbtags. Auf Drängen ihres Vorgesetzten wurde aus dem Halbtagsjob – zunächst über eine zunehmende Anzahl von Überstunden – ein Ganztagsjob. Frau P. engagierte sich speziell für Marketingaufgaben, half bei der Formulierung und Gestaltung von Prospekten, konnte eigene Ideen einbringen, die aufgegriffen und auch umgesetzt wurden. Sie fand Gefallen an der Marketingaufgabe und bildete sich in Eigeninitiative zur Marketing-Fachfrau mit sehr gutem Erfolg weiter. Die Ausbildung dauerte neun Monate. Auf ihre Leistung und Abschlussnote ist sie stolz. Die Ausbildung war berufsbegleitend angelegt. Das hieß, nicht nur jeden Freitag bis Samstagabend die Schulbank zu drücken, sondern auch Hausarbeiten und praktische Arbeiten neben der beruflichen Arbeit. Im Kampf mit ihrem Arbeitgeber trotzte sie der Firma den Freitag als bezahlten Urlaub ab. Die Ausbildungskosten in Höhe von 5 000 € bezahlte sie aus ihrer eigenen Tasche. Die zeitliche Belastung war hoch, für die Familie blieb weniger Zeit. Insgesamt fühlte sie sich in dieser Phase dennoch wohl.

Ein Jahr nach der Ausbildung durfte sie sich Abteilungsleiterin Marketing nennen. Die Abteilung bestand dabei aus ihr selbst und einer Halbtagskraft und sie arbeitete mit einer Marketingagentur zusammen. Auch wenn ihr Budget und ihr Entscheidungsspielraum eng begrenzt waren, erkannte ihr Vorgesetzter zunehmend ihre Arbeit als professionell an. Messeauftritte, Pressekontakte, Mailings und Prospekte des Unternehmens trugen immer deutlicher ihre Handschrift. Unternehmensintern und auch von Kundenseite wurde ihre Arbeit gelobt. Messeauftritte des Unternehmens wurden offiziell prämiert, die Darstellung und die Beteiligung an Produkt-Innovations-Wettbewerben auf ihre Initiative hin brachten dem Unternehmen Preise und damit zusätzliche Reputation ein.

Frau P. bekam weitere Mitarbeiter, sie rückte nun als Marketingchefin ins mittlere Management auf, ihr Verantwortungsbereich wurde deutlich erweitert: Sie durfte das gesamte Marketingbudget selbst verwalten. Nach dem Ausscheiden ihres langjährigen Vorgesetzten aus der Geschäftsleitung und der Übernahme des Unternehmens durch einen amerikanischen Konzern wurde ihr stückweise erkämpfter Freiraum wieder deutlich eingeschränkt und der Hälfte ihrer Mitarbeiter im Rahmen betriebsbedingter Kosteneinsparungen gekündigt. Frau P. war frustriert und unzufrieden.

Die erste Sitzung als Kennenlernrunde: Die Chemie muss stimmen

Aufträge zu selbstbestimmten, privat bezahlten Coachings erhalte ich ausschließlich auf persönliche Empfehlung. Der tatsächliche Bedarf scheint erheblich, zumal in wirtschaftlichen Umbruchzeiten auch die langjährigen Leistungsträger und gut ausgebildeten Führungskräfte betroffen sind. Wer seine Fähigkeiten speziell als best-ager auch in den nächsten Jahren ausleben und weitergeben möchte, sollte seinen Standort überprüfen und den nächsten Karriereschritt selbstbestimmt planen.

Frau P. kam auf Empfehlung einer Klientin zu mir. Im selbstbestimmten Einzel-Coaching sind die Anliegen des zu Coachenden oft umfassend. Berufliche und private Themen sind häufig nicht zu trennen bzw. beeinflussen sich gegenseitig. Maßnahmen reichen manchmal in den privaten Bereich hinein, wenn dies notwendig erscheint und vom Klienten gewollt ist. Für diese umfassende Arbeitsbeziehung muss die Chemie zwischen Coach und Kunde stimmen.

Die Zielsetzung für die erste Sitzung ist es, auf beiden Seiten Klarheit über den Auftrag zu schaffen. In welche Zielrichtung kann eine gemeinsame Arbeit gehen? Wann ist das Coaching aus Sicht von Frau P. erfolgreich? Bin ich als Coach mit meinen Kenntnissen und Erfahrungen in der Lage, die nötige Hilfestellung zu leisten, kann ich Prozesse in Gang setzten und Sichtweisen erweitern, die neue Handlungsmöglichkeiten aufzeigen? Andererseits muss Frau P. das Gefühl haben, dass das Coaching hilfreich sein wird. Sie muss das Gefühl haben, dass sie sich öffnen kann und im Gespräch nur sich selbst verpflichtet ist.

Mit der ersten Sitzung lernte ich Frau P. als selbstbewusste Frau, die mitten im Leben steht, kennen. Sie ist willensstark, aktiv und aufgabenmotiviert. Sie machte es mir als Coach leicht, ihr die notwendige Wertschätzung entgegenzubringen.

Wir starteten mit der Beschreibung ihrer Arbeitssituation, die sie als für sich hemmend empfand. Ihr neuer Vorgesetzter (zwischenzeitlich bereits seit achtzehn Monaten im Unternehmen tätig) war neu im branchenorientierten Markt des Unternehmens. Fachlich konnte sie ihn nicht respektieren und menschlich mochte sie ihn nicht. Konkret drückte sich ihre Abneigung darin aus, dass ihre Ideen nicht mehr angenommen wurden, der Marketingbereich und das Budget wurden auf ein Minimum eingefroren, ihre Kreativität wurde nicht nachgefragt. Ihre Arbeit beschränkte sich auf Handwerkliches, wie den Feinschliff von Mailingaktionen. »... so etwas habe ich früher als Sekretärin auch ohne Ausbildung gemacht.«

Um mir ein Bild von den anderen Lebensbereichen zu machen, fragte ich nach ihrer privaten Situation. Hier kamen nun all die Bremsklötze zu Tage: Die Kinder sollen nach der Scheidung zur Ruhe kommen; schlechtes Gewissen, weil sie zu wenig Zeit für die Kinder hat. Sie hatte keine größeren finanziellen Rücklagen und war auf die Gehaltsüberweisungen angewiesen. Sie war jetzt fünfzehn Jahre bei der Firma und hatte damit Anrecht auf die Firmenrente, auch daran musste sie denken. Im Ergebnis kam sie zu dem Schluss: »Im Vergleich mit vielen anderen und in der heutigen, wirtschaftlich angespannten Zeit und unter Berücksichtigung des Alters geht es mir eigentlich gut, eigentlich müsste ich zufriedener sein.«

Um zu erarbeiten, was Frau P. nicht nur »eigentlich« zufrieden macht, erläuterte ich ihr meine Arbeitsweise: Zunächst ist mir wichtig, deutlich nachvollziehbar und klar zu erarbeiten, was konkret sie will, was sie wirklich zufrieden macht. Danach sollten wir das berufliche Umfeld, ihre Möglichkeiten für zielgerichtete Aktionen im Unternehmen prüfen und die Wirkungen auf die anderen Lebensbereiche, Familie und Feizeit beleuchten. Nach der Umfeldanalyse ist zu analysieren, wie die Rolle mit der gewünschten Zielrichtung gemanagt werden kann. Danach erarbeiten wir mögliche, zielfördernde Maßnahmen und werden sie zum Beispiel in Rollensimulationen üben, bis sie selbst ein gutes Gefühl hat und sich in ihrer Haut wohl fühlt. Jede geplante Aktion wird gemeinsam auf die Wirkung in den verschiedenen Lebensbereichen geprüft und nachvollzogen. Dieses Vorgehen bezieht das Wohlbefinden und auch Aspekte wie finanzielle Konsequenzen ein.

Zum Ende der ersten Sitzung erläuterte ich Frau P. meinen einfachen Vertrag und die Gebühr. Der Vertrag ist jederzeit von Frau P. kündbar. Die geleisteten Stunden werden berechnet. Die erste Sitzung war kostenfrei.

Wir vereinbarten, dass Frau P. sich in den nächsten Tagen meldet und bei Interesse einen dann kostenpflichtigen Termin vereinbart.

Ergebnisvermerk:
Die erste Sitzung mit Frau P. dauerte circa zwei Stunden. Die Existenz und die Bedeutsamkeit des Problems von Frau P. war mir deutlich und ich fühlte mich in der Lage, Frau P. Hilfestellung zu bieten und in einigen Sitzungen nach ihren Vorgaben gemeinsam Perspektiven und Sichtweisen zu erarbeiten. Außerdem hatte ich das Gefühl, meine Arbeitsweise entspräche dem Anspruch, den Frau P. an ein zielführendes Coaching hat.

Problemdefinition und Zielklärung

Wie im ersten Gespräch vereinbart, war die Aufgabe der zweiten Sitzung, das Ziel des Coachings genauer zu definieren und fassbar zu machen. Für mich als Coach war es darüber hinaus wichtig, weitere Informationen über Frau P. als Person zu erhalten, ihren Bezugsrahmen zu erfragen und zu begreifen. Was treibt sie an, was ist der Hintergrund ihrer Motivation? Diese Information ist wichtig, um bei der Zielfindung behilflich zu sein und sich auf die Persönlichkeit und die Wertehierarchie der Klientin einzulassen.

Die Frage der Zielklärung hatte Frau P. zwischenzeitlich beschäftigt. »Was will ich eigentlich, warum bin ich nicht wirklich zufrieden?«

Häufig, so auch Frau P., berichten Klienten eher aus der Perspektive, was sie nicht mehr wollen oder wie ihre Umwelt sich ändern müsste, damit sie in Zufriedenheit arbeiten können. Frau P. fühlte sich als Opfer der Situation: Wechsel des Vorgesetzten, Übernahme des Unternehmens durch einen amerikanischen Konzern, Entlassung ihrer Mitarbeiter, Einfrieren des stark reduzierten Marketingbudgets. Gleichzeitig hatte sie versucht, sich auf die geänderten Umstände einzustellen: Auf die neue Firmensituation angepasste Marketingkonzeptionen, Kundenbindungssysteme mit Unterstützung des Marketings wurden von ihr eingebracht und angeboten. Mit allen Bemühungen lief sie aber gegen die Wand, dadurch sank ihre Motivation und damit ihre Zufriedenheit in allen Bereichen.

Frau P. formulierte also zunächst, was sie nicht mehr wollte. Beim erfolgreichen Coaching muss jedoch die Richtung stimmen. Es muss also eine Zielbeschreibung gefunden werden, die in die »Ich-will«-Richtung zeigt.

Frau P. wollte weiter im Marketingbereich arbeiten, ihre Kreativität einsetzen, Ideen wachsen sehen, umsetzen und das Resultat präsentieren. Sie wollte Marketingkonzepte entwickeln und selbstverantwortlich umsetzen. Sie wollte arbeiten wie zuvor. Unternehmensstrategie, Produkte, Zielgruppen waren vom Unternehmen über Jahre klar definiert. Vom Mailing über Prospekte bis zur Messearbeit und den Umgang mit der Presse wollte sie mit einem klaren Budget ihre Arbeit tun.

Ihre Zieldefinition fürs Coaching:

► Mein übergeordnetes Ziel ist es, Marketingkonzepte nach Briefing zu kreieren, zu planen und eigenverantwortlich umzusetzen. Mit Hilfe des Coachings will ich klären, was ich selbst tun kann, um dieses Ziel zu erreichen.

► Bezogen auf ihr übergeordnetes Ziel gab sie folgende Kriterien an:
Wenn ich selbstverantwortlich im Rahmen eines Budgets arbeiten kann.
Wenn ich gemäß Briefing meine Ideen und Konzepte entwickeln kann.
Wenn ich meine Kreativität für das Unternehmen gewinnbringend einsetzen kann.
Wenn ich meine Arbeitsleistung so gestalten kann, dass sie anerkannt und nachgefragt wird.

Es war offensichtlich und wurde auch durch eindeutiges Nachfragen bestätigt, dass Frau P. aufgabenorientiert arbeiten möchte. Die Vorgesetztenrolle und Aufgabe als Führungskraft war für sie nicht so bedeutend.

Im Verlauf des Gesprächs fand ich heraus, dass Frau P. aus einem wohl situierten Elternhaus kommt, in dem Strukturen und Verantwortungen klar definiert waren. Frau P. liebt klare Strukturen. Sie ist mehr kopf- als bauchgesteuert. Sie hat ein hohes Selbstwertgefühl, ist entscheidungssicher und mag eindeutige Entscheidungen. Durch ihr hohes Selbstwertgefühl wirkt sie jedoch auf Mitarbeiter und Kollegen leicht distanziert. In ihrem

Kollegenkreis ist sie eher isoliert und gehört nicht zu den beliebtesten Kollegen und Vorgesetzten. Ihre Entscheidungssicherheit gibt den Mitarbeitern zwar eine klare Linie vor, lässt allerdings wenig Raum für eigene Verantwortung und wirkt wenig motivierend auf die verbliebenen eineinhalb Mitarbeiter.

An diesem Punkt ist es wichtig, dass der Coach nicht mehr will als die Klientin. Man kann sich eine Reihe von Ansatzpunkten vorstellen, wie Frau P. besser und effektiver mit ihren Mitarbeitern arbeiten, wie sie Netzwerke bilden kann, um bei ihrem Vorgesetzten nachhaltiger Wirkung zu erzielen. Wichtig ist hier, dass Frau P. Herrin des Coaching-Verfahrens bleibt. Nur ihre Zieldefinition ist entscheidend.

Ergebnisvermerk:
Die zweite Sitzung mit Frau P. dauerte zwei Stunden. Die Ziele für das Coaching sind definiert. Die Merkmale, an denen man den Erfolg des Coachings festmachen kann, sind für Frau P. und den Coach deutlich. Die nächste Sitzung wurde terminiert. Die Aufgabe für die nächste Sitzung: Rollenanalyse.

Umfeldanalyse: Die PRO-aktive Rollenanalyse

Die PRO(***P***erson-***R***olle-***O***rganisation)-aktive Rollenanalyse ist eine Coaching-Methode, bei der es um die Wechselbeziehung zwischen der zu coachenden ***Person*** mit ihren Werten und Gefühlen, ihrem Wissen und Können sowie ihrer individuellen Umwelt und der ***Organisation*** mit ihren Zielen und Aufgaben, ihren Mitarbeitern und Kunden, ihren Märkten und Produkten geht. Die Methode der PRO-aktiven Rollenanalyse bietet die Möglichkeit, ein deutlicheres Bewusstsein über die Austauschprozesse zwischen der eigenen ***Person*** und der ***Organisation*** zu gewinnen. Es werden die Chancen und Grenzen der Charakteridentität in der Passung zur Rollenidentität deutlich gemacht und entsprechende Handlungsschritte entwickelt.

Die ***Person***, die ***Organisation*** und die ***Rolle*** werden als offene Systeme verstanden und sind in permanenter Bewegung. Änderungen in der individuellen Umwelt, zum Beispiel Scheidung und Kinder, haben Einfluss auf Emotionen, Gefühle und die Wertehierarchie von Menschen. Die Änderungen haben auch Wirkung auf die berufliche Rolle. Die wirtschaftliche Situation, Unternehmensfusionen u. a. wirken auf die berufliche Rolle und haben wiederum Einfluss auf die Person und ihre individuelle Umwelt. Entwicklungen im personalen System und Änderungen im sozialen System Organisation müssen ausbalanciert und PRO-aktiv gemanagt werden.

PRO-aktive Rollenanalyse

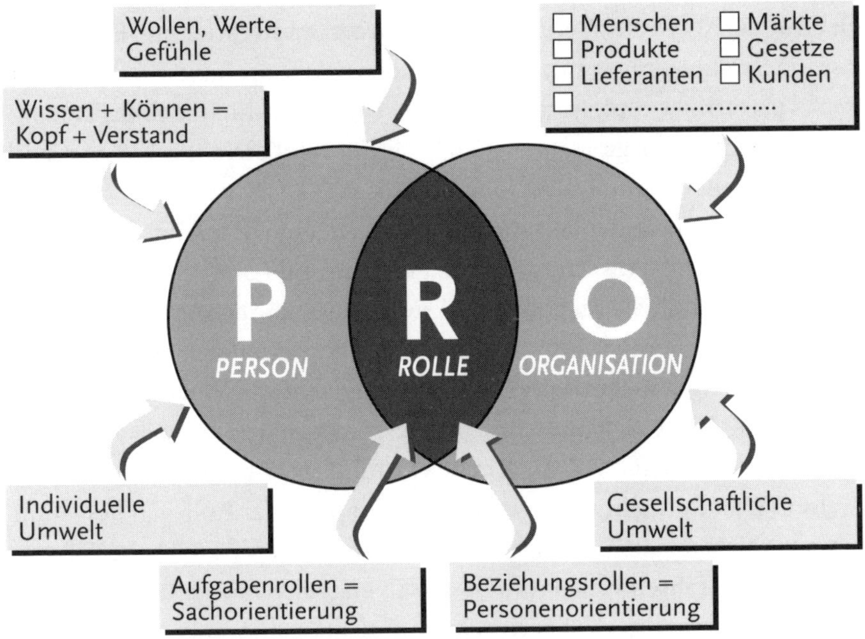

Die PRO-aktive Rollenanalyse ist eine gut strukturierte und praxisbezogene Coaching-Methode. In der Coaching-Sitzung wird der Klient gebeten, die ineinander laufenden Kreise »Person« und »Organisation« mit der Schnittmenge »Rolle« auf einem Flip-Chart zu gestalten. Nach Möglichkeit soll mit Symbolen und Zeichnungen gearbeitet werden. Das Bild bietet dem Coach Möglichkeiten zu Assoziation und Arbeitshypothesen. Die Zeichnung wird gemeinsam mit dem Klienten analysiert. Die wahrscheinlichen

Konsequenzen für den Personen-Kreis, den Organisations-Kreis und die Rolle werden abgeleitet.

Nachdem ich mit Frau P. die Möglichkeit und den Hintergrund der PRO-aktiven Rollenanalyse anhand des obigen Schaubilds erläutert hatte, fertigte sie am Flip-Chart ihr Bild an.

Personen-Kreis: Im Personen-Kreis werden vier zusammenhängende Bilder deutlich. Das erste Bild zeigt ein Haus und eine Dreier-Personengruppe. Das zweite Bild soll offensichtlich ein Geldsymbol sein. Ein dritter Bereich zeichnet ein CDU-Parteizeichen mit einer als Strichmännchen angedeuteten Gruppe. Als vierter Bereich steht das Wort Stadtmarketing. Es fällt auf, dass die Symbole, bis auf das Geldsymbol, jeweils am Rand des Personenkreises gezeichnet sind. In relativer Nähe zur Schnittmenge Rolle ist lediglich das Geldsymbol gezeichnet. Obgleich vier Bildbereiche schon viel sind, bleibt ein weiter Raum im Personenkreis leer.

Nach verschiedenen Versuchen biete ich Frau P. meine Assoziation einer Wochenend-Powerfrau an. Sie greift das Bild auf und sagt, dass sie sich genauso fühlt. Sie sei politisch aktiv, mit Genehmigung ihres früheren Chefs arbeitet sie im Stadtmarketing mit. Die Aktivitäten in Politik und Stadtmarketing konzentrieren sich allerdings auf die Wochenenden und zum Teil auf die Abendstunden. Trotz vieler Aktivitäten und Bekanntschaften aus der regionalen Politik, Kirche etc. fühlt sie sich nicht ausgelastet.

In meiner Spiegelung von außen und aus Sicht der Kollegen des Unternehmens biete ich die Wahrnehmung an, dass sie im privaten Leben (Personen-Kreis) mit ihren vielen Aktivitäten als engagiert, ausgefüllt und eingebunden erscheint. Aus Kollegensicht könnte man ein wenig neidisch sein.

Frau P. zögert, bestätigt aber schlussendlich dieses Bild. Sie meint, dass aufgrund ihres öffentlichen Auftretens in der Kleinstadt auch eine gewisse Distanz zu den Kollegen besteht, die ihr aber nicht unangenehm ist. Der Wirkzusammenhang von persönlichem System und Organisationssicht ist Frau P. deutlich geworden.

Organisations-Kreis: Im Organisations-Kreis sieht man nur zwei Symbole. Ein Diagramm mit negativem Verlauf, eine amerikanische Flagge und das

Geldsymbol, das bereits im Personen-Kreis eingezeichnet ist. Außerhalb des Organisations-Kreises befinden sich mehrere Personensymbole. Meine Assoziation »Die Mannschaft verlässt das sinkende Schiff« trifft offensichtlich den Kern. Frau P. erarbeitet für sich den Zusammenhang, dass die vermeintliche Sicherheit aus finanzieller Sicht, die sie aus der Organisation in den Personen-Kreis transportiert, eigentlich schon länger nicht mehr gegeben ist. Das Bild zeigt das Geldsymbol als einziges Bindeglied zwischen Personen- und Organisations-Kreis.

Rollen-Schnittmenge: In der Schnittmenge Rolle sieht man nur einen großen Schreibtisch. Meine Assoziation, dass der Schreibtisch leer ist, greift Frau P. auf. Die Arbeit, die sie zu erledigen hat, ist im Lauf der Zeit gut organisiert. Eigentlich käme sie mit der Hälfte der Zeit aus. Sie fühlt sich in der Rolle gelangweilt. Obgleich Frau P. sich zum mittleren Management zählt und auch ein entsprechendes Gehalt bezieht, fühlt sie sich nicht mehr zugehörig. Das belastet aber ihr Gefühl und stimmt nicht mit ihrem Verständnis ihrer Rolle im Unternehmen überein.

Zum Ende der Sitzung greift Frau P. von sich aus die Wirkzusammenhänge auf und zeigt, dass sie innerlich nicht mehr zum Unternehmen gehört. Gegenüber der Organisation und gegenüber sich selbst empfindet sie das als nicht mehr vertretbar. Die vermeintliche Leere im Personen-Kreis interpretiert sie als Platz für eine größere Schnittmenge zu einer sinnerfüllenden Arbeit. Die vermeintliche Sicherheit der monatlichen Gehaltsüberweisung empfindet sie auch nach fünfzehn Jahren Unternehmenszugehörigkeit nicht mehr als auf Dauer zwingend notwendig und befriedigend. Zur nächsten Sitzung will Frau P. sich auf Alternativen vorbereiten.

Ergebnisvermerk:
Die Sitzung war schwierig. Die PRO-aktive Rollenanalyse versteht sich als Beitrag der angewandten Aktionsforschung. Die durch das Lernen aus der Erfahrung im Hier und Jetzt ausgelöste Betroffenheit kann psychisch belastend sein. PRO-aktive Rollenanalyse ist keine Therapie. Für Personen wie Frau P. allerdings, die durchschnittlich psychisch und physisch belastbar ist, stärkt

die PRO-aktive Rollenanalyse das Gefühl der pragmatischen Einflussmöglichkeit auf die eigene Rollenidentität. Sie stärkt das persönliche Sinnsystem, wirkt aktivierend und damit stressmindernd und psychisch stabilisierend. In der nächsten Sitzung gilt es, die Aktionen zielgerichtet zu managen.

Die Entscheidung für eine selbstbestimmte Zukunft – PRO-aktives Rollenmanagement

Zur vierten Sitzung erscheint Frau P. voller Tatendrang. Zunächst wird noch einmal die Zieldefinition: Marketingbereich und eigenverantwortliches Arbeiten nach Briefingvorgaben nachgefragt. Die Zieldefinition steht und Frau P. sucht nach Möglichkeiten, dies zu verwirklichen.

Aufgabe des Coachs ist es, Spiegel zu sein, Aktionen auf den Realitätshintergrund zu prüfen und entsprechende Fragen zu formulieren. Aufgabe ist es, Wegbegleiter zu sein, zuzuhören und Feedback zu geben. Gerade in der Phase des aktiven Rollenmanagements ist es wichtig, dass die Klientin den entscheidenden Pfad vorgibt. Die Klientin bleibt Verantwortliche des Verfahrens und ist ausschließlich sich selbst verpflichtet.

Frau P. kam bereits gut vorbereitet zum Termin. Die Chance, sich im Unternehmen nochmals neu zu engagieren und das Marketing entsprechend zu positionieren, hat sie durchgespielt und verworfen. Unternehmenskultur und Personen hatten sich zu sehr geändert. Zu den verantwortlich handelnden Personen hat sie kein Vertrauen. Auch die Möglichkeit, das Problem auszusitzen und auf eine Abfindung zu spekulieren, empfand sie als unfair und nicht ihrem Stil entsprechend.

Aufgrund ihrer regionalen Gebundenheit war die Möglichkeit einer Bewerbung in einem anderen Unternehmen eingeschränkt. Die Kinder waren ein bis zwei Jahre vom Abitur entfernt, das Haus war nur mit hohen Verlusten aufzugeben, den Freundes- und Gesellschaftskreis wollte sie gerne behalten. Sie konzentrierte sich auf den Weg in die Selbstständigkeit. Ein Traum, den sie offensichtlich schon seit längerem hatte.

Die finanzielle Absicherung ist wichtig. Speziell, wenn man eine Familie zu ernähren hat. Es gilt, weder alles aufs Spiel zu setzten, noch sein

Glück der vermeintlichen Sicherheit zu opfern. Es geht darum, den Pfad, der dazwischenliegt, und seine Breite zu erkunden.

Das Bild aus der PRO-aktiven Rollenanalyse griff ich noch einmal auf und wies auf das verbindende Element Geldsymbol hin. Was würde eigentlich passieren, wenn Frau P. das Unternehmen verließe? Welche Kündigungsfristen sind zu berücksichtigen? Was wäre der worst case, wenn man im Unternehmen von ihrer Ambition, das Unternehmen früher oder später zu verlassen, wüsste?

Alle weiteren Gedanken wurden von Frau P. durchgespielt. Offensichtlich war sie allein diejenige im Unternehmen, die die anstehenden Messeauftritte organisatorisch im Griff hatte. Weitere Routinearbeiten standen für sie an. Aufgrund des bestehenden Sozialplans im Unternehmen, aufgrund des massiven Abbaus der Mitarbeiter auch aus ihrer Abteilung und ihrer fünfzehnjährigen Firmenzugehörigkeit würde sie auch hier zumindest finanziell stark abgefedert werden. Vor einer Kündigung brauchte sie sich wenigstens finanziell nicht zu fürchten.

Frau P. kam zu der Überlegung, dem Unternehmen ihre Dienste auf freiberuflicher Basis anzubieten und ihrem Vorgesetzten einen entsprechenden Vorschlag zu unterbreiten.

In der Rollensimulation möglicher Gesprächsverläufe war Frau P. souverän und unverkrampft. Sie war selbstsicher und hatte offensichtlich kaum Berührungsängste. Sie selbst fühlte sich in der Gesprächssimulation ebenfalls sicher und wohl in ihrer Haut. Sie hatte dem Unternehmen schließlich ein faires Geschäft anzubieten.

Zum Abschluss der Sitzung gab ich Frau P. die Hausaufgabe mit, zunächst für sich selbst ihre Geschäftsidee, ihr Angebotsportfolio, den konkreten Nutzen für etwaige Kunden und ihr Vorgehen in einem Bericht zusammenzufassen. Des Weiteren bat ich sie, ihre monatlichen finanziellen Belastungen zusammenzustellen und ihren Kapitalbedarf (PC, Eigenmarketing, Mailingkosten, Broschüre etc.) zu ermitteln. Mit einer kritischen und vorsichtig realistischen Umsatzplanung wollten wir dann den Kapitalbedarf für die nächsten Jahre ermitteln und prüfen.

Ergebnisvermerk:
Mit dem Abschluss dieser Coaching-Sitzung wurde die Zieldefinition zur konkreten zielgerichteten Aktion. Wir vereinbarten, in der nächsten Sitzung einen ersten Businessplan zu erstellen. Meine berufliche Erfahrung und die Erfahrung mit Businessplänen konnten bei der nächsten Sitzung, die den Rahmen des Coachings erweiterte, helfen.

Die Geschäftsidee und der Businessplan (nicht nur für die Bank)

Im Vorfeld der fünften Sitzung hatte es eine Reihe von Telefonaten und E-Mail-Kontakten mit Frau P. gegeben. Die Fragen konzentrierten sich zunehmend auf betriebswirtschaftliche Aspekte und auf den Realitätsgehalt der Annahmen von Frau P. bezüglich der geplanten Umsatzgrößen. Im Wesentlichen war meine Funktion als Coach die eines Zuhörers, Hinterfragers und Feedbackgebers.

Zur fünften Sitzung wurde Frau P. von ihrem Sohn gebracht. Er begrüßte mich mit den Worten: »Wir bauen jetzt mit Muttern unser Imperium auf.« Vom Zeitbedarf her ging es in dieser Sitzung im Wesentlichen um den Businessplan, den ich gemeinsam mit Frau P. in ein entsprechendes Software-Tool übertrug.

Zusammen mit dem vorbereiteten Vertragsvorschlag für ihren Arbeitgeber gab der Businessplan eine gute Grundlage und eine gewisse Grundsicherheit. Das entsprechende Gespräch mit dem Vorgesetzten ihres Unternehmens wurde noch mal in verschiedenen Phasen simuliert. Nach einigen Übungen war Frau P. in allen Phasen des Rollenspiels souverän.

Führt man sich das Bild der PRO-aktiven Rollenanalyse noch einmal vor Augen, wird deutlich, wie die Aktion im persönlichen Sinnsystem von Frau P. Raum greift. Die Söhne von Frau P. nahmen interessiert Anteil am Geschehen und engagierten sich in verschiedener Hinsicht. Man arbeitete schon am Internetauftritt der Mutter. Die Frage »Was macht das Imperium?« begleitet seither viele unserer Kontakte.

Ergebnisvermerk:
Der Geschäftsbericht steht und könnte bei Bedarf der Bank und dem Steuerberater vorgelegt werden. Die Gesprächsvarianten mit dem Vorgesetzten sind geprobt, Frau P. hat insgesamt ein gutes Gefühl.

Der Aufbau des Imperiums

Eine weitere offizielle Coaching-Sitzung war nicht mehr notwendig. Das Gespräch und der Vertrag wurden sehr unkompliziert vom Unternehmen akzeptiert. Es stellte sich als förderlich heraus, dass der Vertrieb und das Marketing des Unternehmens in einiger Zeit in eine andere Region verlegt werden sollten. Die Idee von Frau P. kam also auch für das Unternehmen zur rechten Zeit.

Zusammenfassung des bisher Erreichten:
Das erste Coaching-Gespräch (Kennenlernrunde) fand im Januar statt.

Seit Juli ist Frau P. jetzt selbstständig. Für ihren alten Arbeitgeber ist sie freiberuflich tätig. Prospekte und die Vorbereitung von Messen führt sie verantwortlich durch. Der Auftrag hat bis Ende 2003 etwa fünfzig Prozent ihrer Arbeitskraft gebunden und macht heute noch circa dreißig Prozent ihrer Tätigkeit aus. Der Auftrag gibt ihr die Sicherheit eines Basiseinkommens noch über die nächsten Monate.

In der Zwischenzeit hat Frau P. gut zu tun. Konkret handelt es sich um Erarbeitung von PowerPoint-Präsentationen sowie Organisation von Hausmessen ihrer früheren Kundschaft. Sie bietet außerdem mit erstem Erfolg Marketingseminare für Handwerksbetriebe an. Und sie bekam den Auftrag zur Organisation einer umfangreichen Eventreiseveranstaltung. Frau P. hat jetzt zusammen mit einer Steuerberaterin und einem Rechtsanwalt eine Büroetage angemietet. Sie ist glücklich über ihre mutige Entscheidung. Ihre Jungs sind Computerfreaks und helfen tatkräftig beim Aufbau des Familien-Imperiums.

Coaching: Die günstige Alternative

Den Erfolg und die Wirkung des Coachings beurteilt primär der Klient selbst. Im persönlichen Bereich wie bei Frau P. ist damit auch die Kosten-Nutzen-Frage bereits beantwortet. Die erreichte Zufriedenheit und Perspektive hat bei Frau P. einen so hohen Stellenwert, dass der Erfolg des Coachings den Aufwand mehr als rechtfertigt.

Coachings zeichnen sich dadurch aus, dass sie zielgerichtet auf die individuellen Ressourcen von Personen zur beruflichen Entwicklung angelegt sind. Sie führen zu Handlungsalternativen und konkreten Aktionen. Berücksichtigung finden dabei persönliche Lebensziele und Wertvorstellungen der Klienten.

Neben der psychologischen Kompetenz des Coachs waren Kenntnisse in Organisationspsychologie und fundierte betriebswirtschaftliche Kenntnisse eine wichtige Grundlage für eine kompetente, umfassende Beratung von Frau P.

Echtzeit-Coaching in Entwicklungs- und Veränderungsprozessen

Christoph Warnecke

Dieser Beitrag gibt Führungskräften, Projektleitern, Entscheidungsträgern im Personalbereich und Change-Agents Hilfestellungen,

- wie sie, unterstützt durch Coaching-Maßnahmen, die Umsetzung von Entwicklungs- und Veränderungsprozessen in ihrem Unternehmen sicherstellen können,
- wie Entwicklungsmaßnahmen durch Coachings effektiv und effizient gestaltet werden können,
- welchen konkreten Beitrag sie persönlich dazu leisten können,
- inwiefern die Rahmenbedingungen einbezogen bzw. geändert werden müssen,
- welche Verantwortungen an anderen Stellen im Unternehmen liegen,
- wie sie Entscheidungsträger, Vorgesetzte und Mitarbeiter aktiv einbinden und in die Verantwortung bringen können.

Letztendlich werden Wege aufgezeigt, wie Sie als Unternehmer, Führungskraft oder Personalmitarbeiter aus einer Situation der (Ziel-)Unsicherheit und Überforderung zu erfolgreichen Unternehmern im Unternehmen werden können.

Die Ausgangssituation

Wir leben mittlerweile in einer hoch dynamischen und komplexen Welt, die von uns allen aufgrund mannigfaltiger, miteinander vernetzter Veränderungs- und Entwicklungsprozesse immer schnellere Anpassungsleistungen individueller, kultureller, mentaler, technologischer, organisatorischer und gesellschaftlicher Art verlangt. Wir müssen daher alle bewusst und gezielt lernen, diese mehrdimensionalen, sowohl materiellen wie immateriellen Veränderungs-, Anpassungs-, Lern- und Entwicklungsprozesse besser zu verstehen, um sie wirkungsvoller planen und effizienter, das heißt zielgerechter, kostengünstiger, schneller und weniger leidvoll meistern und managen zu können.[1]

Die Zeit der großen Budgets für Personal- und Organisationsentwicklungsmaßnahmen ist vorbei. Die Idee, neues Wissen bzw. Können allein durch Off-the-job-Qualifizierungsmaßnahmen erreichen zu können, hat sich überholt. Das liegt zum einen an der wirtschaftlichen Gesamtsituation. Zum anderen gab es zu wenig messbare Erfolge bei der Umsetzung in Handlungskompetenz in den Unternehmen. Flucht vor der eigenen Verantwortung, Angst vor Versagen, zeitliche Engpässe oder methodisches Unvermögen der verantwortlichen Führungskräfte sind die häufigsten Ursachen dafür, dass der Entwicklungs- und Veränderungsprozess nicht aktiv begleitet oder die neu erworbene (Handlungs-)Kompetenz der Mitarbeiter in der Tagesarbeit nicht ausreichend unterstützt wird. Das alte Lehrmeister-Lehrling-Prinzip, »erklären, vormachen, nachmachen, üben, Qualität durch laufende Adaptionen in der Praxis sicherstellen«, wird – von der beruflichen Erstausbildung einmal abgesehen – nur wenig eingesetzt. Darüber hinaus ist das Arbeits- und Lernumfeld meist nicht auf die Veränderungen vorbereitet. Wer kennt nicht die bekannte Reaktion der Kollegen: »Ach ja, der war auf so einem Seminar. Der wird sich schon wieder beruhigen.«

[1] Vgl. Heijo Rieckmann, Führungs-Kraft und Management Development, Gerling Akademie Verlag, München 1998

Echtzeit-Coaching zur Unterstützung von Entwicklungs- und Veränderungsprozessen

Es ist daher wichtig, Entwicklungs- und Veränderungsprozesse entsprechend der konkreten Ziele genau zu analysieren, zu prüfen, wo die größten Stellhebel sind, den Prozess über die Phase der reinen Wissensaufnahme ***bis zu Ende*** zu konzipieren und, bis zur Erreichung der geplanten Ziele, den ***Transfer vor Ort sicherzustellen***. Nicht die Höhe der Investitionen, sondern der in das Tagesgeschäft verankerte und auf das angestrebte Ergebnis ausgerichtete Lern- und Veränderungsprozess bringt den Erfolg. Hierbei sind die Gestaltung des Lernumfeldes und die Unterstützung aller betroffenen Personen, insbesondere durch Coaching-Maßnahmen, von entscheidender Bedeutung. Es werden daher in den Unternehmen verstärkt Begleitmaßnahmen in Form von Einzel- und Gruppen-Coachings oder Patenschaftsmodellen durchgeführt. Diese sollen – dem konkreten Bedarf vor Ort entsprechend – systematisch oder situativ den Vertriebserfolg, das neue Führungsverhalten, die Teamorganisation oder die überarbeiteten Geschäftsprozesse nachhaltig sicherstellen: Also weg von Massenveranstaltungen, hin zu individuellen, zielgerichteten, transferorientierten und kostengünstigen Maßnahmen.

Dieses gilt ebenso für Change-Prozesse. In der Regel müssen Veränderungsprozesse während des laufenden Geschäfts von Führungskräften durchgeführt werden, die fast immer exzellente Fachleute sind, häufig aber maximal ein Seminar über Change-Management besucht haben. Hier entsteht ein ungewolltes Spannungsfeld zwischen ihren bisherigen Berufserfahrungen als Fachverantwortlicher und Linienführungskraft und den für sie als Veränderungsmanager neuen Anforderungen. Dieses führt bei den betroffenen Personen zu deutlich sichtbaren oder vielleicht auch nur subjektiv empfundenen Überforderungen, insbesondere deshalb, weil ein Scheitern der angestrebten Change-Maßnahmen meist fatale betriebswirtschaftliche Folgen hat.

Solche und andere Situationen sind typische Fälle für ein (Echtzeit-) Coaching der verantwortlichen Personen (Führungskräfte, Projektleiter, Change-Agents etc.). Das Coaching umfasst hierbei alle Formen von der

Persönlichkeitsentwicklung, der Verhaltensänderung und des Selbstmanagements, über Kommunikations-, Konflikt- oder Führungs-Coaching bis hin zur fachlichen und methodischen Unterstützung. Entscheidend ist, dass durch das Coaching im laufenden Entwicklungs- und Veränderungsprozess die sofortige Umsetzung der neu erworbenen Kompetenzen in die berufliche Praxis sichergestellt wird und der Lerntransfer durch entsprechende Feedbackschleifen laufend überprüft werden kann.

Um den Erfolg eines Entwicklungs- bzw. Veränderungsprozesses sicherzustellen, muss das Coaching fest in den Gesamtprozess bis hinauf zum Management – oder besser noch beginnend beim Management – verankert sein. Voraussetzung hierfür ist, dass die Coaching-Maßnahmen bereits in der Konzeptionsphase berücksichtigt und durch die Geschäftsleitung in der Unternehmensöffentlichkeit inhaltlich und prozessual unterstützt werden.

Es gibt verschiedene Ansätze, wie das Coaching und der Coach als Prozessbegleiter in den Gesamtentwicklungs- bzw. Veränderungsprozess integriert werden können.

Der ganzheitliche, systematische Ansatz

Hier wird der Coach schon in die Konzeptionsphase des Entwicklungs- bzw. Veränderungsprozesses eingebunden. In vielen Fällen wird er sogar mit der Entwicklung einer Gesamtsystematik beauftragt. Diese umfasst dann die Analyse der Ist-Situation, die Erarbeitung und Abstimmung des Zielzustandes (inklusive der Definition der entsprechenden Erfolgsparameter und Messgrößen), die Überprüfung bzw. Festlegung der Rahmenbedingungen, die Gestaltung des gesamten Entwicklungs- bzw. Veränderungsprozesses (inklusive aller Methoden und Instrumente), die Integration der Coaching-Maßnahmen in den Gesamtprozess sowie die Transferbegleitung inklusive des Controllingsystems zur Überprüfung und Sicherstellung des Lerntransfers.

Das Einzel-Coaching

In diesem Fall wird der Coach mit der Unterstützung einer Führungskraft, eines Projektleiters oder Change-Agents beauftragt. Die Rahmenbedingungen, die Ziele und die Integration in die Gesamtsystematik des Coaching-Prozesses sowie die Rolle, die Verantwortung des Coachees und die erwarteten Ergebnisse sind in dem Auftragsklärungsgespräch zwischen dem Coach und dem Management, der Personalabteilung oder der jeweiligen Funktion im Unternehmen, die als Auftraggeber für den Gesamtprozess verantwortlich ist, abzustimmen. Vorausgesetzt, dass Coach und Coachee sich bereits vorher kennen gelernt haben und zwischen ihnen schon eine tragbare Beziehung besteht, kann der Coachee bereits mit am Auftragsklärungsgespräch teilnehmen. Dies fördert Transparenz und Vertrauen. Der Ablauf des eigentlichen Coachings selbst wird später noch näher beschrieben.

Das Gruppen-Coaching

Das Gruppen-Coaching entspricht im Wesentlichen dem Einzel-Coaching, wird allerdings aufgrund von eventuell vorhandenen Funktionszusammenhängen unter den Coachees, der Gleichartigkeit der Coaching-Inhalte, der Lerneffekte im Team, aber auch aus Kostengründen in der Gruppe durchgeführt. Ein großer Vorteil des Gruppen-Coachings liegt in der Möglichkeit, die Dynamik der Gruppe selbst zur Emotionalisierung der Prozesse und die Teamkollegen als »Peer-Group-Berater« zu nutzen. Rahmenbedingungen, Ziele und Integration in den Gesamtprozess sollten in diesem Modell ohne die Coachees mit dem Auftraggeber in einem Auftragsklärungsgespräch abgestimmt werden. Rollen, Verantwortungen, Ziele und Erwartungen werden dann anschließend mit den Coachees als Gruppe gegebenenfalls auch in Einzelgesprächen besprochen.

Der Grund bzw. der Zeitpunkt der Beauftragung von Coachings kann sehr unterschiedlich sein. Im Idealfall werden die Coaching-Maßnahmen bereits vor Beginn des Entwicklungs- oder Veränderungsprozesses eingeplant. Mit diesem proaktiven Vorgehen wird sichergestellt, dass ein Höchstmaß an Transferleistung erzielt und ein mögliches Missmanagement bei den Entwicklungs- und Veränderungsprozessen vermieden wird.

Häufig wird aber auch erst während des laufenden Entwicklungs- und Veränderungsprozesses erkannt, dass die Führungskräfte, Projektleiter oder Change-Agents durch Coachings bei ihrer Arbeit unterstützt werden müssen. Dies geschieht meist präventiv, um Überforderungen der Führungskräfte und damit mögliche Fehlentwicklungen im Change-Prozess zu vermeiden. Häufig geht es aber auch darum, absehbare oder bereits entstandene Krisen zu beheben oder zumindest zu begrenzen.

Das Coaching in Entwicklungs- und Veränderungsprozessen sollte auf den folgenden vier Ebenen ablaufen:

Coaching in Entwicklung- und Veränderungsprozessen

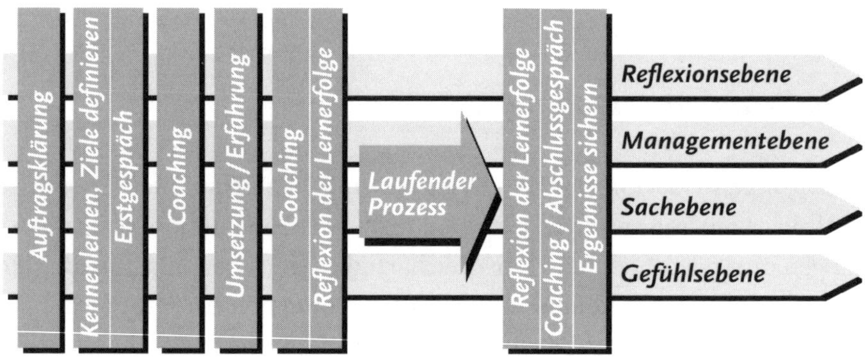

Die Sachebene

Auf der Sachebene wird im Coaching der operative Entwicklungs- und Veränderungsprozess behandelt. Hier geht es im Wesentlichen um den Ablauf des Prozesses, die Ergebnisse im laufenden Geschehen, Termine, Zahlen, Daten, Fakten etc.

Die Managementebene

Die Art und Weise, wie Entwicklungs- und Veränderungsprozesse organisiert und gesteuert werden, die dabei verwendeten Methoden und die Auswirkungen des eigenen Handelns werden beim Coaching auf der Managementebene angesprochen.

Die Gefühlsebene

Auf der Gefühlsebene geht es um die Persönlichkeit des Coachees selbst, den zielgerichteten Umgang mit seinen Werten, seinen Glaubenssätzen, seinem Bezugsrahmen, seinen Einstellungen, seinen Gefühlen, Ängsten, Widerständen und Hoffnungen.

Die Reflexionsebene

Auf der Reflexionsebene »steigt man in den Hubschrauber«. Der Coachee betrachtet – gesteuert durch gezielt eingesetzte Reflexionsmethoden – zum einen sich selbst und sein Handeln, zum anderen den Ablauf des Prozesses und deren Wechselwirkung. Typische Fragestellungen sind:

- Was habe ich wahrgenommen?
- Wie ist das Wahrgenommene zu interpretieren?
- Was kann ich daraus lernen?
- Welche neuen Impulse habe ich erhalten?
- Wie muss ich mein Verhalten ändern?

Typischer Ablauf eines Coaching-Prozesses

Der Coaching-Prozess selbst läuft in Entwicklungs- bzw. Veränderungsprozessen typischerweise wie folgt ab:

Zunächst muss der ***Auftrag*** geklärt werden. Die Auftragsklärung findet zwischen dem Coach und dem Auftraggeber (der Geschäftsleitung, der Personalabteilung oder der jeweiligen Funktion im Unternehmen, die für den Entwicklungs- und Veränderungsprozess verantwortlich ist) statt. Je nach gelebter Kultur und den herrschenden Organisationsprinzipien im Unternehmen kann auch der Coachee selbst Auftraggeber sein.

Im Auftragsklärungsgespräch werden natürlich die üblichen Punkte wie Ziele, Erwartungen, Vorgehensweise, Dauer, Vertraulichkeit des Coachings thematisiert. Darüber hinaus müssen bei Entwicklungs- und Veränderungsprozessen aber auch der Ablauf des Gesamtprozesses, die Integration des Coachings in den Prozess, die Rahmenbedingungen (inhaltlich, organisatorisch, zeitlich, politisch etc.), die Unternehmens- und Änderungskultur, die zu erwartenden Widerstände und Ängste, die Kommunikationsprozesse im Unternehmen etc. mit dem Auftraggeber geklärt werden.

Nach der Auftragsklärung erfolgt das ***Erstgespräch*** zwischen Coach und Coachee. Sollte im Vorfeld noch keine Auswahl des Coachs durch den Coachee erfolgt sein, dient das Erstgespräch zunächst dem gegenseitigen Kennenlernen und dem Abschätzen, ob eine gemeinsame Basis zur Zusammenarbeit möglich ist. Generell wird in dieser Phase des Coaching-Prozesses geklärt, ob die Voraussetzungen für eine tragbare Coaching-Beziehung (Freiwilligkeit, Vertraulichkeit, gegenseitige Akzeptanz) gegeben sind.

Wenn der Auswahlprozess bereits stattgefunden haben sollte und Coach und Coachee bereits eine gemeinsame Basis von Vertrauen und gegenseitiger Akzeptanz gefunden haben, wird zunächst die persönliche Startposition des Coachees analysiert und besprochen. Hierzu gehören sein persönliches Profil, die eigene Stabilität, seine Selbstmanagement-Fähigkeiten, die Führungskompetenz, seine Kommunikationsqualitäten, bereits vorhandene Change-/Projektmanagement-Kompetenzen, methodisches Wissen, Fachwissen etc.

Auf dieser Ausgangsbasis wird mit dem Coachee in ***laufenden Coaching-Sitzungen*** an den eigenen Veränderungs- und Entwicklungsprozessen gearbeitet, diese reflektiert und durchanalysiert, damit er daraus lernen und sich des eigenen Know-hows und Verhaltens als Change-Manager bewusster werden kann. Die Coachees müssen dabei vor allen Dingen bereit sein, auch sich selbst einzubringen und »learning by doing« zu bejahen.

Folgende Fragestellungen werden bei Entwicklungs- und Veränderungsprozessen in den Coaching-Sitzungen häufig behandelt[2]:

1. Wie initiiere und plane ich einen Qualifizierungs- bzw. organisatorischen und kulturellen Veränderungsprozess im Unternehmen, in meiner Organisationseinheit, in einem Team?

2. Auf welchen Prozessebenen laufen Qualifizierungs-, Veränderungs- und/oder Organisations-Entwicklungsprozesse (OE) ab?

3. Mit welchen Risiken ist solch ein Qualifizierungs- oder Change-Prozess behaftet, bzw. welche veränderungshemmenden Kräfte können dabei entstehen?

4. Was kann man tun, um veränderungshindernde Kräfte und Widerstände zu reduzieren bzw. veränderungsfördernde Kräfte aufzubauen und zu stärken?

5. Wie erstelle ich hierzu eine aussagefähige Kraftfeldanalyse (Promotoren, Widerständler, veränderungsbereite Mitarbeiter, die hehren und wahren Ziele etc.)?

6. Wie sind Veränderungsprozesse zwischen Organisationen (Interfaces, Ketten) und in Netzwerken/Kooperationen anzugehen?

7. Erfolgsfaktoren:

► Welche Bedingungen sollten/müssten gegeben sein, damit ein Entwicklungs- bzw. Veränderungsprozess von Erfolg getragen sein kann?
► Wie kann ich das Lernumfeld gestalten?
► Wie kann ich homogene Lerngruppen zusammenstellen?
► Wie kann ich eigenverantwortliches Lernen sicherstellen?
► Von welchen »best failures« kann man lernen (lesson learned)?

8. Wie lässt sich Veränderungsbewusstsein und -energie wecken?

9. Welche alternativen (weichen oder harten) Basis- und Entry-Strategien des Management of Change gibt es (Social Marketing, Organisationsent-

[2] Vgl. Klaus Doppler, Christoph Lauterburg, Change Management, Campus Verlag, Frankfurt – New York, 1996 sowie Heijo Rieckmann, Managen und Führen am Rande des 3. Jahrtausends, Peter Lang Europäischer Verlag der Wissenschaften, Frankfurt am Main, 2000.

wicklung, Bombenwurf, Reengineering, Merger etc.)? Was sind deren Vor- und Nachteile? Wann ist was angebracht (Indikationen)?

10. Wie verlaufen die Phasen von organisatorischen Veränderungsprozessen?

11. Welche Rollen können/müssen von dem Coachee im Laufe eines organisatorischen Veränderungsprozesses eingenommen werden? Welche Qualifikationen und Kompetenzen sind dazu unbedingt notwendig?

12. Welche Methoden, Instrumente und Interventionen des Change-Management stehen zur Verfügung?

13. Was ist zu tun, wenn Veränderungsprozesse ins Trudeln kommen, stecken bleiben, erlahmen oder versanden? Oder wenn passive Widerstände entstehen, Aggressionen wachsen, Streik ausbricht etc.?

14. Welchen Einfluss hat die Unternehmenskultur auf den Erfolg von Veränderungs- und Entwicklungsprozessen? Wie kann »Unternehmenskultur« beeinflusst werden?

15. Wie erfolgt die Einbindung des Umfeldes (Vorgesetzte, Entscheidungsträger, Kollegen, Mitarbeiter, sonstige Betroffene des Prozesses, Betriebsrat, Datenschutzbeauftragter, politisches Umfeld, Gesellschaft etc.)?

16. Wann sollen welche Mitarbeiter wo und wie in den organisatorischen Veränderungsprozess (nicht) mit einbezogen werden (Partizipation vs. Handlungsfähigkeit)?

17. Wie »vermarktet« und »kommuniziert« man Qualifizierungsmaßnahmen/Veränderungsprojekte?

- Was ist kommunizierbar?
- Was ist nicht kommunizierbar? Warum? (Man kann nicht »nicht kommunizieren«!)
- Was ist unklar?
- Welche Information wird an welche Zielgruppe gegeben?

18. Lässt sich der Erfolg von Qualifizierungsmaßnahmen sowie organisatorischer, kultureller und individueller Veränderungsprozesse definieren, feststellen und messen?

Um diese komplexen Aufgaben zu lösen, gibt es verschiedene Formen, den Coachee zu unterstützen.

Die Vermittlung des notwendigen Fachwissens

In entscheidenden Phasen des Entwicklungs- oder Veränderungsprozesses ist es oft sinnvoll, dem Coachee ganz pragmatisch das in der jeweiligen Situation bzw. das für die zu lösende Aufgabe notwendige Wissen zu vermitteln, anstatt ihn sich das Wissen durch ein aufwändiges Selbststudium oder zeitfressende Seminare selbst aneignen zu lassen. In diesem Fall geht es einmal nicht um die »Hilfe zur Selbsthilfe«, sondern um eine effiziente Unterstützung des Coachees, die einen hohen Wirkungsgrad im Entwicklungs- bzw. Veränderungsprozess erzielt.

Die Vermittlung von methodischem Wissen

Gleiches gilt für die Vermittlung von methodischem Wissen und Fähigkeiten, die unmittelbar für den laufenden Prozess erforderlich sind. Zur Vermittlung der Kompetenzen für ein erfolgreiches Change-/Projektmanagement oder für die Organisation von Geschäftsprozessen sowie zur Beherrschung von Präsentations-, Rede-, Gesprächs- und Verhandlungstechniken können dann situationsgerecht die jeweils benötigten Methoden und Instrumente erläutert und zum Beispiel in Rollenspielen trainiert sowie einfache Hilfsmittel wie Checklisten, Ablaufpläne, Übersichten etc. zur Verfügung gestellt werden.

Die Arbeit am Verhalten und der Persönlichkeit des Coachees

Dies ist eigentlich der Schwerpunkt des Coachings. Hier geht es klassisch darum, durch »Hilfe zur Selbsthilfe« dem Coachee präventiv oder unterstützend in der jeweiligen Prozessphase zu helfen, indem er – begleitet durch den Coach – aktiv an seinem Verhalten, das heißt, seinem Bezugsrahmen, seinen Glaubenssätzen und Einstellungen, seinen Widerständen und Ängsten (Jobverlust, Degradierung, Versagensängste, Imageverlust,

Angst vor Neuem / Unbekanntem etc.) arbeitet. Hierzu werden typischerweise Interventionstechniken angewandt wie Feedback, Konfrontation / Provokation, die Ableitung von (gegebenenfalls unangenehmen) Konsequenzen, Rollenspiele, Tipps / Ratschläge, Reframing (Änderung des Bezugsrahmens / der Glaubenssätze), das Aufdecken und Vermeiden von psychologischen / politischen Spielen oder die Anwendung von Symbolen / Metaphern / Anekdoten.

Die Coaching-Sitzungen sollten so lange durchgeführt werden, bis der Coachee selbstständig und erfolgreich den Entwicklungs- bzw. Veränderungsprozess managen kann oder aber der Gesamtprozess abgeschlossen ist. Die Sitzungen sollten hierbei so kurz wie nötig, so häufig, wie es der Prozess bzw. der Bedarf des Coachees erfordert, und so transferorientiert wie möglich erfolgen. Ziel des Coachs ist es dabei, sich selbst überflüssig zu machen. Der Coaching-Prozess wird mit einem Abschlussgespräch beendet.

Das Abschlussgespräch

Im Abschlussgespräch, für das bereits bei der Auftragsklärung und im Erstgespräch ein separater Termin zu reservieren ist, werden die Ergebnisse des Coachings nochmals zusammengefasst und überprüft, ob die vereinbarten Ziele erreicht wurden.

Coaching ist die »Hilfe zur Selbsthilfe«. Insofern ist insbesondere zu betrachten, inwieweit der Coachee zum Beispiel in der Lage war bzw. ist, Entwicklungs- und Veränderungsprozesse auch im politisch schwierigen Umfeld (zukünftig) selbstständig zu managen, mit eigenen Ängsten und Widerständen und denen der Mitarbeiter konstruktiv umzugehen, angemessen, offen und fair zu kommunizieren, Betroffene zu beteiligen und mit ihnen die Geschäftsprozesse effektiv und effizient zu gestalten.

Die Ergebnisse des Coaching-Prozesses und die daraus abgeleiteten Schlussfolgerungen sollten Coach und Coachee dann gemeinsam mit dem Auftraggeber besprechen, eventuell abweichende Beurteilungen der Coaching-Ergebnisse bzw. Auffassungsunterschiede klären und mögliche Folgemaßnahmen festlegen.

Zusammenfassung

»Echtzeit-Coaching« in Entwicklungs- und Veränderungsprozessen hat den unschätzbaren Nutzen, dass Arbeiten, Lernen, Umsetzen und Erfolg in ständigen Feedbackschleifen erfolgen. Durch den im Hintergrund stehenden Coach bleibt der Coachee nach außen die kompetent und verantwortlich handelnde Führungsperson, hat aber einen Sparringspartner, mit dessen Hilfe er sein Handeln reflektieren, aus seinen Erfahrungen, aber auch durch zusätzliches und situationsgerecht vermitteltes Methoden- und Fachwissen besser lernen und an seinem persönlichen Verhalten fallbezogen arbeiten kann. Das Coaching erfolgt also lernprozessorientiert und in ***Echtzeit***, das heißt während des laufenden Entwicklungs- und Veränderungsprozesses.

Ein weiterer Vorteil ist, dass man hierbei nicht nur die eigene Handlungskompetenz verbessert, sondern auch das Arbeits- und Lernumfeld der Mitarbeiter. Da diese dann die Möglichkeit haben, Erlerntes in einem unterstützenden Umfeld zu üben, können die gewünschten Lernergebnisse schneller erzielt und damit die Wertschöpfung von Qualifizierungsprozessen erheblich gesteigert werden.

Coaching in Entwicklungs- und Veränderungsprozessen ist ***ziel- und ergebnisorientiert***. Es findet im laufenden Geschäftsprozess statt und ist dadurch extrem praxisorientiert. Durch das ***eigenverantwortliche Echtzeitlernen*** des Coachees – mit dem Ziel der direkten Anwendbarkeit und Wiederholbarkeit – wird der ***Transfer*** der neu erworbenen Kompetenzen in den Entwicklungs- bzw. Veränderungsprozess sichergestellt. Dies führt maßgeblich zu ***Kosteneinsparungen*** bzw. zur Vermeidung von Opportunitätskosten. Echtzeit-Coaching in Entwicklungs- und Veränderungsprozessen trägt somit entscheidend zur ***Wertschöpfung*** im Unternehmen bei.

Ein-Tages-Coachings als Individualtraining für Führungskräfte

Frank Labitzke

»Herr F., wir haben hier einen Niederlassungsleiter, der hat Probleme. Nein, ein Führungstraining hatte er noch nicht. Eigentlich ist auch keine Zeit, ihn drei Tage am Stück aus der Führungstätigkeit zu nehmen. Außerdem sind seine Probleme vielschichtig:

Ein Teil der Mitarbeiter akzeptiert ihn nicht, die Fluktuation ist hoch, fachlich ist er toll, aber die inhaltlichen Ergebnisse stimmen trotzdem nicht. Doch, ich will ihn halten, aber es muss sich schnell etwas ändern, sonst kann ich ihn nicht mehr halten.

Ja, er weiß Bescheid, ich bin all meine Kritikpunkte mit ihm durchgegangen, er ist bereit, sich mit Ihnen zu treffen.«

Und jetzt wartet er auf den Coach, der einen ganzen Tag da sein wird. Einen ganzen Tag? So lange? Nur einen kurzen Tag für die vielen Probleme? Mal sehen.

Einleitung

In besonderen Situationen hat sich eine Mischung aus Coaching und Einzeltraining bewährt. Wenn die zu coachende Führungskraft Probleme im Führungsverhalten hat, die auch mit fehlenden Grundkenntnissen über Führung zu tun haben, lohnt es sich, die übliche Dauer von Coaching-Sitzungen auf einen ganzen Tag zu verlängern. Der Beitrag beschreibt, welche Elemente ein solches Ein-Tages-Coaching enthalten muss, um erfolgreich zu sein.

- Sinnvolle Ausgangssituationen
- Grundstruktur
- Pacing
- Diagnose
- Theorie-Input als Mittel zur Bezugsrahmenveränderung
- Rollenspiel
- »Abarbeiten« mehrerer inhaltlicher Themen des Klienten
    - Inhaltliche Hilfe
    - Bezugsrahmeninterventionen
- Das »Wiederholen des Grundthemas« als entscheidendes Strukturelement, um substanzielle Veränderungen zu erzielen
- Wiederkehrendes Testing

Ausgangssituation

Die oben beschriebene Situation weist die wesentlichen Merkmale auf, die ein Ganztags-Coaching sinnvoll erscheinen lassen:

- Es müssen mehrere inhaltliche Themen geklärt werden.
- Es geht auch um die inhaltliche, seminarartige Vermittlung von Themen wie: Führungsgrundsätze, Kommunikationsgrundlagen, Selbstorganisation etc.
- Es gibt neben den inhaltlichen »Baustellen« auch mentale oder Einstellungsprobleme beim Coachee.
- Es existiert Zeitdruck.
- Der Coachee kennt die Sicht seiner Führungskraft, bzw. er erlebt die Situation selbst auch als problematisch.

Auch die beschriebenen emotionalen Empfindungen des Klienten sind durchaus realistisch. Einerseits die Sorge: »Was will der einen ganzen Tag lang mit mir machen?« und andererseits die Befürchtung: »Wie soll ein einziger Tag ausreichen, etwas zu ändern, wo ich doch schon so lange so viel unternommen habe, um die Situation in den Griff zu bekommen?«

Diese Sorge sollte der Coach sehr früh aufgreifen. Im vorliegenden Fallbeispiel war mit als Erstes zu klären: Was können wir heute erreichen – und was nicht.

Es stellte sich sehr schnell heraus, dass der Klient zwar inhaltlich die gleichen Probleme wahrnahm wie sein Chef, aber ganz andere Erklärungsmodelle hatte. Sein Chef war der Meinung, der Klient verprelle die Mitarbeiter mit seiner sehr direkten Art – er meinte, er hätte schon viel früher mal mit der »Faust auf den Tisch hauen müssen, damit die Mitarbeiter ihm nicht auf der Nase herumtanzen«. Sein Chef war der Meinung, er solle stärker delegieren und rechtzeitig controllen – er selbst meint: »Ich führe doch keinen Kindergarten, die wissen, was sie zu tun haben, und wenn sie's nicht können, muss ich es halt machen.«

Gerade diese Auffassung stellte sich als der zentrale Glaubenssatz heraus, dazu kam die Grundhaltung: Menschen sind, wie sie sind, und lassen sich nicht ändern, weder meine Mitarbeiter noch ich.

Damit sich der Klient auf den gesamten Prozess einließ, war es erforderlich, zunächst seine Position im Grundsatz zu bestätigen und nur auf die inhaltlichen Themen einzugehen:

- Wie bekommen Sie die Mannschaft wieder hinter sich?
- Wie schaffen Sie es, die Eigenverantwortung Ihrer Mitarbeiter so zu steuern, dass kein »Kindergartenverhalten« entsteht?

Grundstruktur eines Ganztagscoachings

In dieser ersten Phase legt der Coach den Grundstein für den Erfolg des Coaching-Tages. Gelingt es, die grundlegenden Themen und Glaubenssätze des Klienten herauszufinden und daraus eine sinnvolle Struktur für den Tag zu entwickeln, wird der Klient mitgehen. Sinnvoll bedeutet:

- Die dringlichsten inhaltlichen Themen bzw. Baustellen des Klienten werden behandelt und zwar in einer, aus seiner Sicht, nachvollziehbaren Reihenfolge.

► Methodische Abwechslung im Sinne einer Coaching-Dynamik.

► Die Methoden bei den einzelnen Themen müssen es ermöglichen, den Bezugsrahmen des Klienten zu verändern. Sei es über Erfahrungen im Rollenspiel und im mentalen Training oder über gezielte Bezugsrahmeninterventionen.

Im vorliegenden Fallbeispiel einigten sich Coach und Klient auf folgende Struktur:

1. Kurzer Input zu Führungsgrundsätzen und Formulierung von Grundsätzen des Klienten
2. Planung eines Workshops mit den Mitarbeitern zum Thema Betriebsklima
3. Training des Auftretens im Workshop
4. Training von Kritikgesprächen (hier war viel Porzellan zerschlagen worden)

Alle vereinbarten inhaltlichen Themen geben dem Coach die Möglichkeit, Interventionen zu einem oder allen Ansatzpunkten im Coaching einzusetzen:

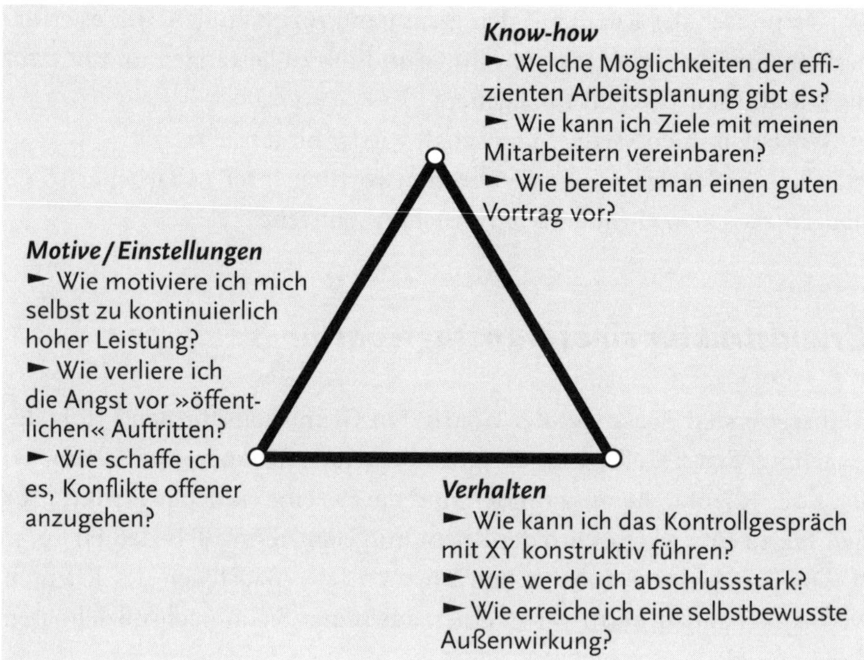

Von außen nach innen

Um möglichen Widerständen vorzubeugen, ist es in der Regel sinnvoll, dabei von außen nach innen vorzugehen. Gestartet wird also mit Know-how. Hier können die Beispiele, die die Theorie untermauern, so gesetzt werden, dass sie exakt auf die Situation des Klienten passen. Quasi nebenher werden so die ersten Impulse gegeben, die eigenen Einstellungen zu überdenken.

Im vorliegenden Fall nutzte der Coach den Theorie-Input, um deutlich zu machen: Eigenverantwortung braucht jemanden, der sie lenkt – und das ist die Führungskraft. Das untermauerte der Coach mit vielen Beispielen und Anekdoten zum Thema, wie Führungskräfte durch Selbsterkenntnis, Erfahrung mit den eigenen Mitarbeitern und Anstoß von außen ihr Verhalten geändert hatten, zum Teil ohne es zu merken.

Was auf den ersten Blick vielleicht platt klingt, führte immerhin dazu, dass der Klient immer mehr eigene Beispiele für Veränderungen von Menschen erzählte und so seinen eigenen Glaubenssatz aufweichte. Das reichte zwar noch nicht: »Die tief liegenden Eigenschaften eines Menschen kann man trotzdem nicht ändern«, aber der Samen war im Boden.

Hier zeigt sich ganz klar die Stärke von Individualtrainings gegenüber einem Seminar: Im Seminar muss der Trainer seine Beispiele so allgemein halten, dass er möglichst viele Teilnehmer anspricht, und kann sie zwangsläufig nicht so individuell setzen.

Nach dem ersten Theorie-Input folgt die Reflexion und erste mentale Verankerung: »Was heißt das eben Gehörte für mich und meine persönliche Führungssituation?« Im Beispiel erfolgte dieser Prozess anhand der Ausarbeitung des Workshops wieder auf mehreren Ebenen:

- Welche Führungsgrundsätze will ich formulieren?
- Wie kann ich durch mein Verhalten im Workshop zeigen, dass ich es ernst meine?

Gerade der zweite Punkt erforderte noch einmal intensive Diskussion – und damit auch Reflexion seitens des Klienten. Gleichzeitig ergab sich hier spontan die Möglichkeit eines ersten Rollenspiels: Wie soll der Klient mit negativen Zwischenfragen und Angriffen auf seine Person umgehen? Und zwar so, dass er einerseits souverän wirkt und die Struktur seiner Präsentation erhalten bleibt, gleichzeitig aber partnerschaftlicher Umgang bei Kritik am Chef vorgelebt wird.

Der Coach ist hier zunächst als Sparringspartner eingestiegen, hat also die Rolle des Mitarbeiters übernommen. Sehr schnell stellte sich dabei heraus, dass der Klient zunächst ein Modell dafür brauchte, wie man mit einer solchen Situation anders umgehen kann. Also: Rollentausch, der Klient als unbequemer Mitarbeiter und der Coach versuchte sein Glück in der Chefrolle.

Und hier passierte etwas Spannendes und Unbeabsichtigtes: Der Klient erlebte als Mitarbeiter, dass es viel schwerer ist, rebellisch gegen einen »weichen«, aber klaren Chef zu sein als gegen einen harten. Er hatte immer die Befürchtung gehabt: »Wenn ich in einem Punkt nachgebe, habe ich insgesamt verloren.«

Verhaltenstraining im Rollenspiel

Das vom Klienten nach dem Theorie-Input und der Reflexion kognitiv erkannte, sinnvolle Verhalten sollte anschließend im Rollenspiel trainiert werden. Die grundlegenden Regeln für ein erfolgreiches Rollenspiel sind:

1. Es existiert ein klares Übungsziel.
2. Der Klient hat kognitiv die notwendige Gesprächsstrategie parat.
3. Der Coach ist in der Lage, sein Verhalten im Schwierigkeitsgrad dem Klienten angemessen zu dosieren.

Oft ist es so, dass, anders als im Beispiel, das erste Rollenspiel noch diagnostische Funktion hat. Das heißt, hier wird sehr schnell deutlich, wie der Klient verhindert, die Situation zum von ihm gewünschten Ergebnis zu bringen:

- Auf der kognitiven Ebene (Know-how)
- Auf der Verhaltensebene
- Auf der Einstellungsebene

Aufgabe des Coachs ist es, die Ebene zu erkennen und die notwendige(n) Intervention(en) einzusetzen.

Im Folgenden seien einige Beispiele für Interventionsformen und -techniken genannt:

Ebene	*Mögliche Intervention*
Kognitiv	Theorie-Input Lehrgespräch Diskussion Gemeinsam planen
Verhaltensebene	Rollenspiel Extremtraining Training mit steigendem Schwierigkeitsgrad Vormachen, Modell sein Mentales Training
Einstellungen	Bezugsrahmeninterventionen Geschichten und Anekdoten Mentales Training Hypnotherapeutische Techniken Diskussion Arbeit mit Beispielen aus dem persönlichen Erleben des Klienten

Festigung des Verhaltens im mentalen Training

Das im Training erarbeitete, geänderte Verhalten – wir haben gesehen, dass dazu manchmal einfache Interventionen ausreichen, manchmal tief greifende notwendig sind – sollte jetzt noch im mentalen Training gefestigt werden.

Coach und Klient sollten sich darüber im Klaren sein, dass alles, was am Coaching-Tag passiert, eben in der besonderen Situation des Coachings geschieht: Eine ruhige Atmosphäre, ein geschützter Raum, ein im Grunde wohlwollender Gesprächspartner. In dieser Atmosphäre fällt es leichter, ein bestimmtes Verhalten zu zeigen, als unter »Echtzeit-Stressbedingungen«. Einerseits ist das sinnvoll und gewünscht, es lässt sich nun mal leichter im Trainingsraum üben als im Wettkampf. Andererseits liegt hierin auch die Gefahr, dass sich der Klient unter Realbedingungen nicht an seine erworbenen Fähigkeiten erinnert bzw. diese negiert mit der rationalisierenden Erklärung: »Das war halt im Coaching-Gespräch, da konnte ich das. Mit den schwierigen Mitmenschen in der Realität funktioniert das eben nicht.« Vor allem dann, wenn er tatsächlich, trotz geänderten Verhaltens, nicht sofort Erfolgserlebnisse hat.

Coach und Klient müssen jetzt also gemeinsam alle möglichen Widerstände, die in der Realität auftreten können, besprechen und das neue Verhalten im mentalen Training, eventuell auch noch einmal im Rollenspiel, auf Nachhaltigkeit prüfen.

Mögliche Hemmnisse in der Realität:

Alltagsstress	Fällt dem Klienten das trainierte und gewünschte Verhalten ein? Gelingt es ihm auch unter Alltagsbedingungen, die notwendige Gelassenheit zu bewahren? Gelingt es ihm, die neu gewonnene Sichtweise auf das Verhalten seiner Mitarbeiter abzurufen?
Negative Reaktion der Umgebung	Wie geht er damit um, dass seine Kollegen ihn früher »freundlicher« fanden? Wie geht er mit psychologischen Spielen um, die ihn in die alten, gewohnten Verhaltensweisen bringen sollen? Wie geht er mit Mitarbeitern um, die das neue Verhalten ausnutzen wollen?
Auswirkungen auf das Privatleben	Reaktion der Familie auf mehr Freizeit, auf mehr Durchsetzungsvermögen, auf mehr Klarheit. Eigener Umgang mit eventuell gewonnener Freizeit. Hinterfragen des früheren Verhaltens (heißt die Veränderung, dass vorher alles schlecht war?).

Überprüfen im mentalen Training heißt, dass der Klient sich vor seinem inneren Auge den Alltag vorstellt und sich mit der neu gewonnenen Erkenntnis agieren lässt. Der Coach achtet dabei genau auf Signale (körperlich, verbal) des Klienten, die anzeigen, ob es funktioniert oder nicht. Unter Umständen kann der Coach auch die Hemmnisse ansprechen und den Klienten im mentalen Training Wege des Umgangs damit suchen lassen. Eine weitere Möglichkeit besteht darin, den so genannten inneren

Dialog zu trainieren. Der Coach übernimmt die Rolle des Advocatus Diaboli, der Klient muss zunächst nach außen, gegen den Coach, die Argumente entkräften. Gelingt ihm das stimmig, wird wieder der Transfer in die Realität vor dem inneren Auge überprüft. Erst wenn das gelingt, haben Coach und Klient im Coaching-Gespräch die Grundlage für verändertes Verhalten gelegt.

In einem anderen Ein-Tages-Coaching hatte zum Beispiel der Klient im Rollenspiel gelernt, sauber und klar Kritik zu äußern. Er konnte es dem Coach gegenüber tun. Kaum hatte der Klient aber die Augen geschlossen, um sich das eben noch praktizierte Verhalten in seinem Alltag vorzustellen, öffnete er die Augen und sagte: »Das kann ich nicht.«

Auf Nachfrage, was er denn genau nicht könne, kam als Antwort: »Ich kann Herrn K. nicht so konfrontieren. Nicht jetzt. Das hätte ich früher machen müssen. Ich bin ja schuld, weil ich es nicht früher getan habe.«

Ein interessanter Aspekt. Der Coach hat daraufhin mit dem Klienten durchgesprochen, was passiert, wenn er es nicht anspricht. Es wurde sehr schnell klar, dass dann über kurz oder lang entweder er oder der Mitarbeiter seinen Job verliert. Und dass es ein nicht gerade fürsorgliches Verhalten wäre, egal welchen Fall herbeizuführen.

Nach diesem Disput gelang es dem Klienten, sich vor dem inneren Auge vorzustellen, das Gespräch so wie trainiert zu führen. Er hat danach auch in der Realität mit Erfolg sein Verhalten geändert.

Diese Schleife – Theorie-Input – Reflexion – Training des notwendigen Verhaltens – Festigung im mentalen Training – kann an einem Tag bis zu dreimal durchlaufen werden, ohne Klient oder Coach zu überfordern.

In jeder Schleife werden die Interventionen effektiver, das Grundthema des Klienten wird sozusagen am Stück von vielen Seiten bearbeitet. Dadurch steigt die Wahrscheinlichkeit, zu diesem Thema keinen Folgeauftrag zu bekommen, einfach, weil das Problem erledigt ist.

Trotzdem sollte der Coach mit dem Klienten zumindest einen telefonischen Folgetermin vereinbaren, um genau diesen Punkt zu klären. Der Autor hatte bisher erst einmal das Erfolgserlebnis, an einem Tag alles Wesentliche erledigt und die hinreichenden Impulse gesetzt zu haben. In der Regel wurden es bisher doch zwei oder drei Tagestermine.

Anhang

Coaching im Überblick

Coaching ist inzwischen fast ein Modebegriff, hinter dem sich alles Mögliche verbergen kann. Ursprünglich kommt die Bezeichnung Coaching aus dem Sport und bedeutet eine ganz zielbewusste Unterstützung, als solche verstehen auch wir Coaching. Coachings sollten zielorientiert sein und innerhalb eines vernünftigen Zeitrahmens ein klar erkennbares Ergebnis haben. Ein Coaching ist, grob gesprochen, dann erfolgreich, wenn es den Klienten befähigt, die Dinge zu tun, die anstehen – die Hürde zu nehmen, die allein gerade nicht zu bewältigen ist.

Ein Coach sollte in fünf Schritten vorgehen:

1. Saubere Auftragsklärung

Dieser Schritt ist sehr wichtig, denn oftmals führt Coaching nicht zum gewünschten Erfolg, weil das Ziel nicht klar formuliert ist. Gelegentlich kommt es auch vor, dass der Klient selbst ein anderes Ziel hat als sein Chef oder seine Personalabteilung.

2. Kontakt aufnehmen und Rapport herstellen

Spätestens seit der Transaktionsanalyse wissen wir, dass die ersten Transaktionen, also die ersten Sätze, die man miteinander wechselt, für die weitere Kommunikation entscheidend sind. Die grundlegenden Kommunikationsmuster werden dabei aufgebaut. Diese Phase entscheidet darüber, wie schnell der Coach mit seinem Klienten arbeitsfähig wird und wie erfolgreich er intervenieren kann. Rapport zwischen Coach und Klient entsteht, wenn der Klient sich verstanden fühlt, weil der Coach wirklich auf ihn und seine Probleme eingeht und nicht nur an einer Darstellung seiner eigenen Kompetenz interessiert ist.

3. Problemanalyse

Die Problemanalyse ist ein Schritt, der häufig unterschätzt wird. Es genügt nicht, drei oder vier Fragen zu stellen. Oftmals braucht es sehr viele, tief gehende Fragen, um die Konstruktion genau dieses einen Problems zu verstehen und dann die richtigen Maßnahmen zu ergreifen. Ohne eine vernünftige Problemdefinition bleiben Interventionen rein zufällig!

4. Interventionen

Es gibt eine Vielzahl möglicher Interventionen, einige sollen hier aufgeführt werden:

- Verhaltenstraining mit Hilfe von Video
- Feedback
- Das Erlernen bestimmter Arbeitstechniken, wie zum Beispiel die Planungsmethodik
- Die Änderung des Bezugsrahmens
- Der Abbau von Ängsten vor bestimmten Situationen
- Das Erarbeiten von Maßnahmeplänen

5. Maßnahmencontrolling

Der fünfte Schritt besteht in einem Maßnahmencontrolling. Coach und Klient überprüfen gemeinsam, wie die Umsetzung der besprochenen Maßnahmen gelungen ist und ob die bisherigen Maßnahmen zur Zielerfüllung ausreichten. Wenn die Umsetzung nicht zufrieden stellend verlaufen ist, werden die Gründe dafür analysiert und weitere Maßnahmen entwickelt.

Die fachliche Qualifikation, die ein Coach besitzen sollte

Über welche fachlichen Qualifikationen ein Coach verfügen muss, ist abhängig davon, worauf er sich spezialisiert hat. Wer Manager in Bezug auf ihre Führungsaufgaben coacht, braucht ein anderes Wissen als ein Medien-Coach oder ein Politiker-Coach. Aber jeder Coach braucht ein grundlegendes psychologisches Wissen. Dazu zählen:

- Kenntnisse in Klinischer Psychologie über das Verhalten von Menschen
- Kenntnisse über Kommunikationsprozesse
- Kenntnisse über Gruppendynamik
- Kenntnisse in Organisationspsychologie
- Kenntnisse über Führung

Ein Coach sollte darin ausgebildet sein, Interventionstechniken aus den verschiedenen psychotherapeutischen Richtungen zu nutzen, wie etwa:

- Transaktionsanalyse
- Familien- und Systemtherapie
- Hypnotherapie nach Erickson
- Neurolinguistisches Programmieren
- Gestalttherapie
- Rational-Emotive Therapie
- Psychodrama
- Psychosynthese

Er sollte über Methodenkompetenz verfügen, über Verfahren wie:

- Mentales Training
- Selbstmanagement
- Zeitmanagement
- Konfliktlösungsstrategien
- Stressbewältigung
- Kreativitätstechniken
- Planungstechniken

Außerdem sollte ein Coach ein diagnostisches Wissen haben, besonders in Auswahl- und Testverfahren, wie Potenzialanalysen und Assessment-Center.

Zusammenfassend kann gesagt werden, dass ein Coach sehr viel soziale Kompetenz im Umgang mit anderen Menschen besitzen muss: Er muss sich gut in andere Menschen einfühlen können, ein guter und aufmerksamer Zuhörer sein, eine vertrauensvolle Beziehung aufbauen können. Er sollte imstande sein, die Problem-Muster, die sich hinter den einzelnen Geschichten verbergen, zu erkennen und muss, bei aller Einfühlsamkeit, ausreichend professionelle Distanz wahren können, um den hilfreichen Blick von außen nicht zu verlieren. Seine Selbsterfahrung lässt ihn idealerweise erkennen, ob er mit einem Klienten deswegen nicht weiterkommt, weil er selbst ein ähnliches Problem hat oder sich aus einem anderen Grund persönlich zu sehr involviert. Diskretion versteht sich von selbst.

Wenn Sie sich eingehender darüber informieren wollen, welche Anforderungen an gute Coachs gestellt werden, welche Qualifikationskriterien es gibt und welchen »Coachs« Sie besser aus dem Weg gehen, sind folgende Internetadressen zu empfehlen:
www.coaching-report.de
www.handbuch-coaching.de

Eine Coach-Datenbank mit professionellen Coachs bietet:
www.coach-datenbank.de

Wenn Sie sich über Ausbildungsinstitute informieren wollen, finden Sie eine Coaching-Ausbildungs-Datenbank mit Adressen für Deutschland, Österreich und Schweiz unter:
www.coaching-index.de

Wenn Sie Spaß am Thema gefunden haben und Online-Artikel zum Coaching lesen wollen:
www.coaching-magazin.de

Informationen erhalten Sie auch beim Deutschen Bundesverband für Coaching:
www.dbvc.de

oder beim Österreichischen Dachverband für Coaching
www.coachingdachverband.at

Zu den Autorinnen und Autoren

Angelika von der Assen, Diplom-Psychologin, zunächst Therapeutin in einer Managerklinik, dann Beraterin und Trainerin in einer Schweizer Unternehmensberatung, war anschließend in einem Telekommunikationskonzern verantwortlich für Management Development und ist seit 1994, in Kooperation mit Bodo Maier, freiberuflich tätig. Ihre Tätigkeitsfelder umfassen: Konzeption und Durchführung von Ausbildungen für Führungskräfte, Coaching von Einzelnen und Teams in Veränderungsprozessen, Beratung und Coaching von internen Personal- und Management-Entwicklern.
Kontakt: *ava@management-communication.com;*
www.management-communication.com

Susanne Breitschuh, Jahrgang 1957, lebt und arbeitet in Darmstadt. Sie absolvierte zunächst eine Ausbildung zur Fremdsprachenkorrespondentin und ein berufsbegleitendes Abendstudium in Frankfurt zur Kommunikationswirtin. Sie besitzt langjährige Erfahrung auf Fach- und Führungsebene in Wirtschaftsunternehmen und Verwaltung in den Bereichen Marketing, Werbung und Public Relation. Ihre Coaching-Ausbildung erhielt sie bei Ulrich Dehner in Konstanz. Hinzu kamen Fortbildungen in Moderation, Gesprächsführung, Psychodrama, Rhetorik, Projektmanagement, Prozessberatung und Konfliktmanagement. Seit 1997 ist sie selbstständige Beraterin und Coach für Beratungsunternehmen, Firmen und Einzelpersonen.
Kontakt: *sbreitschuh@aol.com;*
www.susanne-breitschuh.de

Hannsjörg Dehner, Jahrgang 1938, ist gelernter Journalist. Er besitzt langjährige Erfahrung als Unternehmer (geschäftsführender Gesellschafter der marktführenden PR-Agentur in Deutschland) und als Kommunikationsberater für Verbände, Konzerne und große mittelständische Unternehmen. Nach zusätzlichen Ausbildungen in Psychologie und Coaching ist er

heute vor allem als Coach für Manager und Krisenberater für Unternehmen tätig. Ein Schwerpunkt seiner Arbeit liegt im Medien-Coaching für Unternehmer und Manager. Für die KONSTANZER SEMINARE ist er in der Trainerausbildung tätig.
Kontakt: *info@coach-dehner.de; www.coach-dehner.de; www.konstanzer-seminare.de*

Renate Dehner, Jahrgang 1953, Germanistik- und Anglistikstudium, Ausbildungen in Transaktionsanalyse und NLP, war zunächst als Freelancerin für ein Beratungsunternehmen als Trainerin für Persönlichkeitsentwicklung tätig. Seit 2001 arbeitet sie, neben ihrer Tätigkeit für die KONSTANZER SEMINARE, hauptsächlich als Co-Autorin gemeinsam mit Ulrich Dehner: »Als Chef akzeptiert«, Frankfurt 2001, »Coaching als Führungsinstrument«, Frankfurt 2004, sowie Beiträge in Handbüchern und Fachzeitschriften.
Kontakt: *Renate.dehner@konstanzer-seminare.de; www.konstanzer-seminare.de*

Ulrich Dehner, Jahrgang 1949, Diplom-Psychologe, Ausbildungen in Transaktionsanalyse, Körpertherapie, Hypnotherapie nach Erickson, systemische Verfahren für den Managementbereich, NLP und EMDR, war zunächst als Psychotherapeut und Ausbilder in Transaktionsanalyse tätig, bis er 1980 begann, als Management-Trainer zu arbeiten. 1985 erfolgte die Gründung der KONSTANZER SEMINARE, die Seminare, Training, Fortbildung und Coaching anbieten. Seit 1997 führt er Coaching-Ausbildungen durch. Er ist Gründungs- und Präsidiumsmitglied im Deutschen Bundesverband für Coaching. Außerdem ist er Autor bzw. Co-Autor zahlreicher Veröffentlichungen, z. B. »Die alltäglichen Spielchen im Büro«, Frankfurt 2001.
Kontakt: *ulrich.dehner@konstanzer-seminare.de; www.konstanzer-seminare.de*

Wolfgang Filbert, Jahrgang 1953, Dipl.-Oec., studierte Marketing und Organisationspsychologie. Er besitzt langjährige Wirtschafts- und Managementerfahrung als Vertriebsleiter und Geschäftsführer. Als ausgebilde-

ter Coach hat er breit gefächerte Erfahrungen bei internen und externen Coaching-Projekten gesammelt. Zur Zeit arbeitet er am Forschungsprojekt: »Untersuchung der Wirkfaktoren von Coachings für best-agers« am Institut für Psychologie in Hagen.
Kontakt: *w.filbert@t-online.de;*
www.wolfgang-filbert.de

Dr. Regina Maria Jankowitsch ist selbstständiger Coach und Kommunikationstrainerin, außerdem Lektorin der Universität Wien für »Präsentationstechnik« am Institut für Publizistik. Als ehemalige Geschäftsführerin einer PR-Agentur verfügt sie über umfangreiche Managementerfahrungen. Darüber hinaus steht sie häufig als Moderatorin von Podiumsdiskussionen oder Kongressen auf der Bühne. Sie betreut Kunden in Europa und den USA. Im Jahr 2002 wurde sie mit dem Walter-Nettig-Preis für das erfolgreichste Jung-Unternehmen in Wien ausgezeichnet. Erschienen sind von ihr bisher: »K.u.k. Eitelkeiten – Mode und Uniformen unter Kaiser Franz Joseph I.«, Wien 1997 sowie »Im Rampenlicht der Börse – Mit Charisma zum Erfolg«, Frankfurt 2001.
Kontakt: *Coaching-moderation@jankowitsch.at*

Lara Keromosemito, Jahrgang 1969, Diplom-Psychologin, war viele Jahre als Beraterin in einem führenden Beratungsunternehmen tätig, bevor sie sich 2001 als Trainerin und Coach selbstständig machte. Die Schwerpunkte ihrer Arbeit sind Konzeption und Durchführung von Top-Assessment-Center und Management-Audits, Führungstraining, Vertriebstraining, Coaching und Teamentwicklung. Sie verfügt über umfangreiche internationale Projekterfahrung in Europa, USA und Südamerika.
Kontakt: *Lara.keromosemito@t-online.de*

Frank Labitzke, Jahrgang 1961, arbeitet nach seinem Studium der Biologie an der Universität Konstanz, seit 1989 als Trainer und Coach bei den KONSTANZER SEMINAREN. Er ist NLP-Practitioner und hat eine Ausbildung in Transaktionsanalyse. Hauptschwerpunkte seiner Arbeit sind Führungstraining, Workshop-Moderation, Coaching und Ausbildung. Er führt

die Ausbildungsreihen »Führungskraft als Coach« und, gemeinsam mit Hannsjörg Dehner, die Ausbildung »Train the Trainer« durch.
Kontakt: *Frank.labitzke@konstanzer-seminare.de; www.konstanzer-seminare.de*

Bodo Maier, Jahrgang 1959, Diplom-Psychologe, ist Lehrtrainer für NLP und besitzt Ausbildungen in Gruppendynamik, Systemischer Beratung und Hypnose. Nach Stationen als Leitender Psychologe eines interdisziplinären Teams einer Fachklinik und als Berater und Trainer in einem Zürcher Beratungsunternehmen ist er seit 1991 freiberuflicher Managementberater, seit 1994 in Kooperation mit Angelika von der Assen. Seine Schwerpunkte sind Konzeption und Durchführung von Ausbildungen für Führungskräfte, sowie Coaching von Teams und Einzelnen in Veränderungsprozessen.
Kontakt: *bm@management-communication.com; www.management-communication.com*

Dr. Heinz Ortner, Jahrgang 1965, hat nach seinem Jura-Studium in Salzburg zunächst als Verwaltungsjurist gearbeitet und war von 1994 bis 2000 Leiter des Renner-Institutes Kärnten, der regionalen politischen Akademie der Sozialdemokratischen Partei. Seit 2000 ist er sowohl als Jurist in der Kärntner Landesverwaltung als auch freiberuflich als Coach und Trainer tätig. Obwohl er seit 2004 Büroleiter einer Landesrätin in der Kärntner Landesregierung ist, ist er weiterhin auch als Coach für Führungskräfte aktiv.
Kontakt: *heinz@ortner.info; www.ortner.info*

Maren Reuter, Jahrgang 1963, arbeitete nach ihrem Sprachenstudium zunächst zehn Jahre für Mercedes-Benz, anschließend sechs Jahre bei Audi, davon zwei Jahre als Trainerin für die Audi Akademie. Sie ist seit 2000 als »International Audi Consultant Trainer« selbstständig im In- und Ausland für die Marke Audi tätig, beschränkt ihren Tätigkeitsbereich jedoch keineswegs auf die Automobilbranche, sondern betreut auch andere Firmenbereiche. Sie ist NLP-Practitioner und absolvierte die Trainerausbildung WUP sowie die Coachingausbildung der KONSTANZER SEMINARE.
Kontakt: *Maren.reuter@gmx.com*

Christoph Warnecke, Jahrgang 1956, Diplom-Kaufmann, sammelte 21 Jahre Berufserfahrung in einem großen Versicherungskonzern, davon zwölf Jahre als Leitender Angestellter, zuletzt als Haupabteilungsleiter für Personal- und Organisationsentwicklung. Seit 2003 ist er als selbstständiger Unternehmensberater tätig, mit den Schwerpunkten: Coaching, Personalentwicklungssysteme, Personalauswahl / Potenzialanalyse, (cultural) Change, Organisationsentwicklung. Neben vielen Zusatzqualifizierungen verfügt er über eine abgeschlossene Coaching-Ausbildung.
Kontakt: *warnecke@c-cw.de; www.c-cw.de*

Anja Weidemann, Diplom-Psychologin, war nach ihrem Studium der Arbeits- und Organisationspsychologie zunächst als Beraterin bei einer führenden Unternehmensberatung tätig. Seit 2001 ist sie Managing Partner der Profil M Beratung für Human Resources Management GmbH und Co. KG. Ihre Arbeitsschwerpunkte sind: Konzeption und Durchführung von Assessment-Centern, Entwicklung und Einführung von Mitarbeiterbeurteilungs- und Zielvereinbarungssystemen, Coaching von Fach- und Führungskräften. Zahlreiche Veröffentlichungen zu den Themen Mitarbeiterführung, Assessment-Center, Personalentwicklung u. a., zuletzt das Buch »Schwierige Mitarbeiter ... Effektive Methoden, mit denen Sie Ihre schwierigen Mitarbeiter zu einer nachhaltigen Verhaltensänderung bewegen«.
Kontakt: *Anja.weidemann@profil-m.de; www.profil-m.de*

Klaus Wübbelmann, Jahrgang 1961, Diplom-Theologe und Diplom-Psychologe, verfügt über langjährige Beratungserfahrung in unterschiedlichen Branchen und hat internationale Projekte geleitet. Seine Arbeitsschwerpunkte sind: Management-Audit und Potenzialeinschätzung, Rekrutierung und Auswahl von Personal, Coaching, Moderation und Mediation, Management-Feedback / 360° Feedback. Er hat eine Zusatzausbildung in Gruppendynamik und absolvierte die Coachingausbildung der KONSTANZER SEMINARE. Neben Veröffentlichungen in der Fachpresse erschien von ihm das Buch »Management Audit«, Wiesbaden 2001.
Kontakt: *k.wuebbelmann@levelm.de; www.levelm.de*

MURMANN BUSINESS & MANAGEMENT

Martina Dürndorfer & Peter Friederichs (Hg.)

Human Capital Leadership

Wettbewerbsvorteile für den Erfolg von morgen

ca. 380 Seiten, ISBN 3-938017-04-X

Das Humankapital ist die wichtigste Ressource im Kampf um Wettbewerbsvorteile, Innovationen und den ökonomischen Erfolg. Diese Tatsache hat das Themenfeld in das Blickfeld der Entscheider, Berater und Investoren gerückt.

Doch wie ist Human Capital Leadership zu erreichen? Dieses Basiswerk der beiden Experten Martina Dürndorfer und Peter Friederichs gibt praxisnahe Antworten. Eine Vielzahl führender Autoren und Experten aus Unternehmen, Beratungsgesellschaften und Forschungsinstituten stellen dem Leser ihre aktuellsten Erkenntnisse und Standards vor.

MURMANN